Shanghai Survey

The Living Conditions
and Social Confidence of
New White-Collar

本书由上海大学上海社会科学调查中心资助

上海调查

新白领生存状况与社会信心

主　编　李友梅
副主编　翁定军　张文宏　张海东

社会科学文献出版社
SOCIAL SCIENCES ACADEMIC PRESS (CHINA)

目录
CONTENTS

第一章　总论 ································· 郭传平／1
　　一　调查目的 ······································ 2
　　二　新白领的界定及抽样方法 ······················ 2
　　三　样本基本状况 ·································· 5
　　四　各章主要内容 ·································· 8

第二章　经济状况 ································· 陈　遥／11
　　一　家庭经济状况 ································· 11
　　二　个人收入与差异 ······························ 22
　　三　经济状况满意度 ······························ 30
　　四　小结 ·· 34

第三章　居住情况 ································· 郭传平／37
　　一　住房类型与住房产权 ·························· 37
　　二　住房面积与支出 ······························ 48
　　三　购房预期与压力 ······························ 51
　　四　小结 ·· 57

第四章　工作状况 ································· 陶　诚／58
　　一　新白领阶层的工作特征 ························ 58

　　二　工作压力 ……………………………………………… 72

　　三　工作满意度 …………………………………………… 91

　　四　工作收入 ……………………………………………… 107

　　五　小结 …………………………………………………… 116

第五章　家庭关系与家庭生活 ………………………… 韩　钰 / 119

　　一　基本情况 ……………………………………………… 119

　　二　恋爱与婚姻 …………………………………………… 122

　　三　家庭关系 ……………………………………………… 127

　　四　家庭决策模式 ………………………………………… 133

　　五　家庭生活满意度 ……………………………………… 139

　　六　小结 …………………………………………………… 142

第六章　奢侈品消费与时尚 …………………………… 陈　遥 / 144

　　一　奢侈品消费概况 ……………………………………… 145

　　二　消费特征分析 ………………………………………… 148

　　三　消费与时尚心理分析 ………………………………… 153

　　四　小结 …………………………………………………… 157

第七章　社会活动 ……………………………………… 张　行 / 158

　　一　同乡、校友、战友聚会 ……………………………… 158

　　二　居委会/物业组织的会议/活动（社区管理活动） …… 164

　　三　宗教聚会 ……………………………………………… 171

　　四　兴趣群体的活动 ……………………………………… 176

　　五　志愿者活动 …………………………………………… 182

　　六　政治投票和选举活动 ………………………………… 184

　　七　小结 …………………………………………………… 189

第八章　社会交往 ……………………………………… 张　行 / 191

　　一　社会交往的类型 ……………………………………… 191

　　二　社会交往方式 ………………………………………… 205

　　三　小结 …………………………………………………… 215

第九章　身心健康 ················· 顾　北／217

　　一　新白领的总体健康状况 ················· 218

　　二　影响身心健康的综合因素分析 ················· 226

　　三　身心健康的"单独"影响因素 ················· 235

　　四　亚健康的特殊情况——过劳死/猝死 ················· 246

　　五　小结 ················· 250

第十章　新白领的社会认同 ················· 杨　美／252

　　一　群体认同 ················· 253

　　二　文化认同 ················· 257

　　三　地域认同 ················· 267

　　四　社会网络认同 ················· 273

　　五　小结 ················· 278

第十一章　社会信任与社会信心 ················· 杨　美／280

　　一　对公共安全状况的社会信任 ················· 280

　　二　对个人、群体、国家的社会信任 ················· 288

　　三　公民政治参与意识 ················· 293

　　四　对上海未来公共服务的信心 ················· 301

　　五　对未来社会形势的信心 ················· 312

　　六　小结 ················· 317

第十二章　子女状况与对子女的期望 ················· 韩　钰／318

　　一　上海市新白领的子女状况 ················· 318

　　二　上海市新白领对子女的期望 ················· 331

　　三　小结 ················· 345

后　记 ················· 347

第一章　总论

20 世纪 80 年代以来，中国进行了全方位的市场化改革和对外开放，经济快速发展，产业结构发生巨大变化。随着这一变化，一个新的阶层——白领阶层悄无声息地步入现代中国社会，"他们将导演 21 世纪中国社会威武雄壮的主要剧目"①。自从诞生那天起，白领就引起了人们的广泛关注。在人们的印象中，他们就是那些年轻、时尚、前卫，拥有高收入、高学历、高职位，出入高档写字楼，工作环境舒适，生活品位高，消费理念新颖的成功人士。他们在经济收入、社会地位及管理权力等方面都处于"中间地带"，对经济发展、社会建设以及社会稳定起着重要作用；他们独特的价值观念、前卫的生活方式、高雅的文化品位以及新颖的消费理念等引起社会各界的普遍关注。

随着经济的高速发展和产业结构转型的加快，新白领在经济社会中扮演着越来越重要的角色，在现代社会中占据了越来越重要的地位。然而，随着知识经济的到来，社会流动大大加快，社会竞争日趋激烈，新白领在享受高收入和现代生活的同时，工作和生活中所承受的压力也越来越大。近年来，关于新白领工作压力与生活压力的报道屡屡现于网络、电视、报纸等媒体，"蜗居""蚁族""房奴""亚健康""过劳死"等形象的词语正逐渐成为新白领的代名词，新白领的身份也不再像过去那样光鲜亮丽。2011 年 4 月 10日，在普华永道刚工作一年的一名上海交通大学硕士毕业生由于劳累诱发急性脑膜炎不治身亡，一时引起社会轰动，随之引起人们关于新白领工作压力的讨论。新白领的工作、生活、心理等方面的压力及由此造成的身心健康问题成为社会各界普遍关注的现象。

---

① 潘允康：《"白领"与现代社会结构》，《社会科学战线》1999 年第 3 期。

一　调查目的

　　本调查以上海新白领阶层为对象，从经济收入、家庭消费、居住条件、工作状况、家庭生活、社会交往、身心健康等各个生活领域全面展示上海新白领阶层的生活和工作，以揭示他们所面临的生活压力及他们的社会态度和社会信心。

　　从现实角度看，城市新白领是推动城市社会进步的主要力量，对于城市经济社会的发展以及社会建设具有重要作用。因此，上海新白领生存压力与社会信心的研究，对于上海的未来发展与社会制度建设，具有重要的宏观意义。在过去 30 年的经济发展过程中，上海已成为国内外人才流动的首选目标城市之一。根据上海市 2010 年第六次全国人口普查主要数据公报，全市常住人口为 23019148 人，其中外省市来沪常住人口为 8977000 人，占 39.00%①。这些移民对上海市的经济与社会发展做出了巨大的贡献，尤其是其中的新白领阶层。

　　从理论角度看，近年来，城市新白领已成为社会学、经济学、管理学等学科研究的焦点之一，引起学术界广泛的讨论和对话，并取得诸多成果。然而，现有的研究在主题上主要集中于讨论新白领的生活方式、消费行为、阶层地位、社会认同及其社会功能辨析等方面，鲜有关于新白领的生存压力与社会信心方面的研究。在具体的研究方法上，以往的研究主要以理论探讨和定性分析为主流，并且主要因循西方学界的思路。部分研究虽涉及新白领的工作压力和心理压力，但由于缺乏科学有效的抽样方法，其研究对象仅限于某一行业或某一企业之内，导致其研究结论难以推论总体。鉴于此，上海大学上海社会科学调查中心以新白领的生存压力和社会信心为主题进行了问卷调查，以期能够通过数据分析，发现新白领的生存压力构成、产生原因及对其社会信心的影响。

二　新白领的界定及抽样方法

（一）新白领的界定

　　白领（white collar）一词最早源自 20 世纪的美国。根据 *Coolins Essential English Dictionary* 词条的界定，"白领"指的是那些坐在办公室内从事非体

---

　　① 见上海市统计局网页，http://www.stats-sh.gov.cn/sjfb/201105/218819.html。

力劳动的人。从源自西方社会的最初概念来看，白领的内涵仅仅是相对于从事体力劳动的蓝领（blue collar）而言的。

按照第一个提出"白领"概念的社会学家赖特·米尔斯（C. Wright Mills）的观点，白领阶层主要指不直接从事物的生产的职业劳动者，也可以讲是非体力劳动者，但是，又不包括从事管理工作的高层领导者。白领群体构成了现代社会中产阶级的主体，为了与传统的中间阶层相区别，白领群体有时亦被称为新中间阶层（New Middle Class）①。国外对白领的界定不一而足，例如德国社会学家埃米尔·莱德勒（Emil Lederer）认为，"白领"是脑力劳动者，"蓝领"是体力劳动者；社会学家弗里茨·克龙奈（Fritz Croner）认为，白领是雇主的助手和伙伴，他们承担四类职能，即行政事务，设计、计算、研究、分析等技术工作，监督、管理、控制，经营商业、买卖。瑞士社会学家罗杰·吉罗德（Roger Giraud）认为，白领有两个明显标志：从工作环境看，白领从事的是"科室工作"而不是在车间和机械打交道；从工作对象看，白领多与文件、文字、符号及人打交道，而蓝领的工作对象是物②。虽然西方学者对白领的解释不一而足，但大部分学者都接受将白领作为"中间阶层"或者"新中产阶级"的说法。

目前中国国内对白领这一概念也还没有做出确切的界定，就现有的研究来看，大致可分为两种。一种是以朱光磊等人为代表，认为"脑力劳动者，即广义的白领阶层"，把白领的主要特征归结为"脑力劳动"③。这与莱德勒的观点相类，但这样的定义显然过于宽泛。另一种观点主要是狭义上的界定，主要将白领界定为"三高"群体，即高学历、高收入及高职位。例如杨雄结合上海的实际情况，将"白领"界定为在"三高"中符合其中两项条件，年龄介于20～39岁，从事管理或专业技术工作的人员④。郗杰英则认为"新白领"是指那些正从事着知识经济背景下的热门职业，具有高学历，有着较高收入的青年群体⑤。另外，潘允康从社会结构和社会分层的角度认为，新白领的特征比较明显：在经济地位上属于中产阶级，在职业的特征上以脑力劳动为主，在数

---

① 夏建中等著《社会分层、白领群体及其生活方式的理论与研究》，中国人民大学出版社，2003，第48～49页。
② 夏建中等著《社会分层、白领群体及其生活方式的理论与研究》，中国人民大学出版社，2003，第48～49页。
③ 潘允康：《"白领"与现代社会结构》，《社会科学战线》1999年第3期。
④ 杨雄：《上海"白领"青年职业生活调查》，《青年研究》1999年第6期。
⑤ 郗杰英：《解读"新白领"》，《中国青年研究》2001年第6期。

量上迅速增多，具有新式的工作方式和生活方式，创造了知识经济①。

根据李强的观点，国际上，通常将国家机关、党群组织、企事业单位负责人，各类专业技术人员，办事人员和职员，商业服务业人员归入白领阶层；将生产运输设备操作人员和农林牧渔水利生产人员归入蓝领阶层。在中国经济发达地区，一些产业步入了后工业时代，但相比之下，商业服务业发展滞后，不少商业服务业人员的社会地位不高，很难将他们归入西方意义上的白领阶层。因此，中国的职业分层比西方社会的职业分层更为复杂②。

综合国内外学者的看法，在本调查中，我们将新白领界定为出生地不在上海，具有大专以上学历，在上海从事非体力工作的劳动者。

（二）抽样方法

由于上海现行户籍政策的限制，许多工作和生活在上海的新白领移民并没有上海户籍，甚至连居住证或暂住证也没有办理，因此不能建立一个包括所有新白领移民的完整抽样框；此外，大部分新白领移民在整个社会阶层结构中的位置属于中间层，使得他们接受面访和配合调查的可能性大大降低③。因此，在调查中，我们采用了受访者推动抽样（Respondent Driven Sampling，简称 RDS）方法来抽取新白领移民的样本④。该方法是在传统"滚雪球抽样"方法的基础上，结合社会网络分析的理论和方法，使研究者有可能根据样本对总体特征做出合理的推论，特别适合于研究规模和边界不太清楚、不愿意暴露身份的隐藏人口，如下岗和失业职工、无家可归者、新移民等⑤。上海大学上海社会科学调查中心于 2011 年 7 月份使用受访者推动抽样方法，对上海市新白领移民进行了生存压力与社会信心方面的调查，调查内容包括新白领移民的家庭生活、工作状况、身心健康及社会生活情况等。

在具体调查过程中，我们对样本指标进行了进一步操作化处理：①出生

---

① 潘允康：《"白领"与现代社会结构》，《社会科学战线》1999 年第 3 期。

② 李强：《西方发达国家的白领阶层》，载何建章等编《当代社会阶级结构和社会分层问题：第七章》，中国社会科学出版社，1990，第 125～127 页。

③ 张文宏、雷开春：《城市新移民社会融合的结构、现状与影响因素分析》，《社会学研究》2008 年第 5 期。

④ 关于该抽样方法的详细介绍请参考赵延东、Pederson 的《受访者推动抽样：研究隐藏人口的方法与实践》，《社会》2007 年第 2 期。

⑤ 张文宏、雷开春：《城市新移民社会融合的结构、现状与影响因素分析》，《社会学研究》2008 年第 5 期。

地不在上海（有无上海户籍均可）；②在上海从事非体力劳动；③拥有大专及大专以上学历；④在上海工作满一年以上（不包括普通高校毕业生实习）；⑤来上海工作及生活不超过20年；⑥在企业规模1000人以下的最多抽取5人作为调查对象，企业规模超过1000人的最多抽取10人，以保证样本的分散性。

调查队伍由上海大学社会学系本科生、硕士生及博士生构成，在正式调查前都进行了系统的专业培训。调查时间为2011年7～8月，通过面访和电话访问两种方式进行，最终在上海地区成功调查了1047名新白领。

三　样本基本状况

城市新白领没有既定的总体特征，因此需对样本的基本特征进行描述性分析（见表1-1）。

表1-1　新白领基本情况统计

变　量	选　项	人数	百分比
性　别	男	510	48.71
	女	536	51.19
	缺失	1	0.10
	总计	1047	100.00
年　龄	25岁及以下	309	29.51
	26～30岁	477	45.56
	31～35岁	171	16.33
	36岁及以上	90	8.60
	总计	1047	100.00
	平均年龄	1047	28.50（岁）
户籍类型	本市户籍	322	30.75
	居住证	386	36.87
	外地户籍	337	32.19
	缺失	2	0.19
	总计	1047	100.00
受教育程度	大专/高职	244	23.30
	大学本科	531	50.72
	研究生及以上	272	25.98
	总计	1047	100.00
	平均受教育年限[①]	1047	16.31（年）

续表

变　量	选　项	人数	百分比
是否在上海 上过学②	否	591	56.45
	小学	57	5.44
	初中	59	5.64
	高中	75	7.16
	大学	270	25.79
	硕士研究生	167	15.95
	博士研究生	24	2.29
	其他	20	1.91
	合计	1263	120.62
婚姻状况	未婚	632	60.36
	已婚	401	38.30
	离婚	3	0.29
	丧偶	0	0.00
	同居	11	1.05
	总计	1047	100.00
是否独生子女	是	392	37.44
	否	655	62.56
	总计	1047	100.00
政治面貌	中共党员	334	31.90
	共青团员	318	30.37
	民主党派	6	0.57
	群众、无党派	389	37.15
	总计	1047	100.00
宗教信仰	不信教	878	83.86
	佛教、道教	124	11.84
	基督教	28	2.67
	天主教	7	0.67
	伊斯兰教	4	0.38
	其他宗教	5	0.48
	缺失	1	0.10
	总计	1047	100.00
工作行业	农林牧渔业	10	0.96
	采矿业	5	0.48
	制造业	174	16.62
	电力、煤气及水的生产和供应业	6	0.57
	房地产业	52	4.97
	金融业	79	7.55
	建筑业	40	3.82

续表

变 量	选 项	人数	百分比
	教育	98	9.36
	交通运输、仓储和邮政业	34	3.25
	租赁和商业服务业	42	4.01
	住宿和餐饮业	12	1.15
	信息传输、计算机服务和软件业	115	10.98
	批发和零售业	91	8.69
	居民服务和其他服务业	41	3.92
	水利、环境和公共设施管理业	4	0.38
	文化、体育和娱乐业	52	4.97
	卫生、社会保障和社会福利业	54	5.16
	公共管理与社会组织	36	3.44
	科学研究、技术服务和地质勘查业	61	5.83
	国际组织	0	0.00
	其他	41	3.92
	总计	1047	100.00
	党政机关	36	3.44
	国有企业	149	14.23
	国有事业	121	11.56
	集体企业	5	0.48
	个体经营	33	3.15
企业性质	私营企业	340	32.47
	外资/合资企业	281	26.84
	股份制企业	61	5.83
	非营利组织	7	0.67
	其他	6	0.57
	缺失	8	0.76
	总计	1047	100.00
平均来沪年限		1047	6.41（年）
2011 年个人年均收入		1034	81212（元）
2011 年家庭年均收入		1021	159161（元）

注：①由于问卷并未将硕士生及以上学历的人员再做细分，在此将研究生及以上学历人员全部当作硕士研究生（18 年）来处理，因此实际的平均受教育年限比表中数据更高一些。

②除选项"否"外，其他各选项会被同时选择，比如，某调查对象小学、初中均在上海就读，他便同时选择"小学""初中"。因此，合计数大于样本数，合计百分比大于100。

从表1-1可见，样本比较符合我们对新白领的关注重点：平均受教育年限为16.31年，平均年龄为28.50岁，在上海平均居住时间为6.41年，个人平均月收入6767.67元。从新白领的工作单位性质来看，私营企业占32.47%，外资/合资企业占26.84%，国有企事业单位占25.79%，股份制企业占5.83%，基本上是一些市场化程度比较高的企业。此外，男女比例接近1∶1，本市户籍、持居住证及外地户籍的新白领占被调查对象总体的比例分别为30.75%、36.87%和32.19%。由此可见，本次调查样本具有良好的代表性。

四 各章主要内容

本调查报告分为12章。

第一章为总论，主要介绍本次调查的目的、对象、抽样方法、调查方法及调查报告的结构安排等内容。

第二章围绕经济状况介绍新白领的经济收入、影响收入的因素及新白领对经济收入的主观满意度等问题。总的来说，新白领阶层经济收入处于较高水平，支出也较高，均高于社会平均水平；尽管收入较高，但他们对经济收入的满意程度仍然较低，感到"比较满意"和"非常满意"的比例合计只有13.9%；新白领阶层内部的经济收入分化明显，个人年收入最高前10位的收入总和是最低后10位收入总和的99倍。

第三章介绍新白领的住房状况。调查发现：1/3的新白领拥有自己的产权房，若按一户三人计算，平均每人的居住面积在27~30平方米，稍低于上海本地居民的住房水平；其余新白领是租房或由单位提供住宿，租住面积均不大，平均租金为1550元/月，最低仅为40元/月，"租住单位公房"降低了平均租金水平；他们的购房预期并不强烈，仅有3.63%的人表示近期会购房。

第四章描述了新白领的工作特征、工作压力和工作满意度。新白领工作报酬相对较高，但工作时间长，工作强度大，因此，工作压力也大。工作压力主要表现在三个方面：收入压力、晋升压力和竞争压力。这些压力导致工作满意度下降，工作流动性加大，跳槽意愿增高。

第五章介绍新白领阶层的恋爱、婚姻、家庭关系、家庭决策模式和家庭生活满意度等方面的情况。调查结果显示：新白领阶层大龄未婚青年比较多，家庭关系比较和谐，家庭生活决策模式比较民主，家庭生活满意度总体上比较高。影响家庭生活满意度的因素主要是家庭收入和购房压力。家庭收入越高，购房压力越小，相应的家庭生活满意度就会越高。

第六章介绍新白领阶层的奢侈品消费情况，并分析了他们的消费特征以及消费心理。他们购买奢侈品的覆盖率较高，几乎遍及每个收入层次，但总体上奢侈品支出保持在较为理性的水平；购买类别男女有别，女性偏好名牌化妆品、珠宝首饰和名牌箱包，男性偏好名牌手表和电子产品。

第七章从参与同乡、校友、战友活动，参与居委会/物业组织的活动，参与宗教聚会，参与兴趣群体的活动，参与志愿者活动和投票选举等方面描述了新白领阶层的社会活动。参与同乡、校友、战友和兴趣群体的聚会是新白领阶层参与较多的活动，但其余活动类型新白领的参与人数均不到一半，经常和较经常参加居委会/物业组织的活动的新白领人数不到被调查总体的2%，85%以上的新白领从未参加过宗教聚会活动，60%以上的人从未参加过志愿者活动，84%的人没有参加过区人大代表选举，86.2%的人没有参加过村/居委会选举活动。

第八章从上海本地人和外地人的角度描述了新白领阶层的交往对象和交往内容。从交往对象看，新白领阶层与外地人的交往高于与上海本地人，"朋友"大部分是上海本地人的新白领只占被调查总体的10%稍强一些，而交往对象主要是外地人的新白领则占被调查总体的45%。之所以存在这一现象，主要是因为新白领的同事大多是外地人。求助、谈心、外出就餐是他们的主要交往内容，交往对象主要是家人、亲戚和朋友，而在这些人中，仍旧是外地人比例较高。

第九章是关于新白领阶层的身心健康问题。一方面，他们对自己身心健康状况持乐观态度，自我感觉普遍较好；另一方面，12.5%的人认为自己有可能会过劳死或猝死，超过3成的新白领受到各种身心问题困扰，主要是运动系统疾病、眼科问题和情绪困扰三种。但大多数新白领并不把这些问题当疾病看待，不去医院治疗；新白领的身心健康状况与企业性质和工作压力有很大关系，男性心理压力高于女性。

第十章从群体认同、文化认同、地域认同及社会网络认同四个方面分析了新白领阶层的社会认同。调查发现，上海户籍对上述四个方面均构成显著影响，因此，户籍是影响新白领阶层社会认同的最为重要的因素之一。

第十一章首先论述了新白领阶层对公共安全状况的社会信任，包括对食品安全、人身财产安全、医疗安全以及个人隐私安全的社会信任；其次论述了新白领阶层对个体、组织及国家的社会信任；在此基础上，进一步分析新白领阶层对上海未来公共服务的社会信心，包括对住房保障服务、社会保障服务、医疗卫生服务、教育服务、公共交通服务、人才服务、个人发展机会、生态环境、食品安全、财富与收入的分配、工作与就业机会这十一个方面的未来信心。

第十二章对新白领阶层的子女状况及其对子女的期望进行了分析，得到以下结论：①生育第一个子女的平均年龄为 28.44 岁；②子女性别比例严重失衡，男女之比高达 139∶100；③子女会讲上海话的比例仅为 23.3%；④子女抚养费用较高，平均每月为 1641.1 元；⑤对子女期望较高，但并不坚持子女未来留在上海发展。

第二章　经济状况

新白领阶层是一个备受关注的群体，他们的经济状况、职业、生活方式，以及价值取向，对于社会的发展具有重要的代表性意义。经济是整个社会发展的基础，是阶层状况的重要指标。家庭经济是家庭生活的重要方面。在人们的一般观念中，新白领阶层由于具有较高的受教育水平，有一定的专业技术和文化知识，有较为稳定的职业，因此他们的经济状况也被认为处于社会的较高水平。而在新白领阶层内部，随着生活成本的增加，很多新白领却表示经济负担不堪承受。从早期的"月光族""年清族"，到现在的"收入安全感"降低等，都在一定程度上反映了这一阶层的经济状况。真实的新白领经济生活是怎样的一种光景，本章将对其进行解读。

本章内容分为三个部分：第一部分从家庭出发，对上海市新白领的家庭经济状况进行介绍和分析；第二部分从个人出发，对新白领的个人收入和支出等基本情况进行描述，并结合教育、职业、婚姻、户籍等多个因素进行对比分析，从整体上对上海新白领的经济状况做出简要的描述；第三部分主要分析上海新白领阶层对自身经济状况的主观感受。

一　家庭经济状况

家庭经济状况主要是指家庭的收入与支出，本节以家庭为单位，对新白领的家庭经济情况做出分析。

（一）家庭收入

家庭收入一般包括工资、奖金、补贴、分红、股息、经营性纯收入、银行利息、馈赠等多个方面。问卷采用开放式的提问方式，此次调查，有

1021 人回答了关于家庭收入的调查问题。结果显示：最高收入的家庭为 200 万元/年，家庭年平均收入为 159000 万元，折合成月平均收入为 13250 万元，相比于上海普通家庭，这是一个较高的收入水平。

为了解收入分布范围，我们对家庭收入进行分组整理。分别以 5 万元、10 万元、15 万元和 20 万元为标准分为 5 个组，得到图 2 - 1 的结果。从图 2 - 1 可见：家庭年收入处于 5 万 ~ 10 万元的新白领家庭所占比例最高，达 33.8%；其次为 15 万 ~ 20 万元的家庭，占 19.9%，20 万元以上的家庭占 15.3%，两者合计达 35.2%。换言之，新白领家庭年收入在 15 万元以上的占到 1/3 强，而年收入在 5 万元以下的白领家庭仅占 12.0%。由此可见，从家庭收入的角度看，新白领家庭在上海属于收入较高的群体。

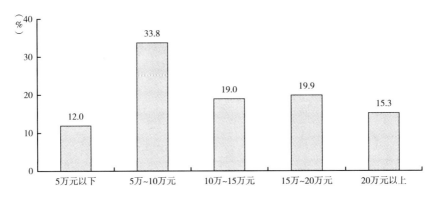

图 2 - 1　2011 年上海市新白领家庭年收入（N = 1021）

户籍制度是身份认同的重要因素，与之相伴的是一系列的差别性政策，因此户籍对收入会产生较大影响。本次调查主要区分了本市户籍和居住证两类，其余均归入"其他"。由于未对其他类型进行区分，所以其他选项所占的比值也较大。户籍具体情况见图 2 - 2。分析结果显示，白领阶层的户籍状况对家庭收入具有明显的影响。持有本市户籍的新白领家庭年收入最高，平均值为 18.4 万元，其次是持居住证的家庭，为 15 万元，而持"其他"类型户籍的家庭收入最低，为 14.5 万元。

将户籍情况与家庭年收入分组进行交互分析，以考察户籍对不同收入家庭的影响。从表 2 - 1 的结果中可以看出，随着收入从最低的"5 万元及以下"到最高的"20 万元以上"，持有本市户籍的新白领家庭的百分比依次递增，持"居住证"的，在各个收入分组中基本是均匀分布，而户籍是"其

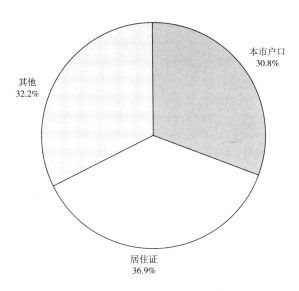

图 2 - 2　2011 年上海市新白领户口基本情况（$N = 1021$）

他"的新白领家庭，则是百分比依次递减。由此表明，在新白领高收入群体中，具有上海户籍的新白领占多数，而在新白领低收入群体中，则是"其他"户籍的新白领占多数。造成这一现象的原因，可能与户籍相伴随的一系列政策有关，同时拥有本市户籍的人口基本都已经在上海安居，在上海已经有一定的事业和社会网络基础，因而相应地也会有更高的收入。

表 2 - 1　户籍类型与家庭年收入交互表

单位：%

家庭年收入	家庭人口户籍类型		
	本市户口	居住证	其他
5 万元及以下	13.8	35.8	50.4
5 万 ~ 10 万元	27.6	38.1	34.3
10 万 ~ 15 万元	33.5	40.7	25.8
15 万 ~ 20 万元	36.0	36.0	28.1
20 万元以上	44.9	30.1	25.0

（二）家庭支出

1. 家庭总支出

从表 2 - 2 可见，上海市新白领家庭过去三个月的平均月总支出从 800

元到 100000 元不等，其平均值为 6223.04 元，方差为 5815.97 元，不同家庭之间的差异是非常大的，造成这一差异的一个很重要的原因是家庭规模和家庭结构的不同。从图 2 - 3 的分组情况来看，新白领家庭平均月总支出主要集中在 2501～5000 元（占 42%），其次就是 5001～7500 元，占总数的 1/5 左右。我们据此判断，上海市新白领阶层的家庭总消费水平在整个上海市属于中上层。

表 2 - 2　家庭月均各项消费支出情况

单位：元

支出项目	样本数	最小值	最大值	平均值	方差
基本日常开销	1038	50	20000	2017.18	1520.85
子女花费	207	200	10000	1645.89	1155.09
赡养父母方面的费用	996	0	10000	394.23	744.84
住房费用	1036	0	15000	1683.93	1825.51
医疗费用	1016	0	8000	150.10	481.31
旅游/健身/娱乐费用	1027	0	15000	572.92	1029.95
奢侈品消费	1014	0	20000	302.58	1055.35
人情费用	1024	0	15000	537.30	921.67
其他	1005	0	8000	194.21	546.58
总支出	1038	800	100000	6223.04	5815.97

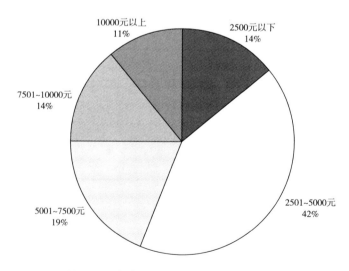

图 2 - 3　家庭月均总支出分布（N = 1038）

2. 基本日常开销

上海市新白领家庭每月的基本日常开销（衣、食、水、电、交通）从 50 元到 20000 元不等，平均值为 2017.18 元，方差为 1520 元，是家庭各项支出中，除住房支出外差异最大的一项。从图 2 - 4 可见，上海市新白领家庭的基本日常开销在 1000～1999 元，占总数的 37.7%；其次是 2000～2999 元，占 24.5%。

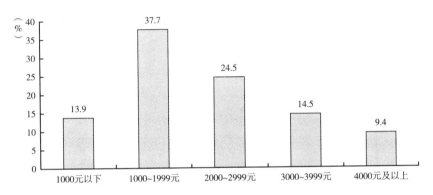

图 2 - 4　月均基本日常开销分布（N = 1038）

3. 子女花费与赡养父母花费

由于计划生育政策的贯彻执行，一对夫妇只要一个孩子，这个孩子就成了家里的"小皇帝""小公主"，父母甚至祖父母都会非常舍得在孩子身上花钱。在有子女的 207 个上海市新白领家庭中，每月用在子女身上的花费从 200 元到 10000 元不等，平均值为 1145.89 元，方差为 1155.09 元，差异也是比较明显的。大多数家庭（66.2%）每月花费在子女身上的钱为 1000～2000 元。而每月在赡养父母方面的花费的平均值只有 394.23 元，仅占用在子女身上的花费的 1/3。所以现在在中国出现了一个独特的现象，即中国人赡养老人的花费远远低于养育子女的花费。造成这一现象的一个很重要的原因是中国的养老项目比较少，而养育子女的项目比较多。养老，重在"养"，只求健康活着，主要项目只有生活费和医药费两项；而养育子女，既要"养"，还要"育"。养且不说，单说这个"育"，从入托开始就是一笔极大的开销。而在本次调查中，这一现象如此明显还有另一个重要原因。那就是我们的调查对象年龄比较小，其父母的年龄相应也就不会太大，身体还都比较健康，这就减少了很多用在父母医疗上的花费。

4. 住房费用

住房费用（房租或还房贷）是新白领家庭各项支出中最大的一笔，上海市新白领每月在住房方面的支出平均值为 1683.93 元，方差为 1825.51 元，也是差异最大的一项支出。首先看租房费用，在 663 名租住商品房的上海市新白领中，每月的租金从 15 元到 5000 元不等，平均租金为 1544.43 元，方差为 881.02 元，差异也是较为明显的。大多数新白领（约 43.3%）租住在每月租金 801 元到 1600 元之间的房子里，然后是租住在每月租金 1601 元到 2400 元之间的房子里，其比重占到 1/5 多一点，具体分布可以详见图 2 – 5。

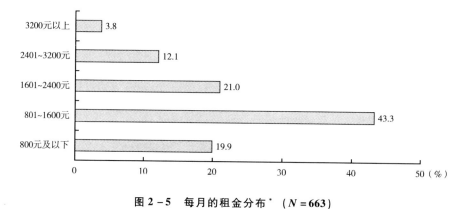

图 2 – 5　每月的租金分布*　(*N* = 663)

* 百分比合计经常会出现 100.1% 或 99.9%，这是计算误差所致。全书同，以外不再另注。

其次，看一下还房贷的费用，在 339 名住在已购商品房的上海市新白领中，有 131 名新白领是不需要还房贷的，其余 208 名新白领每月需要偿还的房贷数额从 100 元到 15000 元不等，平均值为 3631.49 元，方差为 2282.31 元，差异非常大。在这些需要每月还房贷的家庭中，约有 1/3 的家庭每月支付的房贷在 1501 到 3000 元，6000 元以上的比较少，只占总数的 8%，其他三个分组相差不大，各占 1/5 左右（见图 2 – 6）。

5. 医疗费用

上海市新白领的医疗费用从 0 元到 8000 元不等，但其平均值仅为 150 元。这个平均值也有偏高的嫌疑。因为在 1015 名被调查者中，每月花费在医疗方面的费用超过 600 元的仅有 36 人，其中超过 1000 元的仅有 12 人。如果把这些特异值去掉的话，上海市新白领花费在医疗方面的平均值是非常低的，只有 88 元。并且约有一半的上海市新白领在医疗方面是没有花费的。造成这一现象的原因主要有两个方面。第一，我们的调查对象大都比较年轻，90% 以上的调查对象的年龄都在 35 岁以下，他们的身体一般都比较健康，很少有生大病的可能，所以在医疗方面的费用相应较低。第二，这些新

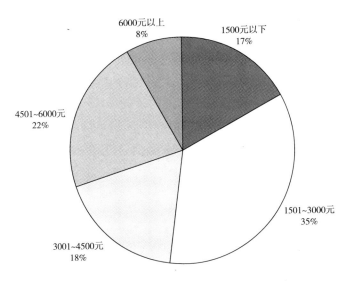

图 2 - 6　每月的还房贷支出分布（$N = 208$）

白领大多都有医疗保险，享有公费医疗，所以他们花在医疗方面的费用相应就会比那些没有医疗保险的人群要低得多。

6. 人情消费

上海市新白领家庭每月用在人情方面的费用从 0 元到 15000 元不等，平均值为 537.3 元。如果单从这一结果来看的话，我们可能会认为，他们用在人情方面的消费是非常高的。但是如果仔细观察其整体分布情况，我们会发现，这项消费并没有如此之高。出现这一结果，是几个特异值的影响。90%以上的家庭都把人情消费控制在 1000 元以内，并且在 500 元以下的家庭占到大概 3/4。其具体分布情况详见图2 - 7。

7. 其他消费

其他消费主要包括旅游、健身、娱乐和奢侈品消费等，因为在消费与时尚一章会重点分析这部分消费，所以在这里就不再做较为详细的分析。在旅游、健身和娱乐消费中，大概有 3/4 的人每月的开支控制在 500 元以下；而70% 的人在奢侈品方面是没有消费的，并且在有这方面消费的人群中，有一半以上的人也都控制在 500 元以内。

8. 家庭支出负担

总体来看，基本日常开销和住房费用在整个家庭支出中所占的比重最大，二者占到整个家庭支出的一半还要多。这一结论我们可以从表 2 - 3 中

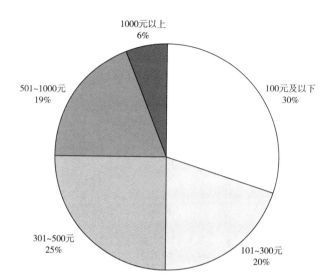

图 2 - 7　每月的人情消费分布（ N = 1023 ）

看出来。在负担最重的一项家庭开支中，有近一半的上海市新白领选择了住房费用，1/3 还要多的人选择了基本日常开销。而在负担第二重的一项家庭开支中，有近 40% 的人选择了基本日常开销，1/5 还要多的人选择了住房费用。所以我们可以很明显地得出结论，住房费用和基本日常开销是家庭支出中最多的两项支出，也是压力最大的两项支出。在负担第三重的家庭支出项

表 2 - 3　负担最重的三项家庭开支

单位：%

家庭支出项目	负担最重	负担第二重	负担第三重
基本日常开销	37.5	39.2	12.9
子女花费	4.1	8.8	5.3
赡养父母花费	1.5	5.2	8.2
住房费用	48.0	21.2	5.9
医疗费用	1.0	3.4	5.9
旅游、健身和娱乐消费	2.5	8.1	22.2
奢侈品消费	2.1	4.4	7.7
人情消费	2.8	7.7	24.9
其他	0.6	2.0	6.7
总计（样本数）	100（1036）	100（1009）	100（958）

（注：这里的总计为 100.1 和 99.7，这是计算误差所致，以后不再另注）

目中，有近 1/4 的人选择了人情消费，超过 1/5 的人选择了旅游、健身和娱乐消费。在上海市新白领中，人情消费也是一项很重要的家庭支出，并且压力较大的新白领也都非常重视各种休闲娱乐和健身，以此来缓解工作上的各种压力。

（三）家庭消费的差异分析

1. 家庭总支出的差异分析

根据方差分析和回归分析的结果，影响一个家庭总支出的因素比较多，年龄、受教育程度、婚姻状况、所处管理级别、个人收入、家庭总收入都与家庭的总支出有显著的相关性。不过因为受教育程度和所处管理级别与个人收入有很强的共线性，所以在此对它们之间的相关就不再分析，只是分析一下年龄、婚姻状况、个人年收入和家庭年总收入对家庭总支出的影响。对这四个因素的分析主要以回归分析的方式进行。这一部分笔者使用了多元线性回归模型进行分析，需要注意的是在分析婚姻状况对家庭总支出的影响时采用了虚拟变量的形式。分析结果得到的回归方程为：家庭总支出 = −2099.5 + 105.4 × 年龄 + 2490.8 × 婚姻状况 + 146.0 × 个人年收入 + 43.0 × 家庭年总收入。对这一方程，我们可以这样理解，年龄每增加一岁，每月的家庭总支出就会增加 105.4 元；婚姻状况由未婚变为已婚，每月的家庭总支出就会增加 2490.8 元；个人年收入每增加 1 万元，每月的家庭总支出就会增加 146 元；家庭的年总收入每增加 1 万元，每月的家庭总支出就会增加 43 元。由此我们可以得出以下结论。

第一，婚姻状况对家庭总支出的影响是非常大的。造成这一现象的原因有很多，首先是由于不同婚姻状况的人所在的家庭的生命周期是不同的，未婚者所在的家庭主要是与父母一起组成的生命周期较长的"老家庭"，而已婚者所在的家庭多是与配偶和子女组成的生命周期较短的"新家庭"。所以这两种处于不同生命周期的家庭就会拥有不同的消费模式和消费观念，生命周期较短的"新家庭"可能更主张消费，而"老家庭"可能更主张储蓄。其次是由于那些未婚的被调查对象并没有和父母一起居住，所以他们的家庭支出其实就是被调查对象一个人的支出，而已婚者的家庭支出就真的是整个家庭的支出，或至少两个人的支出。这一原因也是造成未婚者和已婚者家庭支出差异如此大的一个十分重要的原因。

第二，个人年收入对家庭总支出的影响比家庭年总收入对其造成的影响大，这一结果确实有悖常理。笔者认为造成这一现象的原因与婚姻状况对家庭支出影响巨大的第二个方面的原因应该是一致的。

2. 各项支出占总支出比重差异分析

这一部分主要是分析基本日常开销和住房费用占总支出的比重差异，不只是彼此之间的差异，还包括不同调查对象之间的差异。

（1）基本日常开销

从表 2-4 我们可以看出，1/5 以上的家庭的基本日常开销占到家庭总支出的一半以上，是所有支出中比重最高的一项支出。并且仅有 15% 的家庭的基本日常开销占总支出的 20% 以内。拥有不同年收入的人的基本日常开销占总支出的比重是不同的。从表 2-5 我们可以看出，个人年收入越高，基本日常开销占总支出的比重就会越小。其实这一现象是非常容易理解的，因为在本次调查中，基本日常开销的比重与恩格尔系数的作用是类似的。人们总是会先去满足基本的日常开销等刚性需求，只有在这些刚性需求得到满足以后，才会根据剩余的钱的多少去安排那些弹性需求所需要的花费。那些收入较低的人，在开支完刚性需求所需的费用后，剩的钱就已经很少了，这就减少了他们的弹性需求的花费数额，相应的基本日常开支在总支出的比重就提高了。

表 2-4　基本日常开销和住房费用占总支出的比重

单位：%

占总支出的比重	基本日常开销	住房费用	占总支出的比重	基本日常开销	住房费用
20% 以内	15.5	32.9	40~49	16.8	12.9
20%~29%	21.2	18.9	50 以上	22.0	15.4
30%~39%	24.5	20.0	总计（样本数）	100(982)	100(1001)

表 2-5　基本日常开销占总支出的比重与个人年收入交互表

单位：%

基本日常开销占总支出的比重	个人年收入				
	3 万元及以下	3 万~5 万元	5 万~8 万元	8 万~10 万元	10 万元以上
20% 以内	13.50	6.70	17.40	17.10	25.50
20%~29%	16.80	22.00	21.90	22.80	21.50
30%~39%	20.00	26.00	24.30	24.70	27.50
40%~49%	22.60	17.00	17.40	12.70	14.10
50% 以上	27.10	28.30	19.10	22.80	11.40
总计（样本数）	100(155)	100(223)	100(288)	100(158)	100(149)

（2）住房费用

住房费用是上海市新白领家庭的又一项重大开支，不过，与基本日常开销相比，住房费用占总支出的比重是相对比较小的。从表2-4我们可以看出，住房费用占家庭总支出20%以内的家庭比基本日常开支占家庭总支出20%以内的家庭要多出17.4%。同样，住房费用占总支出一半以上的家庭比基本日常开支占总支出一半以上的家庭少6.6%。

住房费用占整个家庭支出的比重与个人年收入和家庭年总收入都没有显著的相关性，只与住房类型有较为显著的相关。从表2-6中我们可以看出，居住在已购商品房的上海市新白领家庭，住房费用占总支出的比重处于两个极端，也就是说占总支出20%以下的和占总支出一半以上的家庭的比重是最多的。造成这一现象的主要原因是，那些住在已购商品房的家庭有很多都不存在房贷问题，所以他们每月既不用付房租又不用付房贷。也有一部分家庭由于刚刚购买了商品房，有很多房贷需要还，所以他们每月必须拿出很大一笔钱来还房贷。在他们贷款购买商品房之后，月供又成了整个家庭的刚性支出，是不能减少的，这就使得这部分上海市新白领家庭在住房方面的支出高出其他家庭很多。而由于大家在租房时都会考虑自己所能承受的这一支出的水平，所以租住在商品房的上海市新白领在住房上的支出就会比较集中，有52.4%的人在住房上的支出占到家庭总支出的20%～39%。相应的，由于单位公房是由单位提供的，这部分住房很多不收费或收费很低，这就使得那些租住在单位公房的上海市新白领成为住房支出占总支出的比例最低的一个群体，在这一群体中，有一半以上的被调查者的住房支出占总支出的比重在20%以内。

表 2 - 6　住房支出占总支出的比重与住房类型交互表

单位：%

住房支出占总支出的比重	住房类型			
	已购商品房	租住商品房	租住单位公房	其他
20%以内	48.50	17.20	54.10	84.60
20%～29%	11.50	24.40	16.20	5.10
30%～39%	10.00	28.00	13.50	2.60
40%～49%	10.30	15.40	9.50	5.10
50%以上	19.70	14.90	6.80	2.60
总计（样本数）	100（330）	100（557）	100（74）	100（39）

二 个人收入与差异

（一）基本状况

这一部分我们将对个人的收入情况进行描述，下文将从整体性收入和工资性收入这两个方面进行论述。

1. 个人年收入

在问卷中对个人收入采用了开放式的题目，对个人的年收入进行了提问。1034 位被访者给出了个人收入的信息，缺失值为 13。调查显示：个人年收入平均值为 8.12 万元，其中最高年收入达到 100 万元，众值为 10 万元。个人年收入前十位的收入总和为 630 万元，个人年收入后十位的收入总和为 6.36 万元，前者是后者的 99 倍，可见新白领阶层内部的经济收入的差距是非常明显的。

为了直观了解个人的收入总和情况，我们将个人年收入分为 3 万元以下，3 万 ~5 万元，5 万 ~8 万元，8 万 ~10 万元，10 万 ~15 万元以及 15 万元以上六个区间进行分析，具体个人年收入总和区间详见图 2 - 8。从图中可以看出，5 万 ~8 万元所占的比例是最高的，为 28.8%；其次是 3 万 ~5 万元，占总数的 22.8%。

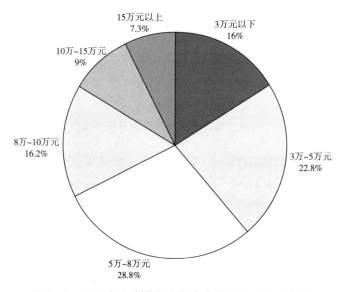

图 2 - 8　2011 年上海市新白领个人年收入 （$N = 1034$）

2. 工资收入

工资性收入就是指单纯的工作所得，不包括其他辅助性收入。问卷对新白领每月的工资数据进行了收集，从调查数据中可以看到：1021 份样本拥有工资性收入，最低月工资 1000 元，最高月工资 100000 元，二者差距十分显著；众值为 5000 元，人数是 169 人；平均月工资为 5934.54 元；收入在 3500~10000 元的最多，达到 64.7%，以 5000 元为界，二者比例分别为 32.5% 和 32.2%，差距并不明显（见表 2-7）。

表 2-7　2011 年上海市新白领平均月工资收入

个人月平均收入	人数	百分比	个人月平均收入	人数	百分比
3500 元以下	290	28.4	10001~20000 元	62	6.1
3500~5000 元	332	32.5	20000 元以上	8	0.8
5001~10000 元	329	32.2	合　计	$N=1021$	100.0

3. 个人所得税

个人所得税是对个人取得的各项所得征收的一种税，从 2011 年 9 月 1 日起个税起征点调至 3500 元，从上文对工资性收入的分析中可以看出有 28.4% 的白领群体的收入是在征税点以下的。

在个人缴纳所得税的统计中，有效值为 869，缺失值为 178；个人所得税平均值为 5155.91 元；众值为 2000 元，人数为 71；最大值达到 80000 元。具体个人缴纳所得税总额区间详见图 2-9，个人缴纳所得税为 0 的有 141 人，个人缴纳所得税集中在 3000 元以下，所占比重为 42.1%，大于 8000 元的比例为 17.7%。

（二）对收入的差异性分析

通过对新白领阶层个人收入的基本状况的描述可以看出，其收入处于社会相对较高的水平，但是阶层内部经济收入两极分化明显，同时体现在工作收入和整体收入之中。那么如何理解这些差异性，它是由哪些原因造成的呢？这一部分将通过引入户籍、婚姻、工作、性别、教育等多个变量，对经济状况进行差异性分析，以便在更深层次上把握新白领阶层的经济状况。

1. 职业地位与收入

职业与个人的经济收入是直接相关的，普通新白领的最主要收入都是

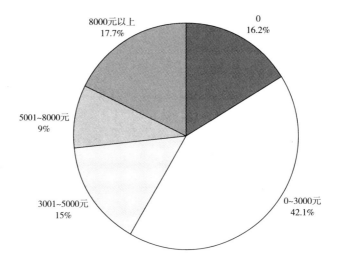

图 2 - 9　2011 年上海市新白领个人缴纳所得税情况　(N = 869)

工作收入，所以职业与收入的关系不言而喻。本报告中将通过引入管理层级和技术职称这两个与职业密切相关的变量对职业地位与收入进行测量。由于管理级别和职称的划定是一种内部制度和激励机制，现有企事业单位一般都按照该标准来评定工资。所以一般意义上认为，管理级别越高，收入越高；技术职称越高，收入越高。以下的论述分别对二者进行分析。

（1）管理层级对个人收入有影响，管理级别越高，收入也越高。

管理的科层化是现代公司制度的重要特征，影响个人的收入与社会地位的形成。通过观察数据，可以看到不从事管理工作的新白领占 52.5%，一般性的管理人员占 33%，中高层管理人员比例较低。通过简单的数据处理，发现管理层级和个人收入有明显的关系，高层管理人员平均收入达到 24.2 万元/年，约等于个人平均收入（8.12 万元/年）的 3 倍；比较而言，中层管理人员为 10.62 万元/年；而占比例最高的一般管理人员和不从事管理工作的新白领的平均年收入分别为 7.77 万元和 7.03 万元，均低于总体的平均数。

将个人年收入与管理层级进行交互分析，发现二者有显著关系（见表 2 - 8）。数据表明，在 5 万元以下的低收入段中，主要为不从事管理工作的人员和一般的管理人员，而中高层管理人员的经济收入在 10 万元以下的比重非常小，基本都分布于 10 万元以上的区间内。由于不从事管理工作的比重较大，以及管理层级划分的相对模糊性，所以部分区间的差异不是特别突出。

表 2 - 8　上海市新白领管理层级与个人年收入交互分析表（ *N* = 1033 ）

单位：%

个人年收入	管理级别			
	不从事管理工作	一般管理人员	中层管理人员	高层管理人员
3 万元以下	69.7	29.1	1.2	0.0
3 万 ~ 5 万元	57.0	34.9	7.7	0.4
5 万 ~ 8 万元	46.6	37.2	14.4	1.7
8 万 ~ 10 万元	49.7	33.5	15.0	1.8
10 万 ~ 15 万元	46.2	26.9	23.7	3.2
15 万元以上	36.0	28.0	18.7	17.3

（2）技术职称和个人收入相关，技术职称越高，收入越高。

所谓技术职称，相对于管理层级来说具有更加明显的界限，一般认为个人持有某些特定的等级资格认证。随着中国市场的开放，职称在一般的私营企业和外企中相对使用较少，但在行业内部仍然有所划分。一般来说，拥有的职称越高，所要求的技能越高，因而个人经济收入也会越高。新白领群体拥有技术职称集中在初级和中级，二者均为 20.7%，而具备高级职称的人较少。摒除调查中回答"不适用"的人，通过对收入平均值的比较，从低到高依次为初级职称（6.2 万元/年），无职称（7.3 万元/年），中级职称（9.4 万元/年），高级职称（14.7 万元/年）。在这里需要注意的是，对于不从事技术类职位的新白领群体来说，该项指标并不适用，并且在该变量中，无职称和"不适用"二者之间的区别有一定模糊性，所以数据会出现一定的波动。

引入技术职称对个人年收入进行分析，能够看出二者有相关性（见表 2 - 9）。从数据中可以看到在 5 万元以下的低收入段，基本为无职称和初级人员。比较而言，高级职称的新白领，个人年收入基本集中在 10 万元以上。对初级、中级和高级职称之间的收入进行比较，职称高低的收入差距是比较显著的。伴随收入区间的增长，初级职称的比重整体呈下降趋势，而中高级职称的分布则不断增长，所以收入与技术职称有关。

2. 教育对收入有显著影响，受教育水平越高，个人收入的最低值越高，个人收入的优势越明显

除了职业，教育也是影响个人收入的一大重要因素，一般意义上认为受教育水平和个人的收入呈正向相关。作为影响个人收入的另一大要素，通过数据的分析也可以看到二者是直接相关的。本次的抽样都是高学历人群，

表2－9　上海市新白领技术职称与个人年收入交互分析表

单位：%

个人年收入	技术职称				
	无职称	初级	中级	高级	不适用
3万元以下	42.4	26.7	10.3	1.8	18.8
3万~5万元	40.0	24.3	15.3	3.0	17.4
5万~8万元	34.9	24.8	19.5	3.7	17.1
8万~10万元	27.5	19.8	30.5	7.2	15.0
10万~15万元	33.3	5.4	34.4	15.1	11.8
15万元以上	26.7	5.3	22.7	16.0	29.3

最低为大专/高职学历，人数最多的是大学本科，为528人。通过简单的因素分析，年平均工资的排序依次为：研究生及以上（9.99万元）、本科生（7.72万元）和大专/高职（6.94万元）。这与人们的常识是一致的，即学历越高，个人收入的平均值越高。为了有更进一步直观的体现，通过交互分析发现，研究生及以上学历的人群在大于15万元的高收入段占据了绝对优势，所占比例为45.3%（见图2－10）。学历在大专/高职的白领收入区间基本在5万元以下，大学本科学历的人群收入波动比较大，更多地集中在3万~8万元这个区间。伴随收入区间的不断提高，学历的优势被明显突出，大专/高职的比重下降，再一次证实学历与教育的正向相关。

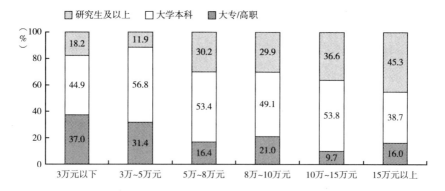

图2－10　受教育程度与个人年收入（N＝1034）

3. 性别影响个人收入，男性比女性收入优势明显

男女收入的差异一直是广受关注的话题之一，通过引入性别这一变量，研究发现其与个人收入也是有密切关系的。数据表明，男性的年平均收入明

显高于女性，分别为 9.6 万元和 6.7 万元，在最高收入上也有差异（见表 2-10）。

表 2-10 上海市新白领年收入平均数性别差异情况（N = 1033）

单位：万元

	频数	平均数	最大值
男	503	9.6	100
女	530	6.7	50
总计	1033	8.15	100

通过将个人年收入与性别进行交互分析，可以明显看到个人年收入上的性别差异。3 万元以下的低收入段，女性新白领占据绝大多数，比值达到 72.6%。在 8 万元以上的收入段中，男性具有绝对优势。最突出的在 15 万元以上区间，男性新白领比值高达 68%，而女性新白领只占了 32%，男性新白领的收入优势可见一斑（见图 2-11）。在 2011 年上海新白领个人经济收入方面，男性比女性收入更高。造成这一趋势的原因很多，最直接的就是男女在职业中的差异。

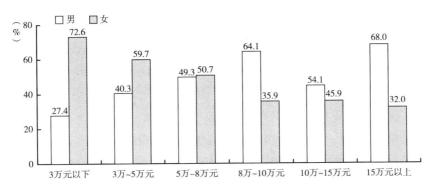

图 2-11 2011 年上海市新白领性别与年收入

4. 婚姻影响个人收入，已婚者收入高于未婚者

将个人收入总和与婚姻状况进行交互分析可以发现，婚姻对个人收入有显著影响。数据表明：未婚样本的平均年收入为 6.74 万元，已婚者平均年收入为 10.27 万元；在最高个人年收入中，已婚者最高为 100 万元，未婚者为 60 万元。本次有效样本共有 1034 份，由于离婚和同居样本较小，仅有 14 个，所以在分析时将其并入已婚类别，具体分析结果见图 2-12。

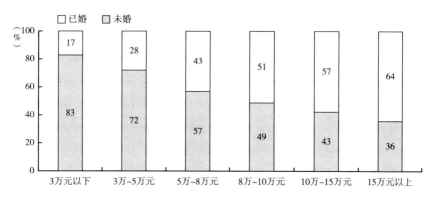

图 2 - 12　2011 年上海市新白领婚姻状况与个人年收入

从图中可以直观地看到，在 3 万元以下的个人年收入区间，未婚者占到 83%。随着收入区间的提高，已婚者的比例逐渐增加，形成了较大的优势。造成这一趋势的原因可以从多个角度来考虑，一般意义上，已婚者年龄会比未婚者人。而年龄的增长所带来的工作和社会经验的增加，都会使得个人的收入有所增加。并且婚姻对于一个人来说代表的也是更多的责任，所以已婚者在行为上会更加成熟。

5. 年龄与个人收入相关

一个人的职业经历和社会阅历，对一个人的社会地位和收入是有非常重要的影响的。一般认为年龄越大的人，收入越高，这主要是由职业经验的增加所带来的。通过引入年龄这一变量，发现其对个人收入有显著的影响。

此次调查，年龄段集中在 20 ~ 40 岁；最低年龄为 19 岁，人数为 1 人；众数为 26 岁，人数为 115 人，整体呈年轻化的态势。为了对二者进行交互分析，将年龄分别以 25 岁、30 岁、35 岁、40 岁为界进行分组。结果表明（见表 2 - 11）：25 岁以下的新白领年收入在 3 万元以下的过半数，比例达到 61.8%，并且基本集中在 8 万元以下，随着收入区间的增长，所占比重越来越低。而从 25 岁到 35 岁区间的群体，年收入则普遍集中在 5 万 ~ 8 万元，随着收入的增加，所占比重不断上升。35 岁以上的群体数据表现不是很显著，但都普遍集中在较高收入段，15 万元以上的高收入群体基本都集中在 25 岁以上的新白领中。由此可见：个人的收入与年龄相关，随着年龄的增长，个人收入越高，但在 40 岁以后收入优势并不明显。

表 2 - 11　年龄与个人年收入的交互分析

单位：%

个人年收入	年龄				
	25 岁以下	25 ~ 30 岁	30 ~ 35 岁	35 ~ 40 岁	40 岁以上
3 万元以下	61.8	32.1	4.2	0.6	1.2
3 万 ~ 5 万元	44.5	42.8	8.5	1.7	2.5
5 万 ~ 8 万元	22.5	49.7	19.1	6.7	2.0
8 万 ~ 10 万元	12.6	53.3	22.8	5.4	6.0
10 万 ~ 15 万元	8.6	54.8	28.0	5.4	3.2
15 万元以上	4.0	42.7	25.3	10.7	17.3

对于这一现象的解释应该是很明显的，25 岁以下的群体普遍是刚毕业的没有工作和社会经验的年轻新白领，他们事业刚起步，从而个人收入也不可能很高。随着年龄的增长，他们的事业开始逐步稳定，处于一个不断上升的时期，开始成为行业和企业里的中高级骨干型人才，享有更多的社会资源，从而收入也相应增加。值得注意的是，随着年龄的不断增长，尤其在40 岁以后，他们的事业开始进入平稳期，收入的波动开始减小，但基本没有人处于很低的收入水平线上。

6. 户籍对个人收入产生影响，持有本市户口的新白领的个人年收入高于其他持非上海市户口的新白领

上文分析表明，户籍对于家庭收入是有显著影响的，将其与个人年收入进行交互分析，发现二者也是有显著关系的。数据显示，持本市户口的新白领个人年收入均值为 9.7 万元，持居住证的新白领个人平均年收入为 8.1 万元，其他户口类型的新白领个人平均年收入为 6.58 万元。

个人年收入总和与户口类型的交互分析（见表 2 - 12）显示，与持居住证和其他户口类型相比，本市户口的新白领的个人年收入普遍较高，在 10 万 ~ 15 万元以及 15 万元以上的高收入段，本市户口的新白领所占的比例分别为 44.1% 和 45.3%。出现这一情况的原因一方面可能是由于政策性的差异和社会网络的影响，本市户口的新白领享有更好的资源，从而对个人经济状况产生影响。从另一个方面来说，由于有较高的收入，所以才有机会获得本市户籍。总之，二者之间密切相关。

尽管传统观念认为新白领阶层享有很高的一致性，比如受教育水平较高、工作优越，但是新白领阶层内部仍然有明显分化。总体上来说，影响个人经济收入的要素是非常多的，职业、教育、婚姻等要素都对其有影响。而这些要素又导致阶层内部收入的差异，不仅有高低的差异，还有性别以及户籍上的差异。

表 2 – 12   户口类型与个人年收入交互分析

单位：%

个人年收入	户口类型		
	本市户口	居住证	其他
3 万元以下	20.6	33.9	45.5
3 万 ~ 5 万元	18.3	37.4	44.3
5 万 ~ 8 万元	33.6	37.6	28.9
8 万 ~ 10 万元	40.7	40.1	19.2
10 万 ~ 15 万元	44.1	35.5	20.4
15 万元以上	45.3	37.3	17.3

三   经济状况满意度

（一）基本情况

经济状况作为影响个人和社会的重要因素，其重要性不言而喻。但是，对于经济状况的满意程度同样是重要的。在本调查中，对经济状况的满意度是指个人对自身或家庭经济状况有较好感受的心理状态。本调查对上海市新白领对经济状况的总体满意程度进行了测量。在经济收入满意度上，表示非常满意和比较满意的仅占 1.1% 和 12.8%，47.8% 的人认为一般（见图 2 – 13）。

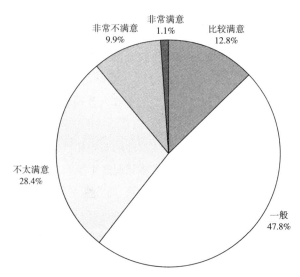

图 2 – 13   上海新白领对经济收入的总体满意程度

本研究还对新白领个人对其经济收入在上海的收入层次的主观评价进行了调查，收入层次依次为上层、中上层、中层、中下层和下层。通过图2-14可以看出，认为自己的经济收入属于"中下层"的比重超过半数，达到51.4%，认为自己的经济收入属于"中层"的占30.6%。值得注意的是，有15.3%的新白领认为自己的经济收入属于"下层"，认为自己的经济收入属于中上层和上层的比重非常小。这一结果凸显新白领对自身经济收入的信心不足，某种程度上反映了他们对自身经济状况的满意度不高。

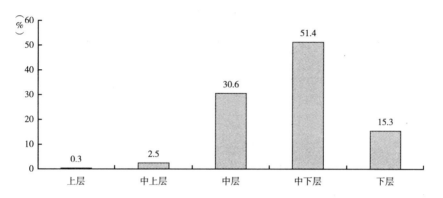

图2-14　上海市新白领对自己的经济收入在上海的层次认知

（二）对差异的分析

1. 个人年收入与新白领对个人经济状况满意度有直接影响，收入越高，则满意度越高；反之，则越低

个人的年收入与新白领对个人经济状况的满意度是有直接影响的。一般认为，一个人的收入越高，所受到的来自经济方面的压力就会越小，对个人生活的满意度会增加，从而对经济状况的满意度也就越高。

从二者交互分析的结果来看，对经济状况不满意的人群基本集中在收入5万元以下和5万~10万元这两个区间，所占比例分别为49.5%和38.8%；收入在15万元以上的群体对经济状况非常满意的比例达到33.3%。总体上可以说：收入越高，个人对经济状况的满意度就越高，反之则越低（见表2-13）。

2. 年龄影响个人对经济状况的满意度

除经济收入状况对满意度的影响，值得关注的还有年龄对满意度的影响。通过交互分析发现（见表2-14），以30岁为界限，个人对经济状况不

表 2 – 13　个人年收入与对个人经济状况满意度交互表

单位：%

个人对经济状况满意度	个人年收入			
	5 万元以下	5 万 ~ 10 万元	10 万 ~ 15 万元	15 万元以上
非常满意	16.7	25	25	33.3
比较满意	25.4	48.5	10.0	16.2
一　般	37.2	46.4	9.7	6.7
不太满意	44.4	44.1	7.8	3.7
非常不满意	49.5	38.8	5.8	5.9

表 2 – 14　年龄与对个人经济状况满意度交互表

单位：%

个人对经济状况满意度	年龄				
	25 岁以下	25 ~ 30 岁	30 ~ 35 岁	35 ~ 40 岁	40 岁以上
非常满意	25.0	16.7	16.7	8.3	33.3
比较满意	27.6	43.3	17.2	5.2	6.7
一　般	28.4	47.0	16.8	5	2.8
不太满意	34.0	43.4	15.5	4	3
非常不满意	25.0	51.0	15.4	4.8	3.8

满意的比重呈下降趋势。随着年龄的增长，个人对经济状况的满意度增高。在 25 ~ 30 岁，个人对经济状况非常不满意达到 51%，而 40 岁以上的人群对经济状况非常满意的比例为 33.3%。这与上文中年龄对个人经济收入影响的数据分布趋势是一致的。

也就是说，随着年龄的增长、事业的不断上升和稳定，个人的经济状况会越来越好，所以对经济状况的满意度逐渐增加。25 岁左右处于事业的起步发展阶段，一切都还处于人生的积累阶段。另外，随着年龄的增加，个人的心态也会有所变化，随着社会经验的增加，对经济生活的要求可能会有所下降，从而形成这一态势。

3. 户籍状况影响个人对经济状况的满意度，拥有本市户籍的新白领对经济状况的满意度高于持非上海户籍的新白领

对于想在上海落地生根的新白领，户籍类型也影响到了其对经济状况的满意度。通过交互分析发现，持有本市户籍的新白领，对经济状况的满意度普遍比较高，而持居住证和"其他"户籍的新白领，对经济状况非常不满意的比例分别为 32.7% 和 40.4% （见图 2 - 15）。可以说，新白领的户籍类型，对于其对自身的经济状况的满意度有影响。户籍，在中国是个人身份认同的重要因素，持有本市的户口对于新白领来说就等于在这个城市有了自己的一席之地，因此其对自身经济状况的满意度自然增加。另外，从普遍意义上来说，持有上海市户籍的新白领基本都属于拥有较高收入和较高社会地位的群体，所以他们对经济状况的满意度也较高。

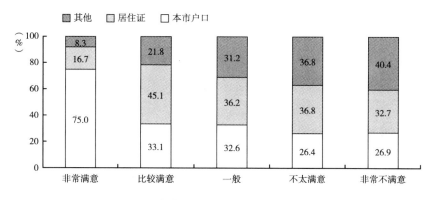

图 2 - 15　户籍状况与个人对经济状况满意度

4. 买房压力影响个人对经济状况的满意度。买房压力越大，则其对自身的经济状况满意度越低；反之，则越高

买房，作为当下的一个非常重要的话题，几乎和每一个人息息相关，由房子引发的一系列问题也日渐突出。通过引入是否感觉有购房压力这一变量，发现其与新白领对自身经济状况满意度密切相关。数据表明：51.9% 的新白领感觉有非常大的购房压力，仅有 8.9% 的新白领表示完全没有压力。进一步分析可以看出：购房压力非常大的群体，对经济状况非常不满意的程度达到 71.2%（见表 2 - 15）。这再一次证明，在当前中国社会，房子是新白领的重要压力来源，同时也严重影响到该群体对自身经济状况的满意程度。购房压力和经济状况满意度呈反向相关，即：购房压力越大，新白领对自身经济状况的满意度越低，购房压力越小，其对自身经济状况的满意度越高。

通过以上分析可以看出，新白领阶层整体对于自身经济状况的满意度是比较低的，认为比较满意和非常满意的比例仅有 13.9%，接近一半的人认为一般。通过分析可知，个人对经济状况的满意度是与个人收入直接相关的，同时对经济状况的满意度还受到婚姻状况、年龄、购房压力和户籍类型等的影响。

表 2 - 15 购房压力与个人对经济状况满意度交互表

单位: %

个人对经济状况满意度	购房压力				
	完全没有压力	压力不大	一般	有一些压力	压力非常大
非常满意	25.0	25.0	16.7	8.3	25.0
比较满意	15.8	8.3	8.3	32.3	35.3
一 般	9.2	5.6	11.6	5	48.2
不太满意	5.7	2.4	9.4	22.6	59.9
非常不满意	5.8	2.9	6.7	13.5	71.2

四 小结

当问及新白领的标准是什么时, 43.4% 的被访者认为是收入水平, 当被问到中产阶级的标准由什么决定时, 高达 53.5% 的被访者认为由收入水平决定。所以了解新白领阶层的经济状况, 有重要的社会意义。本章主要通过 2011 年上海市新白领调查问卷的数据, 从家庭经济状况、个人经济状况和新白领阶层对自身经济状况的满意程度三个方面, 对新白领阶层的经济状况进行了全面的分析, 并且结合相关变量, 对其中的差异性进行了解读。

2007 年中国社会科学院公布了全国主要城市新白领工资标准, 共分七档, 包括各城市物价水平、居住成本、交通成本、城市现代化等诸多方面的因素 (单位: 人民币。外地务工者在以下基础上增加 1800 元)。代表性的城市如香港月收入 18500 元, 上海月收入 5350 元, 北京月收入 5000 元, 广州月收入 4750 元, 达到这一标准才可算是新白领。作为社会的中坚力量, 新白领群体的发展一直广受社会关注。长期以来, 新白领往往被认为是高收入、高文凭同时也是高品质生活的代表性群体, 他们的生活方式成为社会的标杆, 是社会中令人艳羡的阶层, 因而 "新白领" 也成为一个带着光环的名词。

近年来, 伴随就业压力的增长, 房价飞涨, 医药费高昂, 子女教育成本上升, 有观点认为该群体已经开始出现 "相对贫困化", 这又让我们觉得这个阶层并不如看上去那么美好。然而真实的新白领阶层的经济状况是怎样的, 本研究在本章中进行了分析。

2011 年上海市新白领调查问卷显示了以下几方面内容。

第一, 从整体上来说, 新白领阶层经济收入处于社会较高水平, 支出也较高，均高于社会平均水平，并且收入与支出都受到婚姻、户籍等因素的影响。从新白领阶层家庭角度看，家庭年收入的平均值为 15.91 万元，其中家庭年收入在 10 万元以下和 10 万～20 万元所占的比例较大，分别为 44.7% 和 37.9%。在个人层面上，人均年收入为 8.12 万元，个人年收入为 5 万～10 万元所占的比例是最高的，为 44.97%；其次是个人年收入为 5 万元及以下的新白领，占总数的 38.78%。个人年缴纳所得税平均数为 5155.91 元。从工资性收入来看，个人月平均工资为 5934.54 元，月收入在 3500～10000 元的新白领最多，占被调查总体的 64.7%。

对家庭支出而言，月支出的平均数为 6223.04 元，排在前几位的支出项目的均值分别是日常开销费用（2015.23 元）、住房费用（1683.92 元）和旅游/健身及娱乐费用（572.92 元）。家庭每月的日常基本开销在 0～1000 元的比例最高，为 33.4%；家庭每月的日常基本开销在 2500 元之上的比例也达到了 24.3%，呈现一定的两极化趋势。对于住房费用这一项，占总样本 19.1% 的家庭显示没有住房费用，占总样本 13.5% 的家庭在这一项的支出费用超过了 3000 元/月。综上所述，不管是从家庭还是个人层面，上海市新白领的经济收入水平普遍高于社会的平均水平。

第二，阶层内部经济状况分化严重，个人经济收入受到多重因素的影响。在上文中我们可以看到个人年收入最高的前十位总和为 630 万元，个人年收入最低的十位总和为 6.36 万元。而在工资性收入中最低工资每月 1000 元，最高工资每月 100000 元，二者差距十分显著。通过进一步的分析可以看出，个人的经济收入同时还受到性别、教育、职业地位、户籍和年龄等的影响。男女收入差异表现明显，不同职业之间的差别较大，同时户籍等因素也造成内部收入的差异。

第三，新白领阶层对自身经济状况满意度较低。通过对新白领对自身经济状况满意程度的调查发现，认为比较满意和非常满意的比例仅占被调查总体的 13.9%，接近一半的人认为自身经济状况一般。进一步分析得出：个人的经济收入与新白领对自身经济状况满意度直接相关，同时新白领对自身经济状况的满意度还受到婚姻状况、年龄、购房压力和户籍类型等的影响。男女在对自身经济状况满意度上的差异不是很明显，同时教育对自身经济状况的满意度的影响也同样不明显。

第四，购房压力对新白领阶层对自身的经济状况满意度的感知有重要影响。占被调查总体 51.9% 的新白领感觉有非常大的购房压力，仅有占被调查总体 8.9% 的新白领表示完全没有压力。购房压力非常大的群体，对经济状况的非常不满意程度达到了 71.2%，随着购房压力的增大，新白领对经济满意度呈下降趋势。这在一定程度上说明购房压力对个人对经济状况满意度有非常大的影响。

第五，总体而言，上海市新白领群体的家庭消费水平与其他群体相比是比较高的。这一群体的家庭消费水平同年龄、婚姻状况和经济收入有显著的相关，其中婚姻状况对家庭消费水平的影响最为明显，这主要是由于不同婚姻状况的人处于不同生命周期的家庭里，不同生命周期的家庭有着不同的消费模式，还有一个原因就是有一部分未婚且又不与父母居住在一起的新白领把自己的支出等同于家庭支出。上海市新白领最主要的两项支出是基本日常开销和住房花费，这两项支出占总支出的比重是不同的，总体来看基本日常开销所占的比重更大。个人收入对基本日常开销占总支出的比重有很大的影响，不同住房类型的人花费在住房上的费用占总支出的比重又是不同的。

第三章　居住情况

居住是仅次于衣、食之后的基本需求,是人们生活的一个基本方面,也是衡量一个国家或地区生活质量的重要指标。居住状况的变化不仅反映人类社会的变迁过程,也反映人类生活质量的变化①。随着经济的发展和生活水平的不断提高,人们也越来越多地关注居住质量。

作为一个新兴阶层,新白领的居住情况愈加受到社会各方的关注。一方面,新白领具有高雅的文化品位和时尚的生活方式,十分注重自身的生活水平与居住质量的提高;另一方面,随着经济与房地产市场的发展,房价居高不下,居住成本不断攀升,使得本就高昂的一线城市生活成本支出更大,这让许多追求生活水平与居住质量的新白领不堪重负。近年来,网络上和生活中流行的许多词汇,如"蜗居""蚁族""房奴""夹心层"等很大程度上描述的就是新白领的居住状态以及住房困难的情况。一些研究者通过调查也指出新白领存在住房难的情况,例如钱瑛瑛、戚丽琼2007年对上海和杭州的城市青年白领的住房需求进行实证分析发现,新白领确实存在住房困难问题。居高不下的房价及高昂的居住成本令许多人不堪重负,也导致许多新白领"逃离北上广"。

一　住房类型与住房产权

(一)　住房类型

1967 年,雷克斯和摩尔对伯明翰一个城区的种族关系和住房进行研究,

---

① 周运清主编《中国城镇居民住房居住质量》,社会科学文献出版社,2005,第1页。

提出"住房阶级"理论。他们认为，城市资源的竞争过程就像社会领域内的阶级斗争一样，会形成不同的阶级。根据不同的阶级处境可划分出六种住房阶级，依次为：拥有私房者、银行按揭购房者、租住公共租房者、租住全套私人住房者、有私房但需要出租房间付银行按揭者、租住一个房间者[①]。根据"住房阶级"理论，不同住房类型的人被划为不同的阶层，社会阶层地位越高，其居住状况越好。如果简单将住房类型划分为自有产权房和租房两种类型，那么自有产权房阶层的居住质量或者居住状况要比租房阶层的好。

本次调查将新白领的住房类型分为四种，分别为已购商品房、租住商品房、租住单位公房及其他住房类型。

图 3 - 1 表明，新白领阶层的住房类型主要以租房为主，其中租住商品房所占比例过半，达到 55.74%；租住商品房、租住单位公房两项合计比例高达 62.91%；已购商品房的比例仅为 33.27%，其他住房类型占 3.82%（$N = 1046$），主要为单位提供住宿和住亲戚家等。由此可知，新白领阶层的住房主要以租住商品房为主，这也从一个侧面反映了上海市高房价的现实情况。

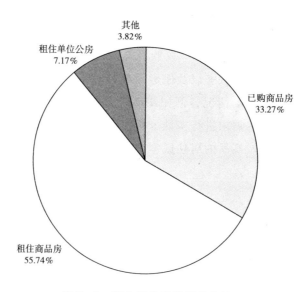

图 3 - 1 新白领住房类型基本情况

① 周运清主编《中国城镇居民住房居住质量》，社会科学文献出版社，2005，第 3 页。

不同特征群体在住房类型上具有各自的特点，接下来本研究将引入婚姻状况、户籍①、受教育水平、个人年收入、年龄及来沪时间等变量对新白领阶层的住房类型进行交互分析，以比较不同特征群体的住房差异。

表3-1 不同群体住房类型差异比较

单位：%

变量		住房类型				总计
		已购商品房	租住商品房	租住单位公房	其他	
婚姻状况 (N=1046)	已婚	63.84	31.92	2.49	1.75	100.00
	未婚	14.26	70.54	10.08	5.12	100.00
	总 计	33.27	55.74	7.17	3.82	100.00
户籍 (N=1044)	本市户籍	57.76	33.54	4.97	3.73	100.00
	持居住证	31.69	56.88	8.57	2.86	100.00
	外地户籍	11.57	75.96	7.72	4.75	100.00
	总 计	33.24	55.84	7.18	3.74	100.00
受教育水平 (N=1046)	大专/高职	28.40	56.38	10.29	4.94	100.00
	大学本科	31.26	58.57	6.21	3.95	100.00
	研究生及以上	41.54	49.63	6.25	2.57	100.00
	总 计	33.27	55.74	7.17	3.82	100.00
个人年收入 (N=1033)	2万元及以下	16.25	63.75	12.50	7.50	100.00
	2万~5万元(含5万元)	19.63	63.55	10.90	5.92	100.00
	5万~8万元(含8万元)	30.98	58.92	6.73	3.37	100.00
	8万~15万元(含15万元)	49.23	46.54	2.31	1.92	100.00
	15万元以上	60.00	36.00	4.00	0.00	100.00
	总 计	33.01	55.95	7.16	3.87	100.00
年龄 (N=1046)	25岁及以下	10.36	71.84	11.33	6.47	100.00
	26~30岁	32.35	59.03	5.25	3.36	100.00
	31~35岁	54.97	36.84	7.02	1.17	100.00
	36岁及以上	75.56	18.89	3.33	2.22	100.00
	总 计	33.27	55.74	7.17	3.82	100.00
来沪时间 (N=1046)	5年以下(不含5年)	14.31	71.98	9.41	4.29	100.00
	5~10年(不含10年)	40.72	50.26	6.44	2.58	100.00
	10年及以上	71.01	21.30	2.37	5.33	100.00
	总 计	33.27	55.74	7.17	3.82	100.00

---

① 调查问卷中将户籍类型分为本市户籍、持居住证及其他三种。严格来说，持居住证及其他户籍类型均属外地户籍，但本研究为比较二者的差异，将其视为两种不同的户籍，因此，本研究中的户籍状况分为三种，即本市户籍、持居住证与外地户籍。

从表 3 - 1 可见，不同特征群体在住房类型上具有明显差异。由于调查中租住单位公房和其他住房类型的比例较小，分别只有 74 例和 40 例，所以以下分析主要基于另外两类住房类型，即已购商品房和租住商品房。

就婚姻状况对新白领住房类型的影响而言，主要表现在已婚新白领已购商品房比例较高（63.84%），租住商品房（31.92%）比例较低；未婚新白领则表现出相反的趋势，已购商品房仅占其总数的 14.26%，租住商品房比例高达 70.54%，若加上租住单位公房的人则比例高达 80.62%。已婚新白领已购商品房的比例高出未婚新白领近 40.00%，租住商品房的比例则比未婚新白领低 38.62%，差异非常显著（α < 0.01）。住房作为最基本的物质生活需求之一，是建立家庭以及婚后稳定生活的重要保证，因此必然会影响到个人的居住情况或居住模式。表 3 - 1 中，已婚新白领已购商品房比例较高说明了婚姻状况是影响其住房类型的一个重要因素。

从户籍状况来看，具有本市户籍的新白领阶层，已购商品房的比例最高（57.76%），持居住证新白领次之（31.69%），外地户籍新白领已购商品房的比例最小（11.57%）。在租住商品房上刚好相反，本市户籍、持居住证与外地户籍新白领租住商品房的比例分别为 33.54%、56.88% 和 75.96%。由此可以看出，本市户籍新白领与非本市户籍新白领在住房上具有相当大的差距，本市户籍新白领已购商品房比例最高、租住商品房比例最低，外地户籍新白领已购商品房比例最低、租住商品房比例最高，差异非常显著（α < 0.01）。出现这一差异的原因在于本地户籍新白领的物质资本和社会资本的原始积累时间较长，因而居住条件较之非本地户籍新白领更好。

从学历上看，租住商品房的比例在不同学历层次的新白领中都占了绝对比例。其中，大学本科学历新白领租住商品房比例最大（58.57%），大专/高职群体次之（56.38%），研究生及以上学历新白领租住商品房比例最小，但仍接近半数（49.63%）。在已购商品房方面，研究生及以上学历新白领所占比例最高（41.54%），大专/高职学历新白领所占比例最小（28.40%），大学本科学历新白领居于其中（31.26%）。总体而言，呈现学历越高，已购商品房的比例越大，租住商品房的比例越小的趋势。学历之所以会对住房类型产生影响，主要是因为其作为一种人力资本，会产生不同的收入回报，进而影响到个人的住房类型。

从个人年收入来看，高收入新白领已购商品房的比例较高，租住商品房、租住单位公房及其他类型住房的比例较低。2 万元及以下、2 万~5 万元、5 万~8 万元、8 万~15 万元、15 万元以上的个人年收入类别在已购商品房的比例中分别为 16.25%、19.63%、30.98%、49.23% 和 60.00%，租住商品房的比例分别为 63.75%、63.55%、58.92%、46.54% 和 36.00%，表现为个人收入越高，已购商品房的比例越高，租住商品房的比例越低，且在统计上非常显著（α<0.01）。这表明，个人收入是决定新白领住房类型差异的一个主要因素。高收入新白领更有购买商品房的能力，而低收入新白领在高房价面前更多选择租房。

表 3－1 也清楚地表现了不同年龄群体的住房类型差异。25 岁及以下、26~30 岁、31~35 岁、36 岁及以上的新白领已购商品房比例依次增大，分别为 10.36%、32.35%、54.97% 和 75.56%，租住商品房则刚好相反，各年龄群体所占比例分别为 71.84%、59.03%、36.84% 和 18.89%。这反映出，新白领阶层年龄越大，已购商品房的比例越高，租住商品房的比例也越低；反之亦然（α<0.01）。可以看出，年龄较大的新白领在住房上处于更加有利的地位。

从来沪时间上来看，总体表现为来沪时间越长，已购商品房比例越高，租住商品房的比例越低。来沪 10 年及以上的新白领已购商品房的比例高达 71.01%，来沪不足 5 年的新白领这一比例仅为 14.31%。这表明，随着来沪时间的增长，新白领的经济能力越强，越有可能购买商品房。

以上分析可以归结为，学历、收入越高，年龄越大，来沪时间越长，具有本市户口的已婚新白领购买商品房的比例越大，租住商品房的比例越小。反之，学历、收入越低，年龄越小，来沪时间越短，没有本市户籍的未婚新白领，已购商品房的比例越小，租住商品房的比例越大。

（二）住房产权

1. 基本情况

住房是人们生存、发展所必需的生活消费资料之一，也是居民的一项重要财产。在当下，住房产权自有不仅表明住房所有者具有对住房占有、使用、收益和处分的权利，更表明了一种身份和社会地位，因此成为人们孜孜追求的目标。

在本次调查中，34.67% 的新白领至少拥有 1 套住房，六成多（65.33%）新白领在上海没有产权房（N＝1047）。2010 年上海市住房自有率为 79.2%[①]，新白领住房自有率远远低于这一水平。另外，占被调查总体 8.60% 的新白领拥有 2 套以上住房，多于 2 套以上住房的有 17 人，最多的拥有 5 套住房。从住房产权来看，新白领阶层的住房自有率不高，主要是因为当下房价居高不下，大部分新白领选择租房而非买房，本次调查结果显示，新白领租房比例高达 62.91%。

2. 群体差异

将住房类型与在上海是否有产权房进行交互分析，结果见表 3 - 2。占被调查总体 96.84% 在上海有产权房的新白领其住房类型为已购商品房，仅有 3.16% 在上海有产权房的新白领选择租房或者其他住房类型，这说明表 3 - 1 中的分析和讨论没有过度推断。也就是说，租住商品房、租住单位公房及其他住房类型的新白领基本上在上海是没有产权房的，表 3 - 1 的分析即在这一前提之下。

另外，由于大部分新白领的产权房主要用于满足自身的居住需求，因此从中也可看出其住房的刚性需求较为明显。

表 3 - 2 住房类型与在上海是否有产权房交互表

单位：%

住房类型	在上海是否有产权房		
	是	否	合计
已购商品房	96.84	3.16	100.00
租住商品房	2.92	97.08	100.00
租住单位公房	4.00	96.00	100.00
其　　他	15.00	85.00	100.00
合计（人数）	363	683	1046

同样将婚姻状况、户籍、受教育水平、个人年收入、年龄及来沪时间这 6 个变量作为自变量对新白领阶层在上海是否有产权房进行交互分析，统计结果见表 3 - 3。

通过交互分析发现，与表 3 - 1 所显示的统计结果相似，表 3 - 3 总体上表现为学历、收入越高，年龄越大，来沪时间越长，具有本市户籍的已婚新白领在上海有产权房的可能性越大，学历、收入越低，年龄越小，来沪时间

---

① 资料来源：《2011 上海统计年鉴》，http：//www.stats - sh.gov.cn/data/toTjnj.xhtml？y = 2011。

越短，没有本市户籍的未婚新白领在上海有产权房的可能性越低。在此，本文对表 3 - 3 中的数据不再一一赘述，仅指出以下几个值得注意的情况。

表 3 - 3　不同群体在上海是否有产权房差异比较

单位：%

变量		在上海是否有产权房		
		是	否	总计
婚姻状况 （N = 1047）	已婚	66.33	33.67	100.00
	未婚	15.02	84.98	100.00
	总　计	34.67	65.33	100.00
户籍 （N = 1045）	本市户籍	59.94	40.06	100.00
	持居住证	32.12	67.88	100.00
	外地户籍	13.35	86.65	100.00
	总　计	34.64	65.36	100.00
受教育水平 （N = 1047）	大专/高职	29.51	70.49	100.00
	大学本科	32.58	67.42	100.00
	研究生及以上	43.38	56.62	100.00
	总　计	34.67	65.33	100.00
个人年收入 （N = 1034）	2 万元及以下	17.50	82.50	100.00
	2 万 ~ 5 万元（含 5 万元）	20.25	79.75	100.00
	5 万 ~ 8 万元（含 8 万元）	34.23	65.77	100.00
	8 万 ~ 15 万元（含 15 万元）	50.77	49.23	100.00
	15 万元以上	60.00	40.00	100.00
	总　计	34.62	65.38	100.00
年龄 （N = 1047）	25 岁及以下	10.03	89.97	100.00
	26 ~ 30 岁	34.80	65.20	100.00
	31 ~ 35 岁	56.73	43.27	100.00
	36 岁及以上	76.67	23.33	100.00
	总　计	34.67	65.33	100.00
来沪时间 （N = 1047）	5 年以下（不含 5 年）	14.52	85.48	100.00
	5 ~ 10 年（不含 10 年）	43.44	56.56	100.00
	10 年及以上	72.78	27.22	100.00
	总　计	34.67	65.33	100.00

（1）已婚新白领在上海拥有产权房的比例高出未婚新白领 51.31%，表明住房是婚姻的一项必不可少的物质保证。

（2）本市户籍新白领较之外地户籍新白领在住房上表现出很大优势。

（3）高学历新白领较之低学历新白领具有住房优势，但优势不太明显。

（4）虽然个人年收入越高在上海拥有产权房的可能性越大，但仍有很大比例的中高收入和高收入新白领在上海没有产权房。

（5）年龄越大、来沪时间越长，在住房上就更具有优势。

3. 住房影响因素的统计分析

表3-4的结果是描述性的，仅从百分比上观察，无法正确反映住房与各自变量之间的真正关系，因为各个自变量可能存在"共线性"问题，也就是说各个自变量之间可能会相互影响进而影响到住房情况，例如受教育水平对住房的影响，很可能是通过收入这一变量来实现，因为受教育水平越高，收入可能也越高，进而更有能力买房，这样影响住房的因素其实是收入而非受教育水平。为了分析住房与各个自变量的"净"差异，需要把这些自变量之间的相互影响考虑进来。为验证上述描述性结果及充分考察和判断各因素对住房的作用效果和程度，本文拟采用统计方法进行进一步检验。由于在上海没有产权房（=0）与在上海有产权房（=1）为二分变量，故采用 Logistic 回归模型进行分析。在回归模型中也将性别等变量引入。

表 3-4　在上海是否有产权房的 Logistic 回归

自变量	模型 1	模型 2	模型 3	模型 4	模型 5	模型 6
性别（以男性为参照组）						
女性	1.291 +	1.318 +	1.311 +	1.776 ***	1.820 ***	1.918 ***
婚姻状况（以未婚作为参照组）						
已婚	11.282 ***	9.560 ***	9.970 ***	9.143 ***	6.976 ***	6.712 ***
户籍（以本市户籍作为参照组）						
持居住证		0.406 ***	0.306 ***	0.303 ***	0.350 ***	0.511 **
外地户籍		0.137 ***	0.103 ***	0.110 ***	0.124 ***	0.206 ***
受教育程度（以大专/高职作为参照组）						
大学本科			1.200	1.117	1.152	1.305
研究生及以上			0.607 *	0.4916 **	0.483 **	0.755
个人年收入（以 2 万元及以下为参照组）						
2 万~5 万元（含 5 万元）				1.076	0.942	0.932
5 万~8 万元（含 8 万元）				1.500	1.163	1.076
8 万~15 万元（含 15 万元）				3.073 **	2.304 *	2.032 +
15 万元以上				4.412 **	2.902 *	2.637 +

续表

自变量	模型1	模型2	模型3	模型4	模型5	模型6
年龄(以25岁及以下作为参照组)						
26~30岁					1.877*	1.397
31~35岁					2.164*	1.444
36岁及以上					3.916**	2.322*
来沪时间(以来沪5年以下为参照组)						
5~10年(不含10年)						2.375***
10年及以上						4.147***
LR chi2	296.75	389.67	399.87	435.04	447.66	476.90
Log likelihood	-526.917	-479.117	-473.871	-448.006	-441.700	-427.077
Pseudo R²	0.218	0.289	0.297	0.327	0.336	0.358
个案数	1046	1044	1044	1032	1032	1032

注：a. 以上模型所输出结果为 Logistic 回归的 Exp（B）值；b. *** 表示在 1‰ 水平上显著；** 表示在 1% 水平上显著；* 表示在 5% 水平上显著；+ 表示在 10% 水平上显著。

在此，对表 3-4 中的统计结果进行简单解释。在依次将性别与婚姻状况、户籍、受教育程度、个人年收入、年龄及来沪时间引入回归方程，共得到 6 个回归模型。

从上述模型中可以得知，性别刚开始对在上海是否拥有产权房影响不明显，但随着其他变量的逐渐引入，其对住房的影响也慢慢表现出来。从模型 6 中可以看出，相对于男性而言，女性新白领在上海有产权房的可能性为男性白领的 1.918 倍（α<0.001）。说明女性新白领在上海更有可能拥有产权房。

从婚姻状况上看，婚姻状况是影响在上海是否有产权房的一个重要因素，在模型 6 中，在控制了所有其他自变量后，已婚新白领在上海有产权房的可能性为未婚新白领的 6.712 倍（α<0.001）。这十分契合中国大多数人结婚买房的传统习惯，与表 3-3 中数据呈现的结果也相一致。

就户籍而言，持居住证新白领在上海有产权房的可能性是本市户籍新白领的 0.511 倍（α<0.05），外地户籍新白领在上海有产权房的可能性是本市户籍新白领的 0.206 倍（α<0.001）。与表 3-3 中呈现的结果一致。即本市户籍、持居住证和外地户籍新白领在上海有产权房的可能性依次降低。

在模型 3 中，受教育水平对新白领阶层在上海是否有产权房表现出了一定的影响。但随着个人年收入、年龄及来沪时间等变量的引入，其影响开始下降，最后消失。这说明，受教育水平与在上海是否有产权房无关。

从个人年收入来看，个人年收入为 2 万 ~ 5 万元（含 5 万元）的新白领在上海拥有产权房的可能性为年收入在 2 万元及以下的新白领的 0.932 倍，个人年收入为 5 万 ~ 8 万元（含 8 万元）的新白领在上海拥有产权房的可能性为年收入在 2 万元及以下的新白领的 1.076 倍，但差异不显著，换句话说，个人年收入为 2 万元及以下、2 万 ~ 5 万元（含 5 万元）、5 万 ~ 8 万元（含 8 万元）的新白领在上海拥有产权房的可能性没有差别。个人年收入为 8 万 ~ 15 万元（含 15 万元）的新白领在上海拥有产权房的可能性为年收入在 2 万元及以下的新白领的 2.032 倍（$\alpha < 0.1$），个人年收入超过 15 万元的新白领在上海拥有产权房的可能性为年收入在 2 万元及以下的新白领的 2.637 倍（$\alpha < 0.1$）。由此可以看出，个人年收入对在上海是否有产权房的影响，与表 3 - 3 呈现的结果不太一致。个人年收入在 8 万元及以下时，对于在上海是否有产权房没有明显影响；个人年收入超过 8 万元时，随着收入的增加，在上海有产权房的可能性越来越大（$\alpha < 0.1$）。

在模型 5 中，可以看到，随着年龄的增大，在上海有产权房的可能性越高，但在模型 6 引入来沪时间后，这一差异基本上慢慢消失，这说明年龄对于在上海有产权房的正向影响是虚假的，二者存在"共线性"问题，真正对在上海是否有产权房的因素是来沪时间而非年龄。

从模型 6 中可以看到，来沪时间越长，在上海有产权房的可能性越高。来沪时间 5 ~ 10 年（不含 10 年）和来沪时间 10 年及以上的新白领在上海有产权房的可能性分别是来沪时间不足 5 年的新白领的 2.375 倍和 4.147 倍，这一差异非常显著（$\alpha < 0.001$）。与表 3 - 3 中呈现的结果一致。

从以上分析可知，新白领在上海是否有产权房主要受性别、婚姻状况、户籍、个人年收入及来沪时间的影响。

4. 购房时间与支出

1991 年 2 月，上海市人大通过《上海市住房制度改革实施方案》，在全国首先实行住房商品化，取消单位福利分房，房地产市场化[①]。随着住房改革及经济的发展，购买商品房已成为新白领的一个主要选择。从表 3 - 5 中可以看到，1991 年以前及 1992 ~ 1999 年这两个时期，新白领购房的比例都很低，原因在于 1991 年以前，住房基本上是单位无偿分配的福利，因此无须个人在市场上购买；另外，在调查对象的界定中，在沪工作和生活时间超

---

① 李友梅主编《上海调查 2009》，上海大学出版社，2010，第 43 页。

过 20 年的新白领基本上被排除在调查之外，只调查部分作为参照对象。2000 年至今，93.11% 的新白领从市场上购买了商品房，这说明购买商品房是新白领获得住房的最主要方式。

表 3-5 家庭购买住房时间 ($N = 363$)

时 间	家庭数	百分比
1991 年以前	12	3.31
1992 ~ 1999 年	13	3.58
2000 年至今	338	93.11

关于购房支出，新白领购房单套平均金额为 92.79 万元 ($N = 343$)。其中，1991 年以前的住房单套平均金额为 15.5 万元 ($N = 8$)；1992 ~ 1999 年，住房单套平均金额为 23.48 万元 ($N = 10$)；2000 年至今，住房单套平均金额为 96.82 万元 ($N = 325$)。由于问卷中没有问及住房面积，故无法计算住房单位价格。

住房是一项大额消费，需要大笔的资金。关于住房资金来源，69.42% 的新白领曾向银行贷款，贷款平均金额为 52.64 万元；24.52% 的新白领曾向他人借款，借款平均金额为 23.17 万元 ($N = 363$)。从中可以看出，大部分新白领通过贷款来解决住房资金问题，同时向他人借款也是解决住房资金的一个有效途径。

另外，从时间上来看，在 2000 年以前，通过贷款解决住房资金问题的仅有 3 例，且金额较小，分别为 2 万元、11 万元和 30 万元。但在 2000 年以后，贷款已成为多数新白领解决住房资金问题的一个主要渠道，且数额往往较大。

5. 多套产权房

从经验上看，个人收入越高，越有可能拥有现住房之外的多套住房，因为随着收入的提高，住房已不仅仅是一种刚性需求，更多的在于提高居住质量和生活质量，或者用于投资，但表 3-6 的统计结果并不显著。从表 3-6 中可以发现，个人年收入在 15 万元以上的新白领拥有多套住房的比例并不是最多的，而个人年收入在 5 万元以下的中低收入群体拥有多套住房的也占一定比例，但问卷未对住房来源等进一步追问，故无法对这一现象做进一步分析。

表 3 - 6 个人年收入与现住房外的其他住房情况交互表

单位：%

现住房外的其他住房（套）	个人年收入					合计（人）
	2 万元及以下	2 万~5 万元（含5 万元）	5 万~8 万元（含8 万元）	8 万~15 万元（含15 万元）	15 万元以上	
1	1	9	23	29	10	72
2	2	3	2	3	1	11
3	0	0	1	2	1	4
4	0	1	0	0	1	2
合计	3	13	26	34	13	89

二 住房面积与支出

（一）住房面积

从住房面积（建筑面积，下同）来看，仅有 2.78% 的新白领的住房在 10 平方米及以下，12.37% 的新白领的住房在 100 平方米以上，住房面积在 10~50 平方米及 50~100 平方米的新白领分别占 40.27% 和 44.58%，见图 3-2（N = 1043）。这表明，新白领的居住条件相对来说较为优越。

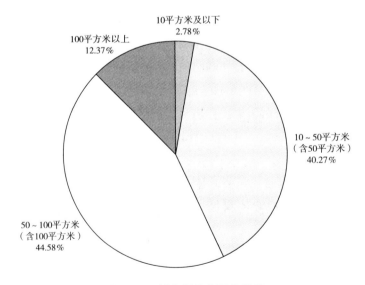

图 3 - 2 新白领住房面积情况

由于本次调查未涉及被访者同住成员数量，故人均住房面积无法计算。一种可行的估计方法是以在上海有产权房的新白领为统计对象，按每户 3 人的核心家庭人口数来计算，则可以得出本地户籍新白领人均住房面积为 29.8 平方米（ $N=193$ ），持居住证新白领为 28.5 平方米（ $N=124$ ），外地户籍新白领为 27.8 平方米（ $N=45$ ），均低于上海市同期城镇居民人均建筑面积 33.4 平方米[①]。在上海没有产权房的新白领，多以租住商品房或租住单位公房为主，受经济收入的限制，居住面积较之在上海有产权房的新白领应该会更低。这说明，不少新白领还是可能存在"蜗居"或者住房难的情况。

表 3 - 7　现住房的居住面积与个人年收入情况交互表

单位：%

现住房的居住面积	个人年收入					
	2 万元及以下	2 万 ~ 5 万元（含 5 万元）	5 万 ~ 8 万元（含 8 万元）	8 万 ~ 15 万元（含 15 万元）	15 万元以上	合计（人）
10 平方米及以下	7.50	3.75	2.36	1.16	1.33	29
10 ~ 50 平方米（含 50 平方米）	40.00	53.13	42.09	29.46	17.33	416
50 ~ 100 平方米（含 100 平方米）	41.25	35.31	43.77	55.81	54.67	461
100 平方米以上	11.25	7.81	11.78	13.57	26.67	124
合　　计	100.00	100.00	100.00	100.00	100.00	1030

从个人收入上来看，年收入在 2 万元及以下和 2 万 ~ 5 万元的中低收入新白领，其住房居住面积在 50 平方米及以下的比例较高，分别为 47.50% 和 56.88%。在 50 平方米以上的住房中，2 万元及以下、2 万 ~ 5 万元、5 万 ~ 8 万元、8 万 ~ 15 万元、15 万元以上 5 种收入类别的比例分别为 52.5%、43.12%、55.55%、69.38% 和 81.34%，差异非常显著（ $\alpha <$ 0.01），见表 3 - 7。这反映出新白领无论收入高低都比较注重居住质量，且高收入新白领更加倾向于居住大面积的住房。

从图 3 - 3 可以看到，不同婚姻状况的新白领在住房面积上的选择偏好。已婚新白领选择 50 ~ 100 平方米（含 100 平方米）及 100 平方米以上的住房比例分别为 58.00% 和 21.00%，分别高出未婚新白领 21.76% 和 14.00%，未婚新白领在 10 ~ 50 平方米的住房选择上占 52.72%，高出已婚新白领

[①] 资料来源：《2011 年上海市国民经济和社会发展统计公报》，http://www.stats - sh. gov. cn/sjfb/201202/239488. html。

32.47%。这说明，已婚新白领更倾向于选择大面积住房，未婚新白领则选择小面积住房。这主要是因为未婚新白领主要是自己一人独住，或与朋友/老乡/同事同住一起；而已婚新白领则与配偶及子女等同住，家庭人口规模较大，故居住面积也较大。

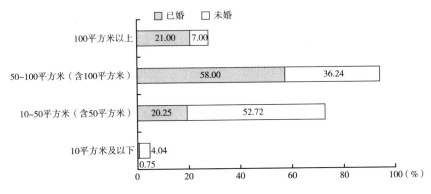

图3-3 不同婚姻状态的新白领住房面积情况

（二）住房月租金

在租金方面，新白领住房的平均月租为1550元（$N = 660$），月租金高于平均数的新白领占被调查新白领的38.85%，最高月租为5000元，最低仅为40元/月，主要是因为租住单位公房。住房月租金在本地户籍、持居住证与外地户籍新白领中相差不大。另外，住房月租金也与居住面积大小相关，二者相关系数高达0.382（sig = 0.000），也即居住面积越大，住房月租金越高。

从收入上来看，不同收入的新白领在住房月租金方面存在差异，见表3-8。个人年收入在5万元（含5万元）以下的白领，住房月租金在1000元及以下的占大多数。其中部分月租还不到500元，这与部分新白领租住单位公房有关。同时，也有相当比例选择租住1500元以上的高房租住房。个人年收入超过8万元的中高收入新白领，选择高房租住房的比例也较高。例如，个人年收入在8万~15万元的新白领有30.71%的人选择月租2001元以上的住房，个人年收入超过15万元的高收入新白领选择这一住房的比例更是高达43.33%。总体而言，随着个人收入的提高，选择高房租住房的比例也越大。

表3-8　个人年收入与住房月租金情况交互表

单位：%

住房月租金	个人年收入					合计(人)
	2万元及以下	2万~5万元(含5万元)	5万~8万元(含8万元)	8万~15万元(含15万元)	15万元以上	
1000元及以下	51.67	47.11	32.82	20.47	10.00	238
1001~1500元	28.33	20.66	24.62	27.56	23.33	157
1501~2000元	8.33	16.53	21.03	21.26	23.33	120
2001元以上	11.67	15.70	21.54	30.71	43.33	139
合　计	100.00	100.00	100.00	100.00	100.00	654

三　购房预期与压力

(一)　购房预期

在购房预期方面，71.16%的被访者表示近期没有在上海买房的打算，25.21%的被访者表示目前正在考虑，仅有3.63%的被访者表示近期会买（$N=1047$），见图3-4。这表明，仅有不到三成的新白领具有在上海买房的意向，新白领的购房预期不高。

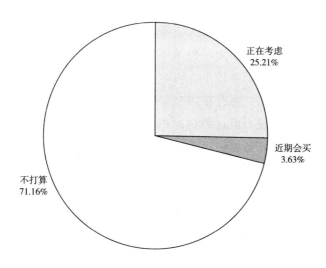

图3-4　新白领购房预期

从个人收入来看，个人年收入在2万元及以下的新白领近期不打算在上海买房的比例最高，达到90.00%，年收入在15万元以上的新白领近期不打算买房的比例相比之下较低，为62.67%。个人年收入在2万元及以下、2万~5万元、5万~8万元、8万~15万元、15万元以上的新白领，近期正在考虑和准备买房的比例分别为10.00%、21.19%、32.55%、37.69%和37.33%，见表3-9。可见，个人年收入越高，近期买房的可能性也越大，差异十分显著（α<0.01）。这说明，经济收入是决定个人是否买房的关键因素之一。

表3-9 个人年收入与购房预期情况交互表

单位：%

购房预期	个人年收入					合计（人）
	2万元及以下	2万~5万元（含5万元）	5万~8万元（含8万元）	8万~15万元（含15万元）	15万元以上	
不打算	90.00	78.82	67.45	62.31	62.67	735
正在考虑	8.75	19.63	30.20	31.92	25.33	262
近期会买	1.25	1.56	2.35	5.77	12.00	37
合计	100.00(80)	100.00(321)	100.00(298)	100.00(260)	100.00(75)	1034

除了受经济因素影响之外，个人购房预期还受诸多因素影响，例如在上海是否有产权房。因为根据马斯洛的需求层次理论，某一层次的需要得到满足后，就会倾向于追求更高一层次的需求，而这一层次的需求对个人的激励作用也会大大减小。住房作为一种基本需求，在个人已有产权房的情况下，因为需求而再度买房的刺激较小。同时，住房是一种大宗消费，对个人的经济能力要求较高。当然，也存在因改善居住需求和作为投资而进行二次、三次甚至多次购房的情况，但这种情况毕竟只是少数。面对居高不下的房价，作为理性的个体，很有可能的一种情况是，有产权房的新白领购房预期较之没有产权房的新白领会更小。图3-5表明，无论在上海是否有产权房，绝大部分新白领近期都没有在上海买房的打算，在上海有产权房的新白领这一倾向更加明显。在上海没有产权房的新白领，近期考虑购房的比例较之有产权房的新白领高出12.10%，在统计上非常显著（α<0.01）。这说明，对于在上海还没有产权房的新白领而言，购房预期更加迫切。

为消除这一潜在因素的影响，本文将在上海有产权房的新白领剔除在

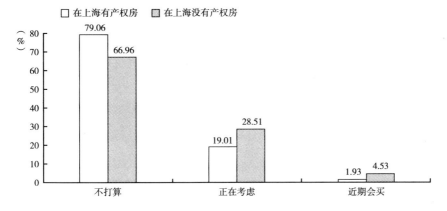

图 3-5 不同新白领购房预期

外，进而与年龄、户籍进行交互分析，结果如下。

从年龄上看，呈现随着年龄增长，近期准备在上海买房的比例随之增高的趋势。年龄在 25 岁及以下、26～30 岁、31～35 岁、36 岁及以上的新白领，近期准备购房的比例分别为 24.10%、36.65%、44.59% 和 57.14%（$N = 684$），见图 3-6。由此看来，新白领近期在上海买房的预期还是比较大的，且各年龄段新白领购房预期差异非常显著（$\alpha < 0.01$）。之所以出现这样的情况主要是因为，年龄在 26～30 岁的新白领处于适婚年龄，住房作为最基本的物质生活需求之一，是建立家庭以及婚后稳定生活的重要保证，因此其对住房具有较强烈的需求。处于 31 岁以上的新白领，大多已结婚生育子女，对住房的需求可能更多来自于幼年子女，一方面，子女出生，家庭规模扩大，人均住房面积减小；另一方面，子女出生有可能增加其留沪的可

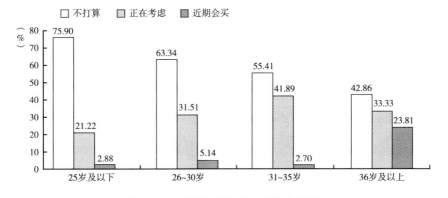

图 3-6 不同年龄的新白领购房预期

能性，导致其选择买房而非租房，因此需求非常迫切。另外，随着年龄的增加，特别是随着新白领逐步步入中年阶段，住房对其而言主要是出于家庭以及归属的需要。而25岁及以下的新白领可能主要是因为踏上工作岗位不久，没有经济基础，且结婚生子的压力也还比较小，对住房需求反映比较冷淡，故近期准备购房的比例较小。

表3-10　户籍类型与购房预期交互表

单位：%

购房预期	户籍类型			
	本市户籍	持居住证	外地户籍	总计(人)
不 打 算	57.36	62.21	75.34	457
正在考虑	33.33	32.44	22.95	195
近期会买	9.30	5.34	1.71	31
总　　计	100.00	100.00	100.00	683

从户籍上看，本市户籍、持居住证及外地户籍新白领近期准备买房的比例依次降低，分别为42.63%、37.78%和24.66%，在统计上差异非常显著（α<0.01）。由此可以看出，本地户籍新白领对住房需求强烈，外地户籍新白领则反映比较冷淡。出现这一情况的可能是由以下两个原因引起的：首先，从经济能力来看，本地户籍新白领在经济社会地位及人力资本上都处于比较优越的境况，有能力承担高额的住房成本，故对住房需求强烈，购房预期高；而外地新白领来沪时间普遍较短，经济能力比较有限，在社会竞争中也处于比较劣势的地位，无力承受高昂的房价，故而购房预期低。其次，从户籍身份来看，本地户籍新白领具有上海市户口，在如今"一户难求"的情况下，他们对上海具有较高的认同感，将自己当做上海人或者新上海人。而且他们工作生活比较稳定，迁移到其他城市的可能性很小，在这种情况下，没有自己的产权房必然使其产生不安定感，故买房对其而言更加迫切。相较于本地户籍新白领，外地户籍新白领对于城市的认同感比较低，职业状态较不稳定，工作地点也比较不固定，在这种情况下，租房对其而言是比较合理的选择，因此，其购房预期低，对买房反映比较冷淡。

（二）购房压力

关于购房压力，问卷中的选项共分1~5个等级，分别对应"完全没有压力""压力不大""一般""有一些压力""压力非常大"。新白领在购房压力方面的选择结果如图 3－7，8.89% 的被访者表示完全没有压力，4.97% 的被访者表示压力不大，10.13% 的被访者表示一般，有一些压力和压力非常大的比例分别为 24.09% 和 51.91%（$N = 1046$）。可以看出，对于绝大部分新白领而言，买房的压力是非常大的。高昂的住房成本让许多新白领望而却步，并成为其"逃离北上广"的重要原因之一。

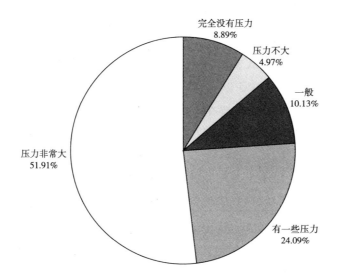

图 3－7　新白领购房压力情况

表 3－11　个人年收入与购房压力情况交互表

单位：%

购房压力	个人年收入					合计(人)
	2 万元及以下	2 万～5 万元（含 5 万元）	5 万～8 万元（含 8 万元）	8 万～15 万元（含 15 万元）	15 万元以上	
完全没有压力	11.25	11.84	5.37	8.88	9.33	93
压力不大	5.00	2.18	4.70	6.18	13.33	51
一般	6.25	10.28	8.39	11.97	14.67	105
有一些压力	22.50	22.43	24.83	23.55	26.67	245
压力非常大	55.00	53.27	56.71	49.42	36.00	539
合　　计	100.00(80)	100.00(321)	100.00(298)	100.00(259)	100.00(75)	1033

经济收入是决定个人是否打算买房以及买房压力大小的重要原因之一。从表3-11可知，总体上经济收入越高，买房压力越小；反之亦然。中等收入及中低收入新白领由于经济收入不高，故在高昂的房价面前承受着巨大的压力。而中高收入新白领买房的压力相对较小，除经济上处于优势地位外，主要是因为其在上海已有产权房，例如个人年收入在8万~15万元和15万元以上的中高收入新白领在上海有产权房的比例分别为50.77%和60.00%（见表3-3），再次买房的意愿不高，故买房压力较小。值得注意的是，年收入在8万~15万元及15万元以上的中高收入新白领，表示买房压力非常大的比例仍高达49.42%和36.00%。这说明，买房仍旧给中高收入新白领带来很大压力。另外，从表3-11中也可以观察到，个人年收入在2万元及以下和2万~5万元（含5万元）的新白领表示完全没有压力这一项的比例较之其他收入阶层更高，主要在于很多低收入新白领由于经济条件的限制可能并没有在上海买房的打算，故不存在买房压力。

表3-12　户籍类型与购房压力交互表

单位：%

购房压力	户籍类型			
	本市户籍	持居住证	外地户籍	总计（人）
完全没有压力	10.90	8.29	7.72	93
压力不大	6.54	4.66	3.86	52
一般	8.10	13.73	8.01	106
有一些压力	25.86	21.76	25.22	252
压力非常大	48.60	51.55	55.19	541
总　　计	100.00	100.00	100.00	1044

关于购房压力，本市户籍、持居住证及外地户籍新白领表示购房压力非常大的比例依次增大，分别为48.60%、51.55%和55.19%，完全没有压力和压力不大两项合计的比例分别为17.44%、12.95%和11.58%，见表3-12。这表明无论是否为上海户籍，新白领购房的压力都很大，但本市户籍新白领相对于非本市户籍新白领压力更小，一方面，这主要是由于很多本市户籍新白领在上海已有产权房；另一方面，对于中低收入新白领来说，上海市也有相关的住房保障政策，而这些政策的惠及面仅限于本市户籍人口，故而本市户籍人口购房压力相对较小。

（三）购房压力来源

关于购房压力来源方面，65.04%的被访者表示主要压力在于首付，34.96%的被访者则表示是月供（N = 981）。无论是高收入新白领还是中低收入新白领，购房压力选择首付的比例都很高，表明首付是购房的主要压力来源，见表3 - 13。值得注意的是，年收入超过15万元的新白领在购房压力上选择首付比例最高，达到84.06%，远高于其他各个收入群体。

表3 - 13 个人年收入与购房压力情况交互表

单位：%

购房压力来源	个人年收入					合计（人）
	2万元及以下	2万~5万元（含5万元）	5万~8万元（含8万元）	8万~15万元（含15万元）	15万元以上	
首 付	71.62(53)	62.00(186)	63.86(182)	63.90(154)	84.06(58)	633
月 供	28.38(21)	38.00(114)	36.14(103)	36.10(87)	15.94(11)	336
合 计	100.00(74)	100.00(300)	100.00(285)	100.00(241)	100.00(69)	969

四 小结

新白领的住房状况主要表现为：1/3的新白领居住于自己购买的商品房，其余新白领均是租房，或由单位提供住宿，其中，租住商品房是主要租房形式，而单位提供住所或租住单位公房所占比例很小。

已购商品房的新白领，居住面积若按一户三口计算，平均每人的居住面积在27~30平方米，稍低于上海本地居民的住房水平。租房的新白领，受经济收入等因素的制约，租住面积一般均不大；在租金方面，他们的平均月租为1550元，最低仅为40元，租金之所以相对不高，原因主要是"租住单位公房"降低了平均租金水平。虽然如此高比例的人没有自己的产权房，但他们的购房预期并不强烈，仅有3.63%的被访者表示近期会购房。

住房问题受多种因素的影响，经济收入、婚姻状况、户籍等都是重要的影响因素，但无论哪一种因素都难以否定下述关于新白领住房问题的基本判断：总的来说，"住房难"是新白领阶层所面对的一个现实问题。

第四章　工作状况

工作是人们日常生活的重要组成部分，它关系到人们生活的方方面面，对经济状况、居住状况、家庭关系等都有举足轻重的作用。对于新白领而言，工作不仅是赖以生存的工具性条件，更是一种身份的象征。

本章依据 2011 年"上海市新白领调查"的相关数据资料，对新白领阶层的工作特征、工作压力、工作满意度以及工作收入进行简要的描述，以便了解目前新白领的工作特征以及工作现状。

一　新白领阶层的工作特征

（一）职业涉及领域广，集中于私营企业，占第三产业比重大

"白领"一词最早出现于 20 世纪 20 年代初，指的是一切受雇于人而领取薪水的非体力劳动者。白领的范畴很广，包括技术人员、管理人员、办事员、推销员、打字员、会计、教师、医生、律师、普通职员等。"新白领"是白领群体中新兴的一个群体，是随着我国经济和社会的发展以及户籍制度的松动，人口的迁移和流动而兴起的移民群体。本次调查中，将"新白领"定义为出生在外地、在上海从事非体力劳动、大专以上文化学历的劳动者。

为了较大地涵盖新白领的范畴，较好得出目前上海市新白领的工作特征，本次调查最大限度地涉及各种不同性质的企业单位以及新白领的不同阶层。

调查数据显示，在接受调查的 1033 名新白领中（14 人没有回答其职业或就业状况），党政机关就业人员占了 3.5%，国有企业就业人员占了

14.4%，国有事业就业人员占了 11.7%，集体企业就业人员占了 0.5%，个体经营就业人员占了 3.2%，私营企业就业人员占了 32.9%，外资/合资企业就业人员占了 27.2%，股份制企业就业人员占了 5.9%，非营利组织就业人员占了 0.7%（见图 4 - 1）。

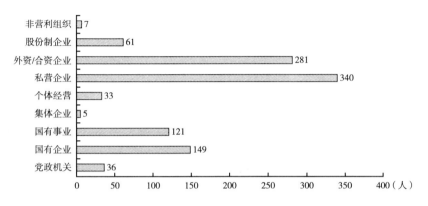

图 4 - 1　上海市新白领所在企业性质的分布情况

在这些新白领中，77.6% 的新白领位于第三产业，21.5% 的新白领位于第二产业，只有 1% 的新白领位于第一产业（见表 4 - 1）。这与上海市统计局公布的《上海劳动力资源与就业状况报告》显示的 2010 年第一产业在业人口占在业人口总数的比重为 2.9%，第二产业占 42.6%，第三产业占 54.5% 的趋势相同。上海市从业人员集中在第三产业，被调查新白领同样集中在第三产业，对于这一重合现象，主要是由于上海市本身的政策和经济环境决定的，具体有以下几个原因。

首先，改革开放后，上海第三产业的不发达严重制约上海经济的发展，1984 年，国务院批转《关于上海经济发展战略的汇报提纲》明确指出，要大力发展上海的第三产业，并加快上海的工业结构调整。在浦东外向型经济的推动下，第三产业的比重迅速增加，第二产业中新兴现代制造业与现代的服务业也以较快的速度发展成为主导部门，传统农业和制造业的比重日趋缩小，专业技术人员与现代商业服务业的从业人员逐步增加，而传统农业与工业的从业人员日趋减少。

其次，根据《文汇报》2011 年的报道，上海市第三产业增加值占生产总值比重 1999 年首次超过 50%，2011 年上半年达到 57.8%，第三产业对经济增长贡献率自 1996 年以后（除个别年份外）都超过 60%，三产投资和财政收入占比超过70%，利用外资占比超过80%，是最具前景的产业。

最后，目前上海市白领阶层的比例日益上升，就业需求大，第三产业则为这一需求提供了很好的保障，50%的就业人员都处于第三产业。而被调查的新白领多数处于私营企业、外资/合资企业、国有企业等，这些企业性质除极个别外都是第三产业，因而也就解释了为什么被调查的新白领也较多地处于第三产业。

据此，我们可以得出，上海市就业人员倾向于第三产业，而上海市的新白领阶层也倾向于第三产业。

表4-1 上海市新白领阶层所在产业的分布情况

产业分类	职业	百分比	频数
第一产业	农林牧渔业	1.0	10
第二产业	采矿业	0.5	5
	制造业	16.6	174
	电力、煤气及水的生产和供应业	0.6	6
	建筑业	3.8	52
第三产业	房地产业	5.0	79
	金融业	7.5	40
	教育	9.4	98
	交通运输、仓储和邮政业	3.2	34
	租赁和商务服务业	4.0	42
	住宿和餐饮业	1.1	12
	信息传输、计算机服务和软件业	11.0	115
	批发和零售业	8.7	91
	居民服务和其他服务业	3.9	41
	水利、环境和公共设施管理业	0.4	4
	文化、体育和娱乐业	5.0	52
	卫生、社会保障和社会福利业	5.2	54
	公共管理与社会组织	3.4	36
	科学研究、技术服务和地质勘查业	5.8	61
	国际组织	3.9	41
合 计		100.0	1047

新白领阶层聚集在第三产业是因为上海市本身的政策和就业环境，那么集聚在私营企业的原因又是什么呢？我们认为原因如下：首先，根据2008年上海市《新闻午报》的报道，上海地区的500多个公务员招考岗位，吸

引了超过 3 万人报名，除大学生外，在职白领也成为报考公务员的主力军。但是，尽管工作的稳定性是很多新白领选择工作的首要条件，新白领择业时首先会选择考公务员或国家事业编制，但是毕竟国家公务员、国家事业单位的岗位数量非常少，不可能成为容纳新白领阶层的主要就业渠道，而私企相对来说在整个行业占的比例较大，招工人数较多，因而新白领的人数比重也相对较大。

其次，上海创信市场调查公司所做的一份最新调查显示，近来，一大批海归和高科技人才纷纷加入上海的私企，利用在外企学到的管理经验和建立的关系网络创业或到私企重新打造一片新天地，他们认为从近两年的薪酬增幅来看，外企不如私企，而且私企有更大的发展空间，并且在私企的地位也超过在外企的地位，这也是构成新白领阶层向私企集聚的第二个原因。

（二）不从事管理工作新白领多，新白领阶层内部层级分化大

按照管理层级进行划分，不从事管理工作的新白领占了 52.5%，从事一般管理工作的新白领占了 33.0%，从事中层管理的新白领占了 11.9%，从事高层管理工作的新白领占了 2.7%；按照技术职称进行划分，除去占被调查总体 17.5% 的不适用职称划分的新白领之外，其余的情况是，无职称的新白领占了 35.4%，初级职称的新白领占了 20.7%，中级职称的新白领占了 20.7%，高级职称的新白领占了 5.6%（见图 4 - 2）。

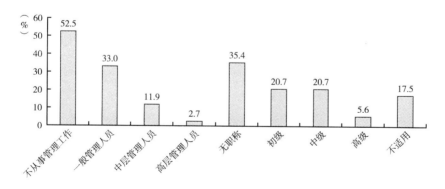

图 4 - 2　上海市新白领的管理层级以及技术职称的分布情况

由此可见，在新白领内部，有着不同的职业地位，并且差异较大。就管理层级来说，50% 以上的新白领只是普通的职员，不从事管理工作，30% 以上的新白领从事一般性的管理工作，只有 14% 左右的新白领管理层级相对

较高；就技术职称来说，拥有技术职称的新白领占将近47%，但是技术职称集中在初级和中级，高级职称的拥有者较少。据此，我们可以看到，新白领内部的分化较大，被称为新白领，并非就一定是身处高位或者是资深技术人员，新白领只是相对于蓝领来说的，而且只是工作性质不同而已。

那么，到底是什么影响了新白领阶层内部的管理层级和技术职称呢？我们引入性别、年龄、教育三个变量，进行分析比较。考虑到我们对于很多企事业单位考量的都是管理层级，技术职称只对部分技能型工作比较有用，因而在分析中，我们忽略对技术职称的分析，只分析管理层别。

性别对新白领阶层内部的管理层级分布有显著的影响（$p < 0.001$）。不从事管理工作的女性比例比男性高7.1%，在一般管理人员中，女性比男性高了2%，但在中层管理人员和高层管理人员上，男性比女性分别高出6.3%和2.8%，这表明与男性相比，女性是在新白领阶层的较低层次（见图4－3）。

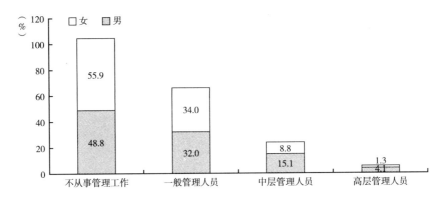

图4－3 上海市新白领阶层在管理层级上的男女比例

我们认为，女性在初级管理层级中比例大，但在中高级管理层级中比例小的现象，可以用职业中的"天花板效应"进行解释。"天花板效应"就是说，女性或是少数族群难以晋升到企业或组织高层并非是因为他们的能力或经验不够，或是不想要其职位，而是一些针对女性和少数族群的升迁方面，组织似乎设下一层障碍，这层障碍甚至有时看不到其存在。因此，如果组织中的女性或少数族群顺着职业生涯发展阶梯慢慢往上攀升，当快要接近顶端时，自然而然就会感觉到一层看不见的障碍阻隔在他们前面，所以他们的职位往往只能晋升到某一阶段就不可能再继续上去。这就可以解释，为什么女性在没有管理层级和初级管理层级上的人数远远多于男性，但是男性在中层管理人员和高层管理人员上的人数却多于女性的原因。

就年龄来说，随着年龄的增加，不从事管理工作的比例逐渐减少，从事管理工作的比例逐渐增加。这个现象与目前很多企业晋升与工龄有关非常切合。而且我们也不难想象，随着年龄的增加，工作经验也在不断累积，从而为进入更高的职业地位提供了有利条件。而这也解释了为什么本次调查中绝大部分新白领都集中在不从事管理工作和一般管理人员的职位上，因为本次调查中的新白领的年龄段集中在 30 岁偏下部分，而这个阶段的新白领其事业大多正处于刚起步的阶段。

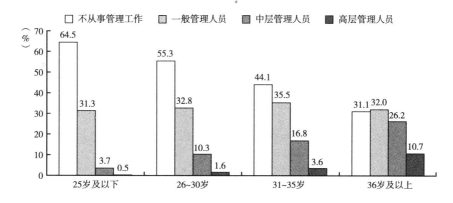

图 4－4　上海市新白领阶层在管理层级上的年龄分布

当我们引入受教育程度这个变量的时候，我们发现受教育程度与管理层级并没有很大的影响。我们推测这可能与新白领阶层普遍的较高学历有关，因为本次调查的新白领受教育程度均为大专及以上水平，因而学历的优势并不明显。

由此我们得出，新白领阶层由于存在性别、年龄的差异，因而内部层级分化较大。尽管很多人认为，新白领阶层相对于蓝领而言社会地位更高，但是在新白领阶层内部也有自己阶层的等级排序，而这些等级排序，一般就是由管理层级和技术职称确定的。

（三）受教育程度高，经验丰富

上海市统计局发布的《上海市第六次全国人口普查分析报告》指出，2010 年上海市 2208.57 万 6 岁以上常住人口中，大专以上学历人员占从业人员的比重为 22.8%。本次调查的 1047 位新白领中，23.3% 的新白领是大专或高职学历，50.7% 的新白领为大学本科学历，26.0% 的新白领是研究生及以上学历，大学本科及以上学历的比例为 76.7%。尽管新白领阶层内部在职位或职称上有较大的分化，但是新白领阶层的受教育程度远远超过普通就业阶层。

新白领阶层不仅受教育程度高，而且有丰富的就业经验。为了便于统计，我们以被调查的新白领拥有第一份在上海的工作的时间为基础，以年为单位，计算被调查新白领的工作经验（因为新白领阶层在拥有第一份在上海的工作时，可能已经有过工作经验，而且由于以年为单位，我们并不排除有误差存在），根据调查显示，新白领阶层的最高工作经验为 37 年，最低的为 1 年，53.4% 的新白领工作经验在 1~5 年，34.5% 的新白领工作经验在 6~10 年，12.1% 的新白领工作经验超过 10 年，具体见图 4-5。

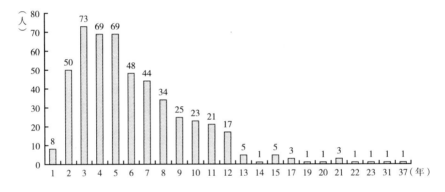

图 4-5 上海市新白领的工作经验

由此可见，本次调查中的新白领素质都相对较高，不仅自身教育素养较高，而且有丰富的工作经验。

（四） 工作报酬较高，但工作时间较长

据上海市人力资源和社会保障局、市统计局的统计，上海市 2010 年度本市职工平均工资为 46757 元，月平均工资为 3896 元。而本次调查的新白领月平均薪酬显示，新白领的月平均工资为 5935 元，中位数为 5000，最小值为 1000 元，最大值为 10 万元。据此，我们可以看出新白领的平均工资高于普通职工的工资。我们推测，新白领的月平均工资高出上海市普通职工，是因为新白领阶层所受的高等教育为其增加了资本，而新白领阶层的高强度的工作时间为其增加了工资。

　　调查显示，就每天的工作时间来说，36.9%的新白领的上班时间超过8小时，并且超过60人其工作时间达到10小时以上，有人甚至工作16小时；而从新白领加班情况来看，只有30.7%的新白领表示从不加班，46.1%的新白领表示一周中需要加班1~2次，14.5%的新白领表示要加班3~4次，8.7%的新白领则表示要加班5次以上；29.8%的新白领每天上下班的时间在0.5~1小时，27.8%的新白领花费1.5~2小时在上下班途中，这又在无形中加剧了新白领的负担（见图4-6）。每天花费在工作上的时间严重超标，不仅是新白领阶层平均工资高于普通职工的重要原因，同时也是造成新白领阶层工作压力大、工作满意度下降的关键性因素。

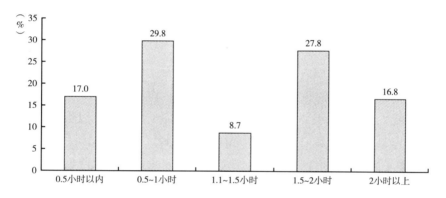

图4-6　上海市新白领每天上下班花费时间情况

（五）工作流动性大，跳槽意愿高

　　根据调查显示，被调查的新白领来到上海后，换过工作的比例占了48%，当被问及今后有没有跳槽可能的时候，将近30%的新白领认为非常有可能或者比较有可能跳槽，跳槽的意愿较高（见图4-7）。

　　从社会的角度看，新白领阶层的跳槽有利于社会人力资源的合理流动和优化配置，但是对于企业来说，一些恶性的跳槽行为，会造成社会资源的浪费，使企业无法正常运作。关于上海市新白领阶层的跳槽意愿，我们采用五分量表法，跳槽非常有可能为5分，比较有可能为4分，觉得一般为3分，觉得不太可能为2分，认为非常不可能为1分，并且我们引入了年龄、工作时间、企业性质、管理级别、月平均收入、工作满意度、人际氛围、工作压力等变量对跳槽原因进行交互分析。

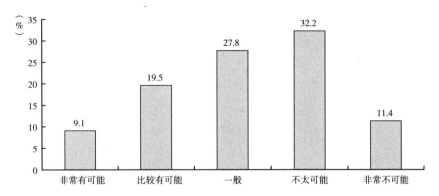

图4-7 上海市新白领跳槽意愿

就年龄和工作时间来说，25岁以下的人得分为2.1分，26～30岁的人得分为1.9分，31～35岁的人得分为1.7分，36岁及以上的人得分为1.1分；工作经验在5年以内的跳槽意愿得分为2分，6～10年的为1.9分，10年以上的为1.2分。这就显示了，随着年龄和工作时间的增加，跳槽的意愿逐渐降低。我们认为年龄和工作时间与跳槽意愿成反比的原因是因为年龄越大、工作时间越长的新白领，冲动辞职率比年轻、工作时间短的新白领低，而且随着年龄和工作时间的增加，对于新白领来说辞职的风险也会增加，因此随着年龄和工龄的增加，新白领的跳槽意愿逐渐降低。

跳槽意愿不仅与工作时间和年龄有关，而且与不同的企业性质相关。根据就业于不同性质企业的新白领的跳槽意愿情况来看，就业于国有事业单位的新白领的跳槽意愿最低，其次是国有企业的新白领，再次是股份制企业的新白领，又次是外资/合资企业的新白领，最后是私营企业的新白领。根据目前的一般认识来说，国有企业的工作稳定性最高，私营企业最低（见表4-2）。由此，我们可以推断出，工作的稳定性是新白领阶层选择跳槽的很重要的原因之一。

表4-2 上海市新白领就业于不同性质企业的跳槽意愿

单位：%

主观指标		国有企业	国有事业	私营企业	外资/合资企业	股份制企业
跳槽意愿	非常有可能	4.5	5.5	11.8	9.3	11.5
	比较有可能	18.2	8.5	24.5	21.4	16.4
	一般	26.6	20.7	28.5	31.1	27.9
	不太可能	39.6	42.7	25.8	30.7	34.4
	非常不可能	11.0	22.6	9.4	7.5	9.8

就新白领阶层的管理级别来说，不从事管理工作的新白领、一般管理人员以及中层管理人员的跳槽意愿差别不大，都是 1.8 分左右，但是高层管理人员的跳槽意愿明显要小很多，只有 0.9 分左右。这显示了就跳槽意愿来说，普通职工选择跳槽可能性较大，高层管理人员较小。

就月平均收入来说，我们发现，收入在 4000 元以下的新白领跳槽意愿为 2 分，收入在 4001~8000 元的新白领跳槽意愿为 1.7 分，收入在 8000 元以上的新白领跳槽意愿为 1.6 分，这就显示了，月收入低的新白领更倾向于跳槽，这与新华网 2011 年职场人跳槽的调查得出的结果相似，也就说薪酬原因是跳槽的首要原因。

此外，工作压力、工作满意度、人际氛围都影响着跳槽的意愿，工作压力高，跳槽意愿就大；工作满意度低，跳槽意愿就大；人际氛围差，跳槽意愿就大。

显然，很多新白领将跳槽作为改善薪酬条件，改变工作性质以及改善工作环境的出路，但是跳槽并不一定是一个很好的办法，因为跳槽也是存在成本的。因而新白领阶层在每次跳槽之前，都要对自身的能力、经验以及潜力，还有对对方企业提供的空间进行评估，确认跳槽的风险是自己可以控制和预期的，否则，最好不要轻易冒险。

（六）求职途径多元化，关注个人职业发展

根据调查显示，上海市新白领阶层的求职途径非常多，首选依靠自身实力，自己直接申请工作的新白领占比为 62.7%，其次就是依靠熟人和朋友的介绍和推荐，占了 18.7%，再次是通过国考、省考或者其他的一些考试及形式，通过国家分配、招录/组织调动获得工作（见图 4-8）。

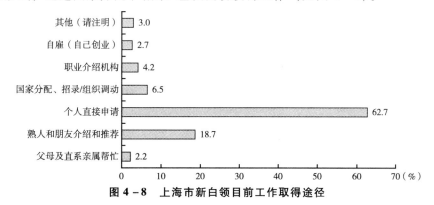

图 4-8　上海市新白领目前工作取得途径

据调查显示，被调查的新白领非常注重自身的职业发展和技能培训，超过半数的新白领 2010 年参加了职业技能培训，在 2012 年的计划中，70％的新白领表示仍会去参加职业技能培训（见图 4-9）。这表明，一方面，新白领对自身技能非常关注，另一方面，这种对自身技能的关注不仅停留在表面，而且存在于新白领的自身规划中，并且在不断完善，追求更高的职业技能。

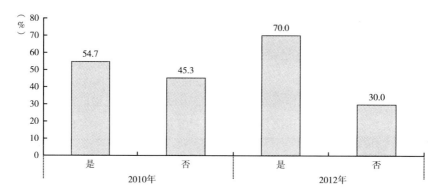

图 4-9　上海市新白领 2010 年、2012 年参加和打算参加职业技能培训情况

我们不禁想问，新白领阶层对职业技能的追求，是自身的兴趣所在，还是单位的宣传支持呢？根据调查，在培训费用谁承担这一问题上，我们可以看出，44.2％的新白领的职业技能培训是受到公司支持的，完全由公司负责；28％的新白领则是自己承担职业技能培训；3.1％的新白领的职业技能培训是由公司和自己同时负责（见图 4-10）。据此，我们可以肯定，对于职业技能的追求，不仅是公司对员工的一项外在要求，而且也是员工自我规划的关键内容。

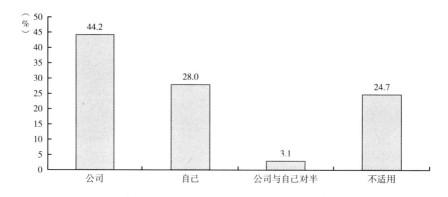

图 4-10　上海市新白领参加职业技能培训费用承担情况

当问及最希望参加哪种类型的职业培训时，61.7%的新白领选择了与工作有关的各项技能，28.9%的新白领选择了通用类的技能，9.4%的新白领选择生活类的技能。这表明对于新白领而言，技能的培训仍然集中在对工作有利的技能上，即使是通用类的技能培训，像外语、计算机、驾照等技能培训也依然是为工作服务的。

（七）同事构成受到受教育程度与职业性质的影响，呈现多元态势

根据调查显示，上海市新白领阶层的同事一般是由上海本地人、上海户籍的外地人、无上海户籍的外地人以及外籍人士构成的。本次调查以无、很少（30%以下）、一般（30%~70%）、很多（70%以上）以及不清楚五个指标就新白领阶层同事构成比例进行研究分析。调查显示，在"很多"的指标中，比例最大的是"无上海户籍的外地人"，比例为28.3%；在"一般"的指标中，比例最大的是"本地人"，比例为38%；在"很少"的指标中，比例最大的是"上海户籍的外地人"，比例为40.5%。也就是说，尽管上海是国际化大都市，但是在上海新白领的同事中的外籍人士相对较少，对于新白领而言，周围同事一般还是上海本地人或者是没有上海户籍的外地人（见表4－3）。

表4－3　上海新白领自评同事的构成比例

单位：%

	无	很少	一般	很多	不清楚	总计（人数）
本地人	3.2	26.0	38.0	27.7	5.2	100（1046）
已有上海户籍的外地人	9.8	40.5	29.5	8.2	12.0	100（1044）
无上海户籍的外地人	5.9	22.6	33.3	28.3	9.9	100（1045）
外籍人士	51.4	29.4	8.7	2.4	8.2	100（1041）

我们认为同事的构成与受教育程度和职业性质有很大的关系，因而我们引入教育程度与职业性质两个变量，并且以新白领同事中的"一般"（30%~70%）和"很多"（70%以上）为衡量指标，将这两项合并为较多。

就受教育程度来说，我们看到就本地人来说，大专/高职学历的新白领认为同事中本地人较多的比例为55.3%，大学本科学历的新白领认为同事中本地人较多的比例为68.9%，研究生及以上学历的新白领认为同事中本地人较多的比例为68.7%；就有上海户籍的外地人来说，大专/高职学历的新白领认为同事中有上海户籍的外地人较多的比例为26.2%，大学本科学

历的新白领认为同事中有上海户籍的外地人较多的比例为33.7%，研究生及以上学历的新白领认为同事中有上海户籍的外地人较多的比例为55.9%；就无上海户籍的外地人来说，大专/高职学历的新白领认为同事中无上海户籍的外地人较多的比例为72.9%，大学本科学历的新白领认为同事中无上海户籍的外地人较多的比例为64.7%，研究生及以上学历的新白领认为同事中无上海户籍的外地人较多的比例为45.5%；就外籍人士来说，大专/高职学历的新白领认为同事中外籍人士较多的比例为8.7%，大学本科学历的新白领认为同事中外籍人士较多的比例为13.2%，研究生及以上学历的新白领认为同事中外籍人士较多的比例为8.8%（见表4-4）。

表4-4　不同受教育程度的上海市新白领阶层同事构成

单位：%

指　　标	本地人			有上海户籍外地人			无上海户籍外地人			外籍人士		
	大专/高职	大学本科	研究生及以上	大专/高职	大学本科	研究生及以上	大专/高职	大学本科	研究生及以上	大专/高职	大学本科	研究生及以上
无	4.9	2.6	2.6	16.0	10.4	2.9	0.8	4.2	14.0	62.8	47.9	48.0
很少(30%以下)	35.7	22.3	24.6	45.1	42.2	33.1	16.9	20.8	31.3	20.7	29.7	36.5
一般(30%~70%)	34.8	36.8	43.0	21.7	30.3	34.9	31.3	35.8	30.1	5.8	10.2	8.1
很多(70%以上)	20.5	32.1	25.7	4.5	3.4	21.0	41.6	28.9	15.4	2.9	3.0	0.7
不清楚	4.1	6.2	4.0	12.7	13.6	8.1	9.5	10.4	9.2	7.9	9.1	6.6

也就是说外籍人士在上海新白领阶层的同事中的比例还是相对较少的，对于本科生及以上学历的新白领来说，上海本地人和有上海户籍的外地人为其同事的比例较多，而对于大专/高职学历的新白领来说，同事较多的是无上海户籍的外地人。

就职业性质来说，在国有企业中工作的新白领的同事是本地人较多的比例为79.2%，在国有事业单位中工作的新白领的同事是本地人较多的比例为84.2%，在私营企业中工作的新白领的同事是本地人较多的比例为54.1%，在外资/合资企业中工作的新白领的同事是本地人较多的比例为64.1%，在股份制企业中工作的新白领的同事是本地人较多的比例为59.1%；在国有企业中工作的新白领的同事为有上海户籍的外地人较多的比例为42.8%，在国有事业单位中工作的新白领的同事为有上海户籍的外地人较多的比例为63.5%，在私营企业中工作的新白领的同事为有上海户籍的外地人较多的比例为28%，在外资/合资企业中工作的新白领的同事为有上海户籍的外地人较多的比例为35%，在股份制企业中工作的新白领的同事为有上海户籍的外地人较多的比例为26.2%；在国有企业中工作的新白领的同事为无上海户籍的外地人较多的比例为55.9%，在国有事业中工作的新白领的同事为无上海户籍的外地人较多的比例为24.5%，在私营企业中较多的比例为77.7%，在外资/合资企业中工作的新白领的同事为无上海户籍的外地人的比例为64.7%，在股份制企业中工作的新白领的同事为无上海户籍的外地人较多的比例为63.9%；在国有企业中工作的新白领的同事为外籍人士较多的比例为5.2%，在国有事业中工作的新白领的同事为外籍人士较多的比例为3.7%，在私营企业中工作的新白领的同事为外籍人士较多的比例为5.1%，在外资/合资企业中工作的新白领的同事为外籍人士较多的比例为27.9%，在股份制企业中工作的新白领的同事为外籍人士较多的比例为6.5%（见表4-5）。

表4-5　就业于不同性质企业的上海市新白领阶层的同事构成

单位：%

本地人				
国有企业	国有事业	私营企业	外资/合资企业	股份制企业
无	0.6	0.0	5.9	3.2	1.6
很少（30%以下）	17.5	13.4	37.6	23.5	23.0
一般（30%~70%）	37.0	40.9	34.7	42.0	36.1
很多（70%以上）	42.2	43.3	19.4	22.1	23.0
不清楚	2.6	2.4	2.4	9.3	16.4

有上海户籍的外地人				
国有企业	国有事业	私营企业	外资/合资企业	股份制企业
无	2.6	1.8	20.2	5.7	6.6
很少（30%以下）	45.5	28.7	42.6	40.0	47.5
一般（30%~70%）	31.8	40.9	23.7	29.6	24.6
很多（70%以上）	11.0	22.6	4.3	5.4	1.6
不清楚	9.1	6.1	9.2	19.3	19.7

无上海户籍的外地人				
国有企业	国有事业	私营企业	外资/合资企业	股份制企业
无	3.9	27.6	2.2	0.4	1.6
很少（30%以下）	33.1	39.3	13.7	20.6	13.1
一般（30%~70%）	36.4	19.6	30.9	41.6	32.8
很多（70%以上）	19.5	4.9	46.8	23.1	31.1
不清楚	7.1	8.6	6.5	14.2	21.3

	外籍人士				
	国有企业	国有事业	私营企业	外资/合资企业	股份制企业
无	63.0	66.5	67.4	15.0	54.1
很少(30%以下)	24.7	21.1	21.3	47.5	24.6
一般(30%~70%)	5.2	3.7	3.2	21.8	4.9
很多(70%以上)	0.0	0.0	1.9	6.1	1.6
不清楚	7.1	8.7	6.2	9.6	14.8

也就是说，本地人大多分布在国有事业和国有企业中，有上海户籍的外地人大多分布在国有事业和国有企业中，无上海户籍的外地人大多分布在私营企业和外资/合资企业中，外籍人士大多分布在外资/合资企业和股份制企业中。

这就说明了根据受教育程度的不同和企业性质的不同，新白领阶层的同事呈现多元的态势，本科和研究生学历的新白领更可能与本地人和有上海户籍的外地人一起工作，而大专/高职学历的新白领更可能与无上海户籍的外地人一起工作。而在国有企业和国有事业工作的新白领，更有可能与本地人和有户籍的外地人一起工作，在私营企业和股份制企业工作的新白领更有可能与无上海户籍的外地人一起工作，外资/合资企业的新白领更有可能接触到外籍人士。

二 工作压力

近年来，工作压力问题已经受到越来越多的学者和企业管理人员的重视，因为压力导致的员工身体和情绪健康问题会给企业乃至社会带来巨大的经济损失。目前，中国正处于转型期，经济社会高速发展、新技术新事物不断涌现、生活节奏加快、竞争激烈，这些变化直接影响着人们生活、工作的各个方面，因此供职于各个机构、组织或者企业单位的职员们也需要不断学习和调整来适应新的节奏和方式，从而可能会面临比较大的压力。

上海，作为我国的金融中心城市，经济发达、生活节奏快，就业者的压力可想而知。2009年，根据"中央社台北"的报道，上海市白领在快节奏的工作与高压力的生活下，越来越多的白领觉得身心疲惫，为消除焦虑、减缓压力，一些白领索性辞去工作，移居其他城市，寻找另一种相对轻松的生活方式。复旦大学社会学系主任胡守钧教授指出，许多外地的人才很想到上

海工作，但上海的白领却宁愿放弃工作，到外地去生活，这无异于一场
"围城"。它体现了白领的择业观和生活观正在发生变化，许多人不再以薪
水高低作为唯一的择业标准，更多是考虑工作压力的大小、工作环境的优
劣、个人身心的发展等诸多因素。随后，香港中通社对上海一家大型人力资
源公司的抽样调查显示，有 4 成 40 ~ 50 岁的被调查中年男性希望尽快退休，
年龄最小的只有 42 岁。2012 年上海市就业网再度发出新闻，说上海白领阶
层压力大，以生病来逃避工作。

这些事实说明白领压力大，难以承受压力。工作压力大对工作者的影响
非常大，据陈捷 2000 年在《组织中的工作压力来源及其管理》中指出的，
工作压力不仅会影响员工的身心健康，而且会影响个体在组织中的行为与工
作，使得个体情绪低落，对组织产生不满，个体责任心下降，消极怠工或离
职，个体绩效降低等。而对于新白领来说，面对一个陌生的城市和生存环
境，他们的工作压力可想而知，因而本调查就目前上海市新白领阶层的压力
状况和压力负担做了一个全面的调查。

（一）基本情况描述

压力在本质上是由于环境要求和个体特征相互作用引起的个体焦虑性反
应。当压力发生在工作场所时就称为工作压力，它是工作中个人处理问题的
能力与意识到工作要求之间不相称的反应[①]。因工作负担过重、变换生产岗
位、工作责任过大或改变等对人产生的压力，主要来自于工作待遇、工作
量、工作条件、职业发展、组织内部的人际关系等。

本调查针对上海市新白领阶层的收入待遇、工作的竞争性、工作时间、
晋升空间、工作稳定性、工作自主性、人际氛围、自身学历、自身技能以及
知识更新速度十个方面情况对工作压力展开调查。根据"没有任何压力"1
分、"有一些压力"2 分、"一般压力"3 分、"压力比较大"4 分、"压力非
常大"5 分，五个指标进行赋值。

我们就总体压力的状况进行了分析（见图 4 - 11），根据调查显示，新
白领阶层的总体压力水平的得分为 25.6 分，众数出现在 27 分，也就是说，
目前新白领阶层的压力水平居于中等偏上，最小值为 10 分（没有任何压
力），最大值为 50 分（压力非常大）。

---

① 来志武、刘谦：《浅谈员工的压力管理》，《人才资源开发》2006 年第 12 期。

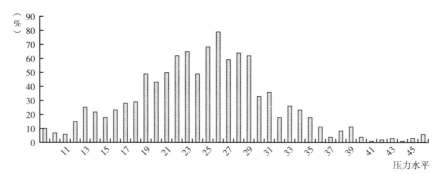

图4-11 上海市新白领各压力水平上的人数百分比

总的来说，在收入待遇上，新白领感觉"压力比较大"和"压力非常大"的比例为33.3%；在工作竞争性上，新白领感觉"压力比较大"和"压力非常大"的比例为25%；在工作时间上，新白领感觉"压力比较大"和"压力非常大"的比例为20.4%；在晋升空间上，新白领感觉"压力比较大"和"压力非常大"的比例为28.3%；在工作稳定性和工作自主性上，新白领感觉"压力比较大"和"压力非常大"的比例分别为10.3%和10.6%；在人际氛围上，新白领感觉"压力比较大"和"压力非常大"的比例为6.7%。而在自身学历、自身技能以及知识更新速度方面，新白领感觉"压力比较大"和"压力非常大"的比例分别为11.3%、18.3%和24.1%。

由此，我们可以看出，新白领阶层的工作压力中，收入待遇的压力最大，其次是晋升空间的压力，再次是工作竞争性的压力（见表4-6）。

表4-6 新白领工作压力维度的具体情况

	统计总数	最小值	最大值	平均值	标准差	排序
收入待遇	1045	1	5	2.99	1.1	1
工作的竞争性	1045	1	5	2.85	1.0	3
工作时间	1045	1	5	2.62	1.2	5
晋升空间	1046	1	5	2.86	1.1	2
工作稳定性	1044	1	5	2.33	1.1	8
工作自主性	1044	1	5	2.42	1.0	7
人际氛围	1044	1	5	2.08	1.0	10

	统计总数	最小值	最大值	平均值	标准差	排序
自身学历	1045	1	5	2.23	1.1	9
自身技能	1046	1	5	2.53	1.0	6
知识更新速度	1044	1	5	2.71	1.1	4

注：由于缺失值的存在，尽管统计的总人数为1047人，但是在压力的单项指标上并不一定是1047人。

（二）工作压力的影响

通过调查了解，目前上海市新白领的工作压力主要影响如下。

1. 收入待遇压力大，新白领跳槽意愿高

舒尔茨在区分"自愿迁移"与"非自愿迁移"时认为，人们在和平稳定时期，基本上能从满足自身的偏好出发，为了改善自己的经济地位而自由地进行流动①。也就是说，对于新白领阶层尤其是初级阶层的新白领来说，跳槽一般是为了改善自己的经济状况，是因为对收入待遇不满意。我们的数据对这一观点非常支持。新白领阶层认为收入待遇的压力最大。而收入待遇的压力，直接影响着员工对公司的忠诚度，影响新白领的跳槽意愿。

根据对各项压力指标进行分析的数据显示，收入压力对新白领跳槽意愿有着显著影响（$p < 0.001$）。就总的趋势来说，随着收入待遇压力的逐渐增加，新白领阶层的跳槽意愿也逐渐增加，但是我们也看到新白领在感觉有一些压力和感觉压力一般时，新白领的跳槽意愿并没有随着压力的增加而增加，反而减小了，我们认为这是因为适当的压力是能提高新白领的工作积极性的（见图4-12）。

为何收入待遇压力大，新白领跳槽意愿就高？根据2011年上海市总工会发布的《上海职工发展报告》和《2010年上海职工发展状况问卷调查数据分析报告》推断原因如下：一方面，上海市职工收入逐年增加但增速不快，从2006年到2009年，尽管上海市从业人员平均报酬以每年10.9%的速度增长，但仍慢于同期国内生产总值的年均增长速度，上海市职工平均工资增长幅度排在全国后列，《中国统计年鉴》统计数据显示，2006～2009年上海

---

① 西奥多·W. 舒尔茨：《论人力资本投资》，北京经济学院出版社，1990，第201页。

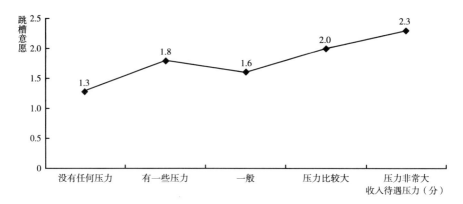

图 4 - 12　上海市新白领收入待遇压力与跳槽意愿

市职工平均工资增长幅度在全国 31 个省直辖市自治区中列倒数第 9，在 4 个直辖市中列第 3；另一方面，随着上海市"科教兴市""人才强市"战略的不断推进，上海市人才国际化进程也在不断加速。尽管上海市经济繁荣，就业机会多，但是就如同《2011 全国城市房价排行榜》所示，上海市房价居全国前三，尽管涨幅有所控制，但是仍居高不下，高房价、高物价，在上海市生活的新白领自然对收入待遇的关注就非常的高。

　　根据智联招聘 2011 年针对跳槽的调查显示，2011 年 9 月以来，已经有 22.3% 的人完成了跳槽计划，在已经跳槽和有跳槽意愿的员工看来，26.9% 的人认为工资待遇低是导致员工跳槽的原因，而一项针对上海市白领的职业满意度调查显示，约 60% 的被调查者因为不满薪金而跳槽。这不仅与我们的数据相符，也更证明了收入待遇压力对跳槽意愿的显著影响。

　　2. 工作压力导致身心疲惫，对工作的贡献越来越不关心，怀疑工作意义

　　为了数据分析的简便化，我们将各项压力指标合并成为总体的压力指标，压力最小值为 10（没有压力），最大值为 50（压力非常大），并按照 10～17、18～25、26～33、34～41、42～50 进行了分组。将身心的疲惫程度、对工作贡献度的不关心程度以及对工作意义的怀疑程度按照从不出现 1 分，一个月几次 2 分，一周几次 3 分，每天都出现 4 分进行划分。

　　研究显示，随着工作压力的程度的不断加大，上海市新白领阶层的身心疲惫程度也在不断地上升（见图 4 - 13），对所做工作的贡献越来越不关心，并且越来越怀疑自己所做工作的意义（见图 4 - 14）。调查中，少部分新白领还表示，工作让其有崩溃的感觉，这就让我们联想到最近紧跟着"裸婚"

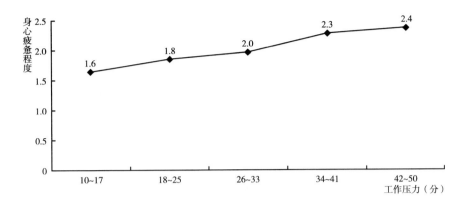

图 4 – 13 上海市新白领阶层的身心疲惫程度随工作压力的变化情况

现象，成为大众熟知度很高的"裸辞"现象，"裸辞"指的是没有下家的辞职，也意味着离开的决然。主因是工作的压力达到极致，对工作疲惫厌倦之极。因工作压力大，身心疲惫达到了极限，或长期缺乏工作幸福感，使得他们不找后路，就决然地离开。这不仅与我们的数据结果相契合，也让我们看到工作压力对身心疲惫造成的严重后果，而身心疲惫也会反作用于工作压力，使得工作者觉得工作压力更大。

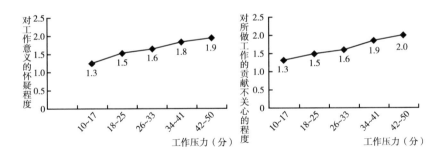

图 4 – 14 上海市新白领对工作贡献不关心和怀疑程度随工作压力的变化情况

根据权威的专业人才招聘网站——中华英才网最近进行的一项调查统计显示，有58.6%的受调查者出现了轻微的工作厌倦状态，即对工作不再抱有以往的热情；有26.5%的受调查者出现中度的工作厌倦，即需要借助休假或跳槽来进行自我调整；还有9.1%的受调查者则表示极度厌倦工作，而且工作压力太大，以致严重影响了自己的健康。这进一步印证了我们的数据结果，也反映出目前上海市新白领所遭遇的工作压力大的现象。

3. 随着工作压力的增加，工作满意度逐渐下降

我们将工作满意度进行 5 分赋值，非常满意为 5 分、比较满意为 4 分、一般满意为 3 分、不太满意为 2 分、非常不满意为 1 分。数据显示，随着工作压力的加大，工作满意度明显下降。在压力较小和压力非常大的指标上，工作满意度的差异超过了 1 分多，这就显示了工作压力对工作满意度的影响非常的大（见图 4 - 15）。

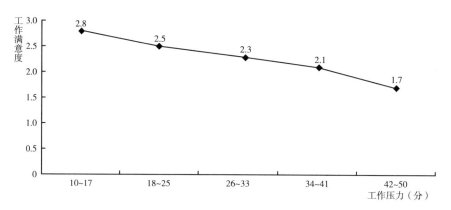

图 4 - 15　上海市新白领工作压力与工作满意度的交互分析

尽管一些研究显示，有压力才会有动力，当员工在享有较高工作成就感的时候，尽管工作压力很大，但是不会影响员工对此工作的满意度。而且一定的工作压力不仅不会有消极的作用，反而会有一定的促进作用。但是过大的压力则会产生消极的作用，对工作者的身心是具有严重危害的，会导致工作者强烈的不愉快情绪体验，势必会影响工作的满意度，而且随着工作压力的增加，满意度逐渐下降。

（三）工作压力的差异分析

1. 性别角色不同，男女压力不同，男性压力明显大于女性

通过引入性别这一变量，我们得出，在总体压力的得分上，男性为 26.1 分，女性为 25.1 分，也就是说总体压力水平男性高于女性。而为了进一步得出男女两性在压力的不同维度上的差异，经过单因素检验，得出在收入待遇、工作的竞争性、晋升空间等各个维度上，性别差异都非常显著，而且，在这些维度上，男性所受压力明显高于女性，他们对工作压力的评价得分情况明显高于女性，但在人际氛围、自身学历、自身技能等因素上，男女

两性的差别并不明显，也就是说男性的工作压力大于女性，主要表现在收入
待遇、工作晋升、工作竞争性等方面（见表4-7）。

表4-7　男女在不同压力维度上的情况

维　　度	显著性	性别	频数	压力得分
收入待遇	0.005	男	509（1044）	3.1
		女	535（1044）	2.9
工作的竞争性	0.008	男	509（1044）	2.9
		女	535（1044）	2.8
晋升空间	0.006	男	509（1045）	3.0
		女	536（1045）	2.8

　　这不禁引起我们的反思，根据相关资料分析显示，用人单位对女性存在
性别歧视，因为很多企业认为雇佣女员工不只是简单的增加一个员工的开支
问题，因为女性职员休假而导致的问题是一连串的，会产生连锁反应，导致
企业流程受阻。女性的性别角色使其做了母亲之后很难像没有结婚时那么投
入工作，而企业对员工的要求就是百分之百的投入。此外，由于女性的生理
特点，企业一般不能安排其单独出差，加夜班还要考虑安全问题，这种由生
理差异带来的问题让用人单位觉得"麻烦"。

　　职业中存在的性别歧视，无疑为男性职员增加了就业资本，为何男性的
工作压力依然高于女性？我们认为男性在工作待遇、工作晋升、工作竞争性
等方面工作压力大于女性，应该是一直以来的性别角色造成的。按照中国的
传统思想和农耕文化，女性活动大多限制在家庭内，男性有更多的社会交往
自由，人们普遍接受"贤妻良母"和"男儿志在四方"的行为模式。尽管
随着经济的快速发展，妇女从家庭桎梏中解脱出来，参与较多的社会活动，
但性别角色的传统观念仍然是男性应有事业心、进取心和独立性，行为粗犷
豪爽、敢于竞争，即具有"男性气质"；女性则应富同情心和敏感性，善于
理家和哺育子女、对人温柔体贴、举止文雅娴静，即具有"女性气质"。男
性作为家中的经济来源和主要支柱，负有绝对的责任和义务，因而各方面的
工作压力就会高于女性。

　　2. 婚姻状况不同，工作压力不同，未婚人士压力大于已婚人士

　　本次调查结果显示，未婚人士总压力平均得分为25.9分，已婚人士的
总压力平均得分为25分，也就是说未婚人士的工作压力要高于已婚人士。

根据调查显示，婚姻状况对工作压力的影响，主要表现在收入待遇与晋升空间上。

在收入待遇上，我们明显可以看到，在压力"比较大"和压力"非常大"的指标上，已婚人士比未婚人士的总比例低了8.8%（见图4-16）；在晋升空间上，在压力"比较大"和压力"非常大"的指标上，已婚人士比未婚人士的总比例低了5.3%（见图4-17）。

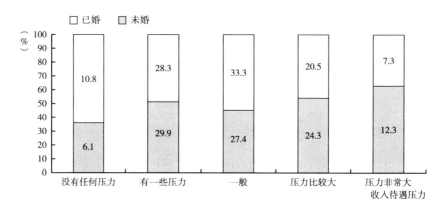

图4-16　婚姻状况与收入待遇压力的交互分析

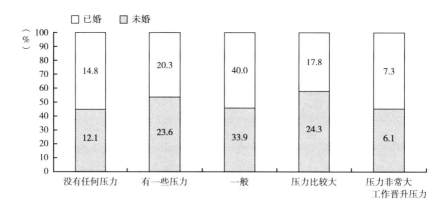

图4-17　婚姻状况与工作晋升压力的交互分析

我们认为这是由主观和客观两重原因造成的。主观上来说，尽管已婚人士受到来自社会和家庭的压力更大，身上的负担更重，但已婚员工在各方面要比未婚员工成熟，抗压能力也比未婚人士强，而且已婚人士比未婚人士有着更强大的社会支持系统——家庭，因而当遇到工作压力时，可以向自己的妻子或丈夫寻求支持和进行倾诉，有生活或工作上的困难也能与家人一起承担。况且，已婚人士已经有了稳定的家庭，有了一定的事业基础，因而并不会将生活的所有重心都投入在工作上，所以对工作压力的感受能力，并没有未婚人士敏感，因而对工作压力能更好地适应。

客观上来说，根据调查显示，已婚人士的平均工龄约为 8 年，而未婚人士则为 4.5 年，已婚人士的月平均工资为 7348 元，未婚人士的月平均工资为 5050 元。这就是说，已婚人士的就业时间比未婚人士长，工作经验比未婚人士丰富，工资也比未婚人士高，因而收入待遇的压力和晋升压力当然会比未婚人士小。而未婚人士不仅处于事业的初期，工作经验缺乏，而且要面临人生中的大事——结婚，当然在收入待遇和晋升上的压力更大。

3. 年龄段不同，工作压力不同，26～35 岁的中年人工作压力最大

根据本次调查数据结果分析，26～35 岁的新白领的总的工作压力最大得分为 26.11 分，25 岁及以下的新白领总的工作压力的得分为 25.11 分，36 岁及以上的新白领的总的工作压力得分为 23.03 分，因而也就是说，年龄段不同，工作压力也不同。而工龄在 6～10 年的新白领阶层恰好也就是 26～35 岁左右的中年人（见图 4－18）。为了更好地了解年龄对工作压力的影响，我们分别对每个因素进行了分析，研究显示，年龄对收入待遇、晋升空间、工作自主性和自身技能的影响显著，对工作时间、工作稳定性、人际氛围、知识的更新程度等并没有显著的影响（见表 4－8）。

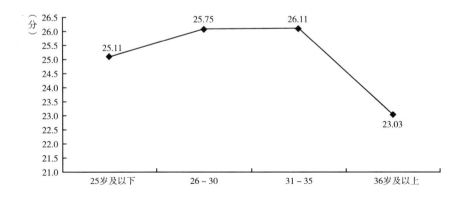

图 4－18　不同年龄的总体压力情况

表4－8　不同年龄在不同压力维度上的得分情况

维　　度	25 岁及以下		26～30 岁		31～35 岁		36 岁及以上	
	平均值	标准差	平均值	标准差	平均值	标准差	平均值	标准差
收入待遇	2.9	1.1	3.1	1.1	3.1	1.1	2.5	1.1
晋升空间	2.7	1.1	3.0	1.1	2.9	1.1	2.6	1.2
工作自主性	2.4	1.0	2.5	1.0	2.5	1.0	2.1	1.1
自身技能	2.6	1.0	2.6	1.1	2.5	1.0	2.1	1.0

为何中年人在收入待遇、晋升空间、工作自主性和自身技能方面的工作压力如此之大？我们认为在收入待遇、晋升空间、自身技能上的压力，主要是为了改善自身的经济地位的压力。我们推断，26～35 岁的新白领，处于事业的初创时期，与小一辈相比，他们不再有学校悠闲的时光，一下子投身于紧张的工作节奏，与有房有车，有丰富的工作经验，能恰当的处理人际关系的老一辈相比，处于这一年龄段的中年人，两者都没有，既要稳定工作，又要进行自己的人生和事业规划，并为将来的结婚生子做打算，面对上海的高物价、高房价，高竞争性，工作压力尤为严重；而 25 岁及以下的新白领阶层，也就是工龄在 1～5 年的新白领阶层的工作压力较小，是因为 25 岁及以下的新白领年纪轻，冲劲大，精力充沛，而且没有很大的心理负担，心理状态优良，很多新白领处于先就业再择业的状态，抱着积累工作经验的态度，很多都有家庭的支持，因而工作压力较小；而 36 岁及以上的新白领也就是工作年龄超过了 10 年的人，对他们而言，很多人生大事都已经结束，工作基本定型，家庭也基本稳定，因而工作压力比较小。

26～35 岁新白领在工作自主性上压力很高的原因，我们认为是 26～35 岁的新白领对于工作自主性的要求相对较高，处于这一年龄段的新白领一般是刚成婚不久，孩子也可能刚出生，因而会对家庭的投入更多一些；25 岁及以下的新白领一般没有成家，因而对工作自主性的要求相对较低，对家庭的投入也不会很多。

4. 受教育水平越高，自身学历压力越小，但晋升空间压力越大

根据调查显示，受教育水平的高低对收入待遇、工作竞争性等没有显著的影响，但是对自身学历压力和晋升空间则影响显著。

研究显示，大专或高职学历的新白领对自身学历的压力水平为 2.5 分，大学本科学历的新白领对自身学历的压力水平为 2.3，研究生及以上学历新白领对自身学历的压力水平为 1.9（见图 4－19）。这就表明了，随着受教育程度和技能水平的增加，新白领群体对自身学历的压力和自身技能的压力逐渐降低。

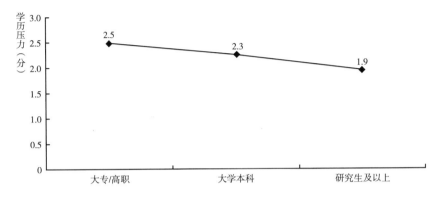

图 4－19 学历压力与新白领自身学历的关系

我们认为高学历者对自身学历的压力较小的原因在于，目前社会上主流观点以学历的高低作为求职者能力高低的主要判断依据。根据人民网 2009 年的调查显示，51.4% 受访者认同"高学历更容易找工作"的观点，并且这种观点在高低学历者之间的差别很小，这说明社会主流观点仍然以学历高低作为求职者能力高低的主要判断依据，低学历者自然被贴上了"低竞争力"的标签。

那么学历高，晋升压力一定就小吗？研究显示，并非如此。晋升压力随着学历的增加而增加（见图 4－20）。我们认为这个现象的出现与新白领自身的期望以及前期投入有关。调查显示，大专或高职学历的新白领认为按照自身目前的状况年薪应为 17.5 万元左右，本科新白领认为自身年薪应为 23.7 万元左右，研究生及以上的新白领则认为自身年薪应为 27.5 万元左右。而目前根据月平均工资计算的年薪来说，大专或高职学历的新白领的年薪为 5.8 万元，本科学历的新白领的年薪为 7.1 万元，研究生及以上学历的新白领的年薪为 8.4 万元，与预期分别相差了 11.7 万元、16.6 万元、19.1 万元。研究生及以上学历的新白领目前实际收入与预期收入的差距最大，因而对晋升的意愿也就最强。除此之外，对于前期教育的投入，也使得学历越高的新白领越想尽快得到教育回报，而教育回报最直接的方式就是加薪和晋升，而晋升影响着加薪，因而，我们也可以知道为什么受教育水平越高，自身学历压力越小，但晋升空间压力最大。

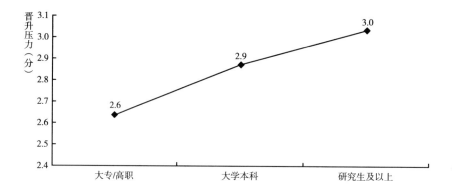

图 4 - 20   晋升压力与新白领自身学历的关系

5. 企业性质不同，工作稳定性的压力和晋升空间压力不同

为了方便数据的统计分析，在对企业性质与工作压力进行差异分析时，我们将类似的企业性质进行了合并，国有事业包含了国有事业、党政机关以及非营利组织，私营企业包含了私营企业和个体经营，国有企业包含了国有企业和集体企业，另外还有外资/合资企业以及股份制企业，共五种企业性质。

本次调查发现不同企业性质的新白领之间工作压力总体水平不存在显著差异，但是在工作稳定性和工作晋升空间上的差异性却非常显著。

在工作稳定性的指标上，按照压力比较大和压力非常大所占的比例进行排序，依次为私营企业14.8%，外资/合资企业9.3%，国有企业7.2%，股份制企业6.6%，以及国有事业5.5%。也就是说私营企业的工作稳定性压力最大，国有事业的工作稳定性压力最小（见表4 - 9）。

表 4 - 9   不同企业性质在工作稳定性上的压力情况

单位：%

工作稳定性的压力	企业性质				
	国有企业	国有事业	私营企业	外资/合资企业	股份制企业
没有任何压力	39.9	40.2	22.8	28.6	31.1
有一些压力	21.6	20.1	18.5	19.3	23.0
一般	31.4	34.1	43.8	42.9	39.3
压力比较大	3.9	4.3	10.8	7.5	3.3
压力非常大	3.3	1.2	4.0	1.8	3.3
合计(人数)	100(153)	100(164)	100(372)	100(280)	100(61)

　　这不难解释，我国大多数私营企业并不是基于能力和经验的管理方法，而是以所有权和血缘为基础的家族式管理方法，而且很多都是小型家族企业，员工看不到企业的未来，因而对于工作的稳定性压力自然很大。国有事业一般是以国家为基石创办的，对于党政机关和国有事业单位的员工来说，一般是属于国家公务员的编制，而国家公务员的职务晋升制度是按照一定的标准和法定的程序，通过考试和考核等方法，从现有的人才储备中选拔优秀人才晋升到政府机关担任公务员职务，并与其建立公务员权利和义务等法律关系的行为，因而，在一般的情况下，国有事业的员工并不会因为工作竞争性、经济不景气、就业紧张等原因而失去工作，因而工作非常稳定。对于外资企业的新白领来说，工作稳定性压力较为严重是因为外资企业相较于其他企业来说，工作竞争性较强，离职、晋升等情况比较普遍，因而员工对于工作稳定性的压力也较为严重。

　　在工作晋升的压力指标上，国有事业的压力最大，在五分赋值上达到了3.05分，其次是外资/合资企业2.95分，又次是国有企业2.87分，又次是股份制企业2.74分，最后是私营企业2.73分（见图4-21）。为何国有企业单位工作晋升的压力高，我们推断这与企业的性质以及晋升制度有很大的关系。

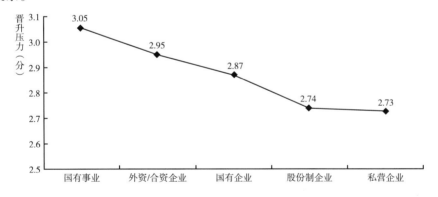

图4-21　不同企业性质在工作晋升上的压力得分情况

　　对于国有事业单位的员工来说，晋升并不是只要工作表现好而已，因为国有事业单位的员工，一般是属于国家公务员的编制，我国对于国家公务员编制的员工的晋升采取的是"体制内"的自上而下的考核和选拔机制，并在其中融入科学和民主的因素，以保证党政干部的高素质和专业化，以及整体队伍的稳定性和连续性。现行最为适用的四种晋升途径为：社会上公开选拔适合的干部人选、原公务员通过竞争上岗晋升至更高的职位、原部门或单位推荐委任人员补充到上级职务以及经过相应程序后直接晋升。因此，当国有事业员工达到一定标准后，还要进行硬性的考核，考核通过才可能晋升，而且晋升有着时间的规定，因此晋升压力较大。

而对于外资/合资企业、私营企业等企业来说，晋升主要是对工作的一种肯定，一般是按照员工工作绩效、工作表现、工龄等原则来进行晋升的，相较于国家机关内的人员来说，压力相对小一些。

6. 管理层级不同，压力不同，总体呈现管理层级越高，工作压力越小

根据调查显示，管理层级的不同对工作压力有着显著的影响，随着管理层级的不断升高，总体压力不断减少。在总体压力得分上，不从事管理工作的员工得分为 26.5 分，一般管理人员为 25 分，中层管理人员为 24.5 分，而高层管理人员仅为 20.9 分（见图 4－22）。研究显示，管理层级不同，工作压力不同主要体现在工作待遇、工作竞争性、晋升空间等方面上，我们对这三方面进行了详细的分析。

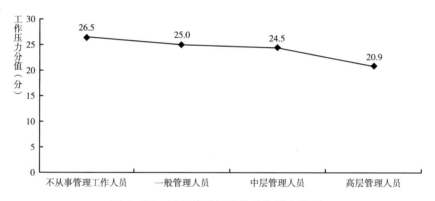

图 4－22　不同管理层级的总体压力情况

首先，在收入待遇压力方面，不从事管理工作人员感觉压力比较大和压力非常大的比例为 39%，一般管理人员感觉压力比较大和压力非常大的比例为 27.6%，中层管理人员感觉压力比较大和压力非常大的压力为 29.9%，高层管理人员感觉压力比较大和压力非常大的比例只有 7.2%（见表 4－10）。这显示，随着管理层级的提高，收入待遇压力逐渐减少，但是中层管理阶层压力最大。我们认为随着管理层级的提高，收入待遇压力逐渐减少，这是因为不从事管理阶层的新白领月平均工资为 5196 元，从事一般管理工作的新白领月平均工资为 5930 元，中层管理人员为 8015

元，而高层管理人员的月平均收入则为 12104 元，因而，本身的收入差距导致了这种收入待遇压力的趋势。而中层管理人员收入待遇的压力最大的原因在于，中层管理人员是企业的中坚力量，不仅承担着企业决策、战略执行及基层管理与决策层的管理沟通工作，而且还有众多的人际关系要处理，比初级和高级管理层级承担的工作都要多，但是中层管理层级和初级管理人员的收入差距为 2000 元左右，但是和高层管理人员的收入差距却有 4000 多元，因此中层管理人员会产生一定的心理不平衡，会以高层作为自己奋斗的指标，以高层作为参照系，因此中层管理人员的收入待遇压力是最大的。

表 4 – 10 不同管理层级收入待遇压力情况

单位：%

管理层级	收入待遇压力					
	没有任何压力	有一些压力	一般	压力比较大	压力非常大	合计
不从事管理工作人员	5.3	28.1	27.6	26.6	12.4	100(548)
一般管理人员	8.4	33.4	30.5	19.8	7.8	100(344)
中层管理人员	15.3	23.4	31.5	19.4	10.5	100(124)
高层管理人员	17.9	21.4	53.6	3.6	3.6	100(28)

其次，在晋升空间上，不从事管理工作的新白领在压力非常大和压力比较大的指标上占了 32.3%，一般管理人员占了 25.8%，中层管理人员占了 23.4%，高层管理人员则占了 3.6%（见表 4 – 11）。这就显示了，随着管理层级的提高，晋升空间压力也逐渐减少。我们推断出现这样的现象主要有主观和客观两层原因，从主观方面来说，当员工没有晋升的时候，认为晋升非常的神秘，而且身边没有晋升的人又多，因而对晋升的压力会比较大，而一旦晋升后，就会对晋升有所了解，晋升压力会有所缓解。从客观方面来说，目前的企事业单位一般的晋升有两种类型，分别为"阶梯晋升"和"破格提拔"，"阶梯晋升"是企业最为常用的晋升方法，因为这种晋升有利于为企业留住优秀的有资历的老员工，并且避免盲目性，也有利于激励多数员工，而"破格提拔"一般针对非常之才、特殊之才，使稀有的杰出人才不致流失。因而，当进入一般管理层之后，晋升压力会有所缓解，而且晋升的机会会相对较多。

表 4 – 11　不同管理层级工作晋升压力情况

单位：%

管理层级	工作晋升压力					
	没有任何压力	有一些压力	一般	压力比较大	压力非常大	合计
不从事管理工作人员	10.4	21.5	35.9	24.8	7.5	100(548)
一般管理人员	10.8	23.5	39.8	20.6	5.2	100(344)
中层管理人员	21.8	24.2	30.6	16.1	7.3	100(124)
高层管理人员	57.1	14.3	25.0	3.6	0.0	100(28)

　　再次，随着管理层级的增加，工作竞争性的压力也随之增加，在工作竞争性的维度上，不从事管理工作的新白领感觉压力比较大和压力非常大的比例为27.8%，一般管理人员感觉压力比较大和压力非常大的比例为21%，中层管理人员感觉压力比较大和压力非常大的比例为23.4%，而高层管理人员感觉压力比较大和压力非常大的比例为28.6%（见表4 – 12）。我们认为高层管理工作者工作竞争性压力大是因为，一方面，他们处于企业经济目标实现的关键岗位，平时要随时应对来自外界和内部的各种特殊事件，处理问题的紧迫性、责任性远比基层管理者和普通员工大；另一方面，高层管理人员是成功的群体，虽然他们常感到成功的喜悦，但是他们工作的风险性也非常的大，而且"高处不胜寒"，处于高位的他们，要保持自己的最佳状态，防止别人超过自己。

表 4 – 12　不同管理层级工作竞争压力情况

单位：%

管理层级	工作竞争压力					
	没有任何压力	有一些压力	一般	压力比较大	压力非常大	合计
不从事管理工作人员	8.2	22.6	41.4	22.1	5.7	100(548)
一般管理人员	10.8	25.6	42.7	16.9	4.1	100(344)
中层管理人员	20.2	21.8	34.7	16.9	6.5	100(124)
高层管理人员	17.9	17.9	35.0	25.0	3.6	100(28)

　　不从事管理工作的新白领工作竞争压力较大，是因为不从事管理工作的人毕竟在一个企业中占了绝大多数，而要从绝大多数人中进入管理层，得到更高的发展，也是非常有难度的，而且每年企事业单位都会有新的员工进

入，他们处于"不进则退"的位置，因此工作竞争压力大。

此外，根据压力的五分赋值，在工作稳定性上，不从事管理工作的新白领为2.44分，一般管理人员为2.24分，中层管理人员为2.23分，高层管理人员为1.79分。也就是说，随着管理层级的增加，员工在工作稳定性上的压力有所缓解，我们认为管理层级本身就是企业对于一个员工能力的肯定，管理层级越高，企业也就越需要这名员工，员工的工作稳定性当然更强。

在工作自主性上，不从事管理工作的新白领为2.54分，一般管理人员为2.38分，中层管理人员为2.19分，高层管理人员为1.68分。这也就是说，随着管理层级的增加，员工得到了更多的工作自主性，这并不难解释，随着管理层级的提高，员工在企业中的地位会得到提高，而且管理层级的提高，会给员工带来更多的特权，这也就意味着员工会有更多的工作自主权和工作选择权。

在自身技能上的压力，不从事管理工作的新白领为2.63分，一般管理人员为2.48分，中层管理人员为2.37分，高层管理人员为1.71分。我们认为员工晋升，并不单单是一种管理职位的层级改变，这同时也意味着员工工作经验的增加和工作技能的提升，因而随着管理职位层级的提升，员工对自己会更加肯定，在工作技能上的压力也会随之降低。

7. 雇主和直接上司的地缘性会影响新白领阶层的晋升空间压力

中国人地缘情结深厚，历史上旅居他乡的人建立了各种各样的同乡团体。上海作为典型的移民城市，汇聚了中国和外国的众多工作、求职人员。来自不同地区的雇主和顶头上司，是否会对新白领阶层的工作压力产生影响。我们将雇主和顶头上司分为四个类别，分别为上海本地人、外地人（包括新移民）、外籍/港澳台人以及其他，其他中很多人都是自己创业或者不知道自己的雇主或顶头上司是哪里人，因此尽管我们将其他的人数分布显示在表格中，但是我们不予分析。数据分析结果显示，来自不同地区的雇主和顶头上司的确会影响新白领阶层的工作压力，具体体现在工作的晋升空间上。

调查显示，雇主是上海本地人的新白领阶层在压力比较大和压力非常大的指标上，所占比重为26%，雇主是外地人的新白领阶层在压力比较大和压力非常大的指标上，所占比重为28.4%，雇主是外籍/港澳台人的新白阶层在压力比较大和压力非常大的指标上所占的比重最多，为29.8%（见表4-13）。

表 4 – 13　工作压力与雇主是哪里人的交互表

单位：%

工作压力	雇主地域分布			
	上海本地人	外地人（包括新移民）	外籍/港澳台人	其他
没有任何压力	10.6	15.1	11.6	20.0
有一些压力	25.1	23.8	17.7	12.9
一般	38.3	32.6	40.9	32.9
压力比较大	19.4	22.6	24.2	21.4
压力非常大	6.6	5.8	5.6	12.9
	100(350)	100(411)	100(215)	100(70)

而在顶头上司方面，顶头上司是上海本地人的新白领阶层在压力比较大和压力非常大的指标上，所占比重为 26.4%，顶头上司是外地人的新白领阶层在压力比较大和压力非常大的指标上，所占比重为 30.1%，顶头上司是外籍/港澳台人的新白阶层在压力比较大和压力非常大的指标上所占的比重最多，为 30.6%（见表 4 – 14）。

表 4 – 14　工作压力与顶头上司是哪里人的交互表

单位：%

工作压力	顶头上司地域分布			
	上海本地人	外地人（包括新移民）	外籍/港澳台	其他
没有任何压力	10.3	14.5	12.6	36.7
有一些压力	24.6	22.0	16.8	10.0
一般	38.7	33.4	40.0	33.3
压力比较大	19.1	24.1	25.3	13.3
压力非常大	7.3	6.0	5.3	6.7
合　计	100(439)	100(482)	100(95)	100(30)

也就是说，对于上海市新白领阶层来说，如果雇主或顶头上司是上海本地人，那么他们的晋升空间压力最小，如果雇主或顶头上司是外地人，新白领的晋升空间压力居中，若雇主或顶头上司是外籍/港澳台人，那么他们的晋升空间压力就最大。

我们认为，新白领阶层认为上海本地人为其上司的晋升压力最小是因为他们目前的工作单位都是在上海，对上海有着较强的城市归属感，因而对上海本地人上司会有一定的亲切感，故而感觉晋升压力相对较小。

三 工作满意度

工作满意度是员工在工作中的期望与实际结果之间的比较,体现了员工的需要强度以及企业满足其需要方面的实际结果的情感反应[1]。Hoppock 早在 1935 年就提出了工作满意度的定义,他认为工作满意度是指员工在心理与生理两方面对环境因素的满意感受。它可以被视为总体满意,也可以被视为工作满意的某一方面[2]。我国学者贺光明等人认为,工作满意度是个体对所从事的职业以及工作条件与状况的一种总体的、带有情绪色彩的感受与看法[3]。而本次调查中的新白领的工作满意度,指的是一般意义上的工作满意度,是对上海市新白领阶层总体的满意度进行的调查,通常是指某个人在组织内进行工作的过程中,对工作本身及其有关方面有良性感受的心理状态。

工作满意度不仅是员工对工作的一种主观认知,更影响了员工的工作行为以及对组织的忠诚度。在组织之中,管理层了解员工的工作满意度信息,不仅可以监控组织状况,改进组织管理,还可以调动员工积极性,促进员工的发展,提高企业中员工的协同合作能力,从而提高工作效率。因而,充分了解上海市新白领阶层目前的工作满意度,不仅有利于改善新白领对工作的满意程度,也有利于企事业单位更好地运转和发展。

(一) 基本情况描述

本次针对新白领阶层对工作的总体满意度进行调查,涉及 1047 位白领,结果显示,目前上海市新白领阶层对工作的满意度较好,感觉非常满意和比较满意的比例为 46.8%,感觉不太满意和非常不满意的比例仅为 10.7%(见图 4 - 23)。男女在工作满意度的指标上非常接近,没有显著的性别差异,在非常满意和比较满意的指标上,男性占的比例为 46%,女性占的比例为 47.4%。

---

① 金春花:《重视员工满意度管理构建私营企业和谐劳资关系氛围员工满意度影响因素的实证研究》,《现代经济信息》2011 年第 17 期。

② Hoppock R. , *Job Satisfaction*. New York:Harper & Brothers Publishers, 1935:8 - 21.

③ 贺光明、姚利民:《教师工作满意度研究述评》,《大学教育科学》2009 年第 1 期,第 38 ~ 45 页。

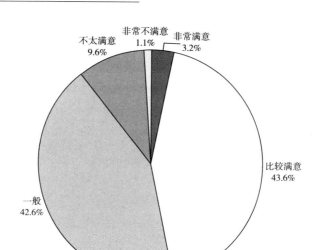

图 4 - 23　上海市新白领阶层工作满意度分布情况

1. 刚工作时的工作满意度与现在工作满意度

为了更好地对新白领阶层的工作满意度进行研究，我们引入了新白领阶层刚工作时的工作满意度。我们看到在对工作不太满意和非常不满意的指标上，刚入职的新白领阶层比现在的新白领阶层的比例高了 1.7%，而在非常满意的指标上，刚入职的新白领阶层比现在的新白领阶层的比例高了 3.8%，在比较满意的指标上，刚入职的新白领比现在的新白领阶层的比例低了 2.9%。也就是说，刚入职的新白领阶层在非常满意的指标上和非常不满意的指标上都超过现在的新白领阶层（见图 4 - 24）。

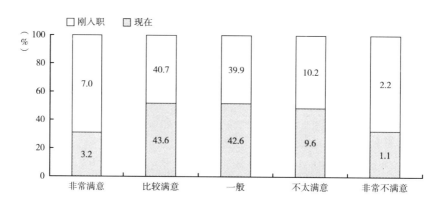

图 4 - 24　刚工作时的工作满意度与目前工作满意度的对比分析

我们认为，刚入职的员工的满意度和现在员工的满意度的不同主要是主观方面的原因，因为随着工作经验和社会阅历的增加，新白领阶层对社会现实会更加了解，因而会更好地调整心态和工作状态，对工作的满意度的极端状态会逐渐减少。而随着新白领阶层工作时间的增加，自身技能的增加，工作各方面条件都会有所改善，从而整体上的满意度会逐渐上升。

2. 工作满意度和工作压力

随着工作生活节奏的不断加速，工作内容的复杂性程度不断提高，对新白领阶层的工作要求也不断加大，人们工作生活越来越紧张，工作压力也就越来越大。同时，员工开始关注内在品质，即工作的满意度。在前面一节，我们已经看到工作压力影响工作满意度，而这一节，我们假设，工作满意度也同样影响工作压力，随着工作满意度的下降，工作压力的承受能力减弱，工作压力逐渐上升。

我们将工作满意度与总体工作压力进行了交互分析，分析显示，在工作满意度为"非常满意"的指标上，员工的平均工作压力总分为19.6，在"比较满意"的指标上，员工的平均工作压力总分为23.9，"一般"的指标上，员工的平均压力总得分为27.1，在"不太满意"的指标上，员工的平均压力总得分为27.8，在"非常不满意"的指标上，员工的平均工作压力总分为32.1分（见图4-25）。这就证实了随着工作满意度程度的下降，工作压力逐渐上升。

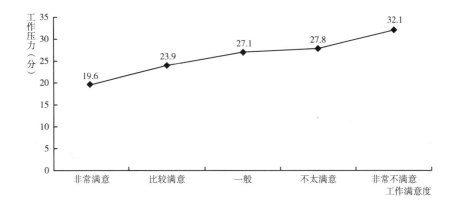

图4-25 工作满意度与工作压力

我们认为，工作满意度对工作压力的影响主要体现在对工作压力的感知上，工作满意度是一种主观感受，当人们觉得工作让其开心、满意的时候，就能承受更大的压力，因为他们会更正视压力，采取合理办法解决压力；而当人们对工作不满意，觉得乏味、无聊的时候，即使同样的工作压力，也会让人们觉得压力非常的大，会采取消极的方法面对工作压力，因而更加重了工作压力。

3. 工作满意度与工作倦怠

工作倦怠，是指在工作重压下的一种身心疲惫的状态，厌倦工作的感受，是一种身心能量被工作耗尽的感觉，表现为身体疲劳、情绪低落、创造力衰竭、价值感降低，工作上的消极状态还会进而影响整个生活状态。

我们以"工作让我感觉身心俱疲""我对所做工作是否有贡献越来越不关心""工作让我有快要崩溃的感觉""我怀疑自己所做的工作的意义"的出现频率作为工作倦怠的衡量标准，出现频率高，即工作倦怠现象严重，出现频率低，则证明没有工作倦怠，或者工作倦怠较少。

根据调查显示，随着对工作满意程度的下降，"工作让我感觉身心疲惫"的状况出现地越来越频繁，在"非常满意"的指标上一周几次或每天都出现的频率为3%，"比较满意"的指标上已经占了6.2%，"一般"的指标上为14.8%，"不太满意"的指标上为21.8%，"非常不满意"的指标上则为45.5%。在"我对所做工作是否有贡献越来越不关心"的指标上，在"非常满意"的指标上一周几次或每天都出现的频率为12.1%，"比较满意"的指标上已经占了4.8%，"一般"的指标上为11.0%，"不太满意"的指标上为23.7%，"非常不满意"的指标上则为27.3%。在"工作让我有快要崩溃的感觉"的指标上，在"非常满意"的指标上一周几次或每天都出现的频率为3.0%，"比较满意"的指标上已经占了3.8%，"一般"的指标上为8.1%，"不太满意"的指标上为12.9%，"非常不满意"的指标上则为18.2%。在"我怀疑自己所做的工作的意义"的指标上，在"非常满意"的指标上一周几次或每天都出现的频率为0，"比较满意"的指标上已经占了2.9%，"一般"的指标上为10.8%，"不太满意"的指标上为18.8%，"非常不满意"的指标上则为63.6%（见表4-15）。

这就表明随着工作满意度的下降，工作倦怠的情况逐渐严重，工作满意度直接影响员工对工作的投入。

表4−15 工作满意度与工作倦怠

单位：%

工作让我感觉身心疲惫	工作满意度				
	非常满意	比较满意	一般	不太满意	非常不满意
从不出现	51.5	25.3	17.5	12.9	18.2
一个月几次	45.5	68.5	67.7	65.3	36.4
一周几次	3.0	5.3	11.4	16.8	27.3
每天都出现	0.0	0.9	3.4	5.0	18.2
我对所做工作是否有贡献越来越不关心	工作满意度				
	非常满意	比较满意	一般	不太满意	非常不满意
从不出现	72.7	69.6	48.3	33.7	45.5
一个月几次	15.2	25.6	40.7	42.6	27.3
一周几次	12.1	3.5	7.9	16.8	18.2
每天都出现	0.0	1.3	3.1	6.9	9.1
工作让我有快要崩溃的感觉	工作满意度				
	非常满意	比较满意	一般	不太满意	非常不满意
从不出现	84.8	60.8	45.2	33.7	36.4
一个月几次	12.1	35.5	46.7	53.5	45.5
一周几次	3.0	3.1	5.4	8.9	0.0
每天都出现	0.0	0.7	2.7	4.0	18.2
我怀疑自己所做的工作的意义	工作满意度				
	非常满意	比较满意	一般	不太满意	非常不满意
从不出现	87.9	65.3	44.4	26.7	27.3
一个月几次	12.1	31.9	44.8	54.5	9.1
一周几次	0.0	2.2	7.0	7.9	9.1
每天都出现	0.0	0.7	3.8	10.9	54.5
合　计	100(33)	100(454)	100(446)	100(101)	100(11)

4. 工作满意度与员工流动

根据调查显示，工作满意度越高，则跳槽的可能性就越低，即工作满意度影响员工流动。我们将"不太可能跳槽"和"非常不可能跳槽"合并为"不太可能跳槽"的选项，将"比较可能跳槽"和"非常可能跳槽"合并为"可能跳槽"的选项。结果显示，工作满意度为"非常满意"的新白领阶层，认为"不太可能跳槽"的比例为72.7%；工作满意度为"比较满意"的新白领阶层，认为"不太可能跳槽"的比例为59.8%；工作满意度为"不太满意"的新白领阶层，认为"不太可能跳槽"的比例为24.8%；

工作满意度为"非常不满意"的新白领阶层，认为"不太可能跳槽"的比例为0%（见图4－26）。这也就表明了，工作满意度直接影响了新白领阶层的跳槽意愿。

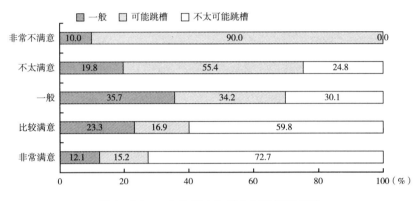

图4－26　工作满意度与新白领跳槽可能性

工作满意度是主观指标，是员工工作的心理状态，工作满意度高，会增强员工的积极性，工作满意度低则会降低员工对工作的热情，使员工对工作的忠诚度降低，在其他条件相似的情况下，员工就会试图改变自己的工作，增加自己的满意度。

（二）　影响工作满意度的主观因素分析

影响工作满意度的因素非常广泛，我们主要从主观因素和客观因素两个方面进行分析。对于影响工作满意度的主观因素，我们认为，自身效能、企业归属感以及工作理念这三个方面对工作满意度的影响非常大。

为了便于工作满意度影响因素的分析，我们将工作满意度根据五分量表进行处理，"非常满意"为5分，"比较满意"为4分，"一般"为3分，"不太满意"为2分，"非常不满意"为1分，也就是说，得分越低，则不满意情绪越高。

1. 自我效能

自我效能是指一个人在特定情景中从事某种行为并取得预期结果的能力，它在很大程度上指个体自己对自我有关能力的感觉。自我效能也是指人们对自己实现特定领域行为目标所需能力的信心或信念，简单来说就是个体对自己能够取得成功的信念，即"我能行"。一般来说，成功经验会增强自我效能,反复的失败会降低自我效能。而在工作中就是,自我效能感越强,工作满意度也就越高。

本次调查中,对自我效能的指标衡量,我们采取了"当完成工作上的事情时,我感到非常高兴"这一主观指标出现的频率。也就是说,这个指标出现的频率越高,工作满意度也就越高。我们假定,这个指标的出现频率越高,新白领的满意度得分也就越高。

我们看到,在"非常满意"和"比较满意"的指标上,回答"每天都出现"的新白领的工作满意度明显要高,占的比例为57.4%,回答"一周几次"的新白领的工作满意度占的比例为50%,回答"一个月几次"的新白领的工作满意所占比例为38.4%,回答"从不出现"的新白领的工作满意所占比例为38%。由此我们可以看出,新白领工作效能高,工作满意度也就高(见表4-16)。

表4-16　当完成工作上的事情时,我感到非常高兴与工作满意度的交互分析

单位:%

工作满意度	当完成工作上的事情时,我感到非常高兴			
	从不出现	一个月几次	一周几次	每天都出现
非常满意	7.6	2.2	2.6	4.1
比较满意	30.4	36.2	47.4	53.3
一　般	48.1	49.7	39.5	34.6
不太满意	12.7	10.8	10.2	6.1
非常不满意	1.3	1.1	0.3	2.0
总计(人数)	100(79)	100(370)	100(352)	100(246)

2. 企业归属感

企业归属感通常是针对企业的员工而言的,也叫员工企业归属感。也就是指员工经过在企业一段时期的工作后,在思想、感情、心理上对企业产生了认同感、公平感、安全感、价值感、工作使命感和成就感,这些感觉最终内化为员工的企业归属感。促使员工对个人目标和企业目标相融合、相统一,使员工对企业的发展目标产生强烈的认同感,从而为达成个人和企业的目标而不断强化自我并对企业产生强烈的责任感。

我们用"我为能成为这个企业的一员感到自豪"的同意程度来进行员工对企业归属感的测量。我们假定企业归属感越强,工作满意度越高。

根据数据分析显示，在非常满意和比较满意的指标上，"非常同意"这个观点的占 73.8%，"比较同意"这个观点的占 62.4%，"不太同意"这个观点的占 22.2%，"很不同意"这个观点的占 17.7%。这也就证实了，新白领阶层的企业归属感越强，企业认同感越强，工作满意度就越高（见表 4 – 17）。

表 4 – 17 我为能成为这个企业的一员感到自豪与工作满意度的交互分析

单位：%

工作满意度	我为能成为这个企业的一员感到自豪				
	非常同意	比较同意	不太同意	很不同意	不好说
非常满意	12.2	1.2	1.1	5.9	2.1
比较满意	61.6	51.2	20.1	11.8	23.2
一　般	22.0	43.0	52.9	35.3	60.0
不太满意	3.7	4.6	23.3	35.3	13.7
非常不满意	0.6	0.0	2.6	11.8	1.1
总计（人数）	100（164）	100（561）	100（189）	100（34）	100（95）

3. 工作理念

我们认为工作满意度受到工作理念的影响，正确的工作理念，会给新白领带来正确的工作态度，因而会积极看待自己的问题，工作满意度会相对较高。我们以"穷人之所以会穷，是因为他们不愿意努力工作"和"老板赚钱越多，员工和消费者越吃亏"来测量新白领的工作满意度。我们认为接受"穷人之所以会穷，是因为他们不愿意努力工作"这个观点的新白领会根据自己的努力程度来衡量自己目前的得失和成就。我们假定，越认同这个观点的新白领，越会努力工作并看到自己的不足，因而工作满意度越高。而接受"老板赚钱越多，员工和消费者越吃亏"则会认为老板没有保障员工的权益，因而会影响员工对企业的付出，继而影响员工的工作满意度。

根据数据统计的结果，我们证实，在满意程度的五分指标上，随着对"穷人之所以会穷，是因为他们不愿意努力工作"观点认同程度的下降，新白领阶层的工作满意度也随之下降（见图 4 – 27）。而随着对"老板赚钱越多，员工和消费者越吃亏"观点认同程度的下降，新白领阶层的工作满意度则逐渐上升（见图 4 – 28）。由此我们可以看到，新白领阶层的工作理念影响新白领阶层的工作满意度，越认同工作致富就越容易产生工作满意感，而越认为老板保障了员工的权益，工作满意度也越高。

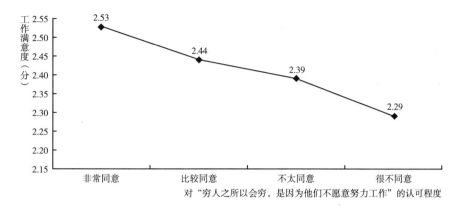

图 4 – 27 工作满意度与 "穷人之所以会穷，是因为他们不愿意努力工作" 的交互分析

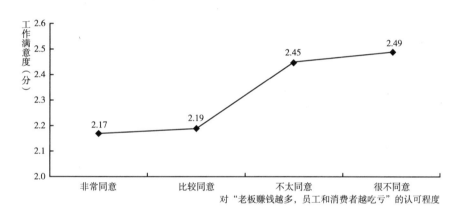

图 4 – 28 工作满意度与 "老板赚钱越多，员工和消费者越吃亏" 的交互分析

（三）影响工作满意度的客观因素分析

影响工作满意度的客观因素，我们认为有个人特征（不同年龄/工龄、不同受教育程度）、工作特征（工作单位的性质、行业、管理层级、月收入、工作时间、加班次数）、工作环境（人际氛围、上班路程花费时间）、公平待遇（本地人与外地人在总体上、工资待遇、福利待遇、升迁待遇上的差别）四大因素。

1. 个人特征对工作满意度的影响

（1）随着年龄和工龄的增加，对企业工作满意度增加

根据调查显示，在 "非常满意" 和 "比较满意" 的指标上，25 岁及以

下新白领占了 42.6%，26～30 岁新白领占了 45.9%，31～35 岁新白领占了 46.8%，36 岁及以上新白领占了 59.3%（见表 4－18），也就是说，随着年龄的增长，工作满意度逐渐增加。

表 4－18　工作满意度与年龄

单位：%

工作满意度	年龄			
	25 岁及以下	26～30 岁	31～35 岁	36 岁及以上
非常满意	3.2	2.2	3.2	7.8
比较满意	39.4	43.7	43.6	51.5
一　般	48.2	41.1	42.7	37.9
不太满意	8.3	12.1	8.6	2.9
非常不满意	0.9	1.0	1.8	0.0
合　计	100(218)	100(506)	100(220)	100(103)

为了更好地印证工龄对新白领工作满意度的影响，我们引入新白领阶层刚入职时的工作满意度进行对比分析。调查显示，目前上海市新白领阶层对工作的满意度较好，在非常满意和比较满意的指标上占了 46.7%，在不太满意和非常不满意的指标上仅占了 10.7%。为了进行对比研究，我们引入刚入职时新白领阶层的工作满意度，我们看到，尽管刚入职时候的新白领阶层在比较满意的指标上，比目前的新白领阶层少了 2.9%，但是在非常满意的指标上，却比目前的新白领高了 3.8%；而在不太满意和非常不满意的指标上，显然目前的新白领阶层的满意状况比刚入职的新白领阶层的状况好得多（见图 4－29）。

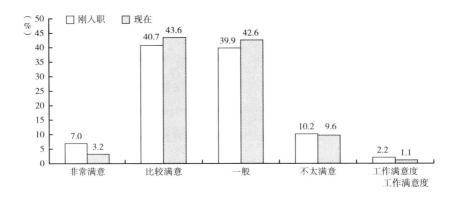

图 4－29　刚入职与现在工作满意度的对比

我们认为年长员工比年轻员工的工作满意度高是因为：首先，根据工作迁移理论，我们认为新白领阶层投入工作的过程就是一个不断择业就业的过程，当首份工作的各方面情况都较为符合新白领期望时，新白领呈现非常满意或比较满意的状况，当不满意的时候，新白领阶层会在适当的时机选择跳槽或离职，以便找到更适合自己的工作，因而年长员工的工作满意度高，是因为他们已经拥有了更好的工作和职位；其次，年长员工的工作满意度高，往往是因为随着工作时间的增加，对社会现实的明晰，阅历的增加，他们对工作的要求降低了，或者将他们对工作的期望降到了更加现实的水平；最后，可以通过内源性报酬调节假说进行解释，也就是年长的员工认为内源性工作报酬比外源性工作报酬更为重要，即随着年龄的增长，内源性工作满意度（环境氛围、公司文化等）比外源性的奖励（如薪酬、晋升等）变得更为重要。

而在不太满意和非常不满意的指标上，26～30岁员工的反应最为强烈，我们认为这与其自身所处的年龄阶段有关，26～30岁是人生的重要转折期，这一年龄段的人有着自己的目标和发展规划，对人生有着更多的憧憬，因而会与现实产生更为强烈的对比，故而对工作的不满情绪也会加深。

（2）本科学历新白领工作满意度最低，研究生及以上学历新白领工作满意度最高

表4-19显示：大专/高职学历的新白领对工作"非常满意"和"比较满意"的两个比率合计为46.4%，大学本科新白领的这一指标值为45.4%，研究生及以上的新白领则为49.7%，虽然大学本科的新白领满意程度最低，但相比其他两类学历的新白领，差别不是很大；继续观察表4-19中"不太满意"和"非常不满意"的数据，大专/高职学历的新白领对工作的不满

表4-19　受教育程度与工作满意度

单位：%

工作满意度	受教育程度		
	大专/高职	大学本科	研究生及以上
非常满意	2.5	3.2	3.7
比较满意	43.9	42.2	46.0
一般	45.9	41.6	41.5
不太满意	7.4	11.5	8.1
非常不满意	0.4	1.5	0.7
合计	100(244)	100(531)	100(272)

程度最低，其"不太满意"和"非常满意"两项的比率之和为7.8%，研究生及以上新白领其次，为8.8%，而大学本科新白领最高，为13.0%。综合满意和不满意两方面的数据，我们可以认为，大学本科新白领对工作的满意程度最低，而研究生及以上学历新白领的工作满意度最高。

2. 工作特性对工作满意度的影响

（1）企业性质不同，工作满意度不同

不同企业性质的新白领对工作满意度也略有不同。在非常满意和比较满意的指标上，党政机关的比例最高，为58.4%；其次是个体经营，其比例为51.6%；再次是外资/合资企业，其比例为50.6%（见表4-20）。我们推测，党政机关的新白领对工作满意度最高，是因为党政机关工作稳定性强，福利待遇好；个体经营的新白领对工作满意度高是因为其工作自主性高，收入较高；而外资/合资企业的新白领对工作满意度高，我们则认为是因为其工作环境较好，有较多的公平晋升的机会。

表4-20　企业性质与工作满意度

单位：%

单位性质	工作满意度					
	非常满意	比较满意	一般	不太满意	非常不满意	合计
党政机关	2.8	55.6	36.1	5.6	0.0	100(36)
国有企业	3.4	40.3	41.6	13.4	1.3	100(149)
国有事业	0.8	46.3	46.3	5.0	1.7	100(121)
集体企业	0.0	20.0	60.0	20.0	0.0	100(5)
个体经营	6.1	45.5	39.4	9.1	0.0	100(33)
私营企业	3.8	40.9	43.2	11.2	0.9	100(340)
外资/合资企业	3.6	47.0	39.5	8.9	1.1	100(281)
股份制企业	1.6	44.3	50.8	3.3	0.0	100(61)
非盈利组织	0.0	14.3	42.9	28.6	14.3	100(7)

（2）不同管理级别，工作满意度不同

不同的管理级别，新白领阶层的工作满意度也是不同的。根据数据分析显示，随着管理层级的提高，员工对工作的满意度不断提高（见表4-21）。

表 4 – 21　不同管理级别与工作满意度

单位：%

工作满意度	管理级别			
	不从事管理工作	一般管理人员	中层管理人员	高层管理人员
非常满意	2.7	2.9	4.8	7.1
比较满意	39.9	46.1	47.6	64.3
一　般	43.7	43.5	38.7	28.6
不太满意	12.8	7.0	5.6	0.0
非常不满意	0.9	0.6	3.2	0.0
总计（人数）	100(549)	100(345)	100(124)	100(28)

　　这应该不难解释，因为不同的管理级别就是一种工作的提升，在企业中，提升到高层次的工作职务不仅会带来管理权力、工作内容、工作报酬、工作环境等的改变，而且高层的职位通常会给其工作者带来更大的自由和挑战。管理层级的提升，更是对员工的一种自我肯定，会为员工带来一定的自我满足感，激励员工更好的工作，带给员工更大的积极性。

　　因而随着管理层级的提升，员工对工作满意度自然也就越来越高。

　　（3）不同的收入层级，工作满意度不同

　　薪酬是决定工作满意度的重要因素，因为它能满足新白领阶层的内外在需求，在上海高物价、高房价的生活环境下，工作收入显得尤为重要，高薪酬不仅能够提供优质的物质生活，也能为新白领阶层的个人发展、业余爱好提供保障。此外，薪酬还是新白领向别人展现自己能力的一种手段，是自身能力和成就得到别人肯定的一种象征，并且也是对个人在单位地位的一种肯定。尽管随着福利制度的完善，薪酬的重要性可能开始下降，但是目前来说，薪酬仍然是新白领很看重的一个外在因素，因而直接影响工作满意度。

　　我们假定随着收入的增加，工作满意度会不断增加。根据调查显示，在非常满意和比较满意的指标上，月平均收入在 2000 元以下的新白领占了39.6%，月平均收入在 2000 ~ 4000 元的新白领占了 40.7%，月平均收入在 4001 ~ 6000 元的新白领占了 47.9%，月平均收入在 6001 ~ 8000 元的新白领占了 45.4%，月平均收入在 8000 元以上的新白领占了 62.2%，也就是说，随着收入的增加，新白领阶层对工资的满意程度总体趋势是向上发展的，但是月平均收入在 6001 ~ 8000 元的新白领的工作满意度还是没有月平均收入在 4001 ~ 6000 元的新白领的满意度高（见表 4 – 22）。

表4－22　不同的月平均收入与工作满意度

单位：%

工作满意度	月平均收入				
	2000 元以下	2000～4000 元	4001～6000 元	6001～8000 元	8000 元以上
非常满意	1.9	2.5	3.9	2.0	4.2
比较满意	37.7	38.2	44.0	43.4	58.0
一　　般	45.3	44.8	44.0	43.4	32.9
不太满意	15.1	12.6	7.1	11.2	4.2
非常不满意	0.0	1.9	1.0	0.0	0.7
总计（人数）	100(53)	100(364)	100(309)	100(152)	100(143)

由此我们证实，随着收入的增加，工作满意度随之增加，不仅是符合常理，也是有数据支持的。尽管目前选择职业时，工资并不一定是首要考虑因素，但是工资的多少肯定是很重要的因素，因而也是影响满意度的重要指标。而收入在6001～8000元的新白领的工作满意度较低，我们认为这与其自身的高期望以及高压力有关。

（4）不同的加班次数，工作满意度不同

根据研究显示，选择从不加班的新白领工作非常满意和比较满意的比例为50.7％，加班1～2次的新白领工作非常满意和比较满意的比例为46.5％，加班3～4次的新白领工作非常满意和比较满意的比例为47.4％，加班5次及以上新白领工作非常满意和比较满意的比例为31.9％（见表4－23）。也就是说，总体来说，随着加班次数的增加，新白领的工作满意度逐渐减少。这并不难解释，我们认为尽管加班可以作为增加收入的一种方式，但是超过8小时的工作时间，不仅会降低工作效率，而且会增加工作压力，同时使新白领对工作产生疲劳感，影响工作的满意度，并影响第二天的工作，产生恶性循环。

表4－23　不同的加班次数与工作满意度

单位：%

工作满意度	不同的加班次数			
	从不加班	1～2 次	3～4 次	5 次及以上
非常满意	4.0	2.9	2.0	3.3
比较满意	46.7	43.6	45.4	28.6
一　　般	38.6	42.1	46.7	52.7
不太满意	9.7	10.8	3.9	13.2
非常不满意	0.9	0.6	2.0	2.2
合计（人数）	100(321)	100(482)	100(152)	100(91)

3. 工作环境

（1）人际氛围对工作满意度的影响

人际氛围即新白领阶层与工作群体之间关系是否融洽的一个衡量指标。人是社会性的动物，人们在工作中往往喜欢进行交流、沟通，不喜欢将自己一个人隔绝在外，企事业单位中良好的人际关系可以增进新白领阶层内心对所在单位的归属感，同时也是一种社会支持体系，人们常常把自己的同事作为求助和倾诉的对象。

对于企业中人际关系的测量，我们采取了新白领阶层刚得到这份工作与老同事建立关系所需的时间，也就是说，与老同事建立关系的时间花费越少，这个企业的人际氛围就越好。

根据调查显示，一周内与老同事建立良好关系的新白领工作满意度最高，其次是一个月内，最后是一天内，最后是一年内（见表4－24）。也就是说，短时间内可以与老员工建立良好的关系可以提升员工的工作满意度。

表 4 – 24　与老同事建立良好关系的时间与工作满意度

单位：%

工作满意度	与老同事建立良好关系的时间					
	从不	一天	一周	一月	一年	更长
非常满意	0.0	4.3	5.5	1.9	3.0	4.0
比较满意	11.1	39.1	45.2	46.0	38.8	24.0
一　般	77.8	34.8	39.3	42.0	48.5	52.0
不太满意	11.1	17.4	8.8	9.3	8.5	20.0
非常不满意	0.0	4.3	1.1	0.8	1.2	0.0
合计（人数）	100（9）	100（46）	100（272）	100（528）	100（165）	100（25）

（2）每天花费在路上的时间也影响工作满意度

根据英国咨询公司雷格斯日前的一项调查显示，中国的上班族每天在上班路上（从家到单位单程）花费的时间领先全球。而据我们的调查显示，上海市新白领每天花费在上下班途中的时间为1.6小时，而每天上下班途中所花费的时间的长短也同样影响着工作满意度，一般来说，在比较满意和非常满意的指标上的新白领每天上下班花费在路上的时间不超过1.7小时，而在不太满意和非常不满意指标上的新白领每天上下班路上花费的时间则超过

2 个小时。

4. 公平待遇

根据上海市 2010 年的统计年鉴显示，上海市户籍人口为 1404.71 万人，来沪半年以上的外来人口为 897.95 万人。在上海市户籍人口中有很大一部分是外地户口转入上海市户口的，因此为了更好的研究工作满意度，我们将公平待遇也纳入其中。

公平待遇就是本地人与外地人之间是否存在差别，我们研究的就是本地人和外地人之间的差别是否会影响工作满意度。

我们将公平待遇划分为四个领域，分别为总体上有没有差别、工资待遇上有没有差别、福利待遇上有没有差别、升迁上有没有差别。研究显示，认为没有差别的新白领的工作满意度更高。

在总体没有差别的指标上，认为没有差别的新白领在非常满意和比较满意上的比例为 52.7%，而认为有差别的新白领在非常满意和比较满意上的比例仅有 33.6%。在工资待遇有差别的指标上，认为没有差别的新白领在非常满意和比较满意的指标上的比例为 47.4%，而认为有差别的新白领在非常满意和比较满意上的比例仅有 33.9%。在福利待遇有差别的指标上，认为没有差别的新白领在非常满意和比较满意的指标上为 51.1%，而认为有差别的新白领在非常满意和比较满意上的比例仅有 32.6%。在升迁有差别的指标上，认为没有差别的新白领在非常满意和比较满意的指标上为 47.4%，而认为有差别的新白领在非常满意和比较满意上的比例仅有 35.6%（见表 4 – 25）。

表 4 – 25　本地人外地人是否有差别待遇与工作满意度

单位：%

工作满意度	总体没有差别		工资待遇有差别		福利保障有差别		升迁有差别	
	是	否	是	否	是	否	是	否
非常满意	3.8	1.8	1.5	3.3	2.0	3.6	0.0	3.4
比较满意	48.9	31.8	32.4	44.1	30.6	47.5	35.6	44.0
一　般	39.6	49.6	44.1	42.7	51.0	40.2	42.5	42.8
不太满意	7.1	14.8	19.1	8.9	14.5	8.0	17.8	9.0
非常不满意	0.6	2.1	2.9	0.9	2.0	0.8	4.1	0.8
合　　计	100(705)	100(337)	100(68)	100(974)	100(255)	100(787)	100(73)	100(969)

四　工作收入

中国从计划经济体制逐步走向了市场经济体制，同时也从一个以公平为先导的社会，转向了以效率为先导的社会，很多社会问题随之产生，工资差异就是其中之一。有关不同地区、不同群体之间的工资差异问题逐渐引起人们广泛关注。

根据上海市统计局总经济师严军介绍的 2011 年上海市国民经济运行情况及各项统计数据初步核算显示，上海市全年实现生产总值 19195.69 亿元，按可比价格计算，比上年增长 8.2%。值得关注的是，自 2000 年以来，上海市城乡居民人均收入增幅首次超过了全市 GDP 增幅。并且随着经济快速发展，上海市人均收入水平不断提高。但是人均收入水平的提高，是否意味着收入差距的减少，上海市新白领的收入状况究竟如何，新白领阶层内部是否存在收入差异？我们就新白领的收入情况进行了调查，相关分析如下。

（一）　基本情况描述

根据调查显示，就目前月平均工资的分布情况来说，除去 26 个缺失值，月平均工资在 2000 元以下的只有 53 人，月平均工资在 2000～4000 元有 364 人，月平均工资在 4001～6000 元的有 309 人，月平均工资在 6001～8000 元有 152 人，月平均工资在 8000 元以上的有 143 人（见图 4-30）。也就是说，新白领阶层的月平均工资集中在 2000～6000 元，收入分布基本呈现橄榄型。根据上海市人力资源和社会保障局公布数据显示，新白领阶层目前的月平均收入比上海市 2011 年月平均工资 3896 元高出了 2039 元，比 2011 年 4 月 1 日起调整的上海市月平均最低工资标准 1280 元，高出了 4655 元。

为了了解上海市新白领的工资变化状况，本调查对新白领来沪之前的最后一份工作、第一份在上海的工作以及目前的工作的月平均工资进行了调查。调查显示，新白领来沪以前的工作的月平均工资为 3040 元，第一份在上海的工作的月平均工资为 3562 元，而目前工作的月平均工资则为 5935 元（见图 4-31）。这就显示了新白领阶层随着工作时间的增加，工作单位或职位的变换，工作收入逐渐增加。

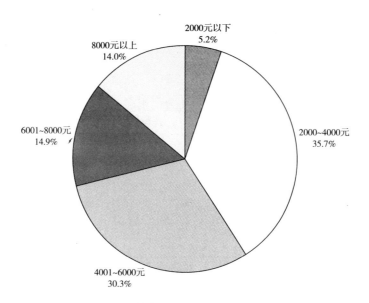

图 4 - 30   上海市新白领月平均工资分布情况

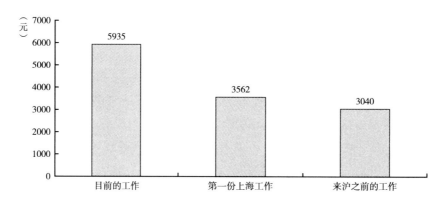

图 4 - 31   三个时间的月平均收入情况

（二）工作收入差异分析

1. 男女存在工作收入差异，并且工作收入差距逐年拉大

改革开放以前，工资一直由国家统一制定，以"公平"为目标，性别工资差异较小。改革开放以来，计划经济逐步转变为市场经济，市场机制开始在资源配置中发挥主导作用，企业可以根据市场机制对工资进行自主调整，生产效率提高，经济获得了快速发展。但是在这个过程中，人们发现职

工收入不平等现象也在增加，性别工资差异随之扩大。

就目前上海市新白领的月平均收入情况来看，男女两性在收入上存在明显的差异，男性的月平均收入为 6753 元，女性的月平均收入只有 5191 元，男性比女性高出了 1562 元。就男女月平均收入差异的具体收入分布段来说，在低于 6000 元的情况下，女性比例比男性高 22.1%，而在 6000 元以上的情况下，则是男性比女性高 18.1%（见图 4 - 32）。但性别的工作收入差异并非只存在于上海市新白领。在世界范围内，女性平均工资普遍低于男性[①]。2008 年世界贸易组织报告指出，世界上平均性别工资差异（即男性和女性工资收入差异与男性收入的比值）为 16.5%，亚洲国家更是高达 21.2%。

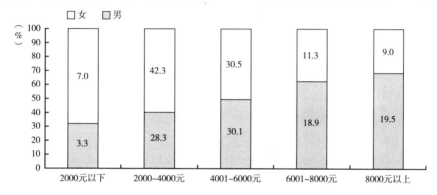

图 4 - 32　目前月平均收入的性别差异

而进一步的分析显示，性别工资差异的差距在逐渐扩大。上海新白领阶层来上海之前的最后一份工作的月平均收入，女性比男性高出了 18元，第一份上海的工作，男性比女性高了 497 元，而就目前的工作来说，男性则比女性高出了 1562 元（见图 4 - 33）。也就说，男女两性的工作收入差距逐年拉大。

造成男女工资差异的原因，国内外学者一般持两种观点，一种观点认为性别工资差异不等于性别工资歧视，即使不存在歧视，男性和女性的工资也不可能绝对的相等，决定工资差异的是劳动力市场中从业者的个人身心特征差异，例如受教育程度、工作经验、年龄、习俗与公众舆论、女性就业的从属特征、劳动生产率低、就业的适应面比较窄等；另一种观点认为性别工资

---

① Blau，Fland Kahn，L1，"Gender Differences in Pay"，*Journal of Economic Perspectives*，2000，14（4）：75 - 99.

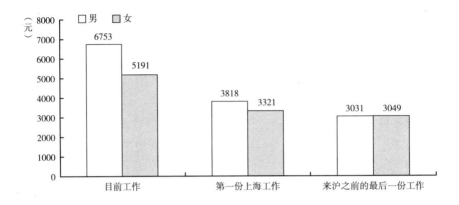

图 4 - 33　三个不同时间的月平均工资性别差异

差异是由劳动力市场上存在的歧视性待遇造成的，并不能完全由人力资本和其他个人特征方面的差异做出解释。

2. 随着年龄/工龄增加，工作收入逐渐增加

我们根据年龄和工龄对收入进行了分析，结果显示，25 岁及以下的新白领月平均工资为 3735 元，26～30 岁的新白领月平均工资为 5821 元，31～35 岁的新白领月平均工资为 6950 元，而 36 岁及以上新白领的月平均工资则为 9215 元。根据新白领阶层总体的月平均工资 5935 元来看，31 岁及以上新白领的月平均工资在总平均工资以上，而 30 岁以下新白领则在总平均工资以下。而根据工龄来说，工作 5 年以内的新白领月平均工资为 5325 元，6～10 年的新白领月平均工资为 6760 元，10 年以上的新白领月平均工资则为 8327 元（具体分布情况见表 4 - 26，表 4 - 27）。

表 4 - 26　不同年龄的月平均收入分布

单位：%

月平均收入	25 岁及以下	26～30 岁	31～35 岁	36 岁及以上
2000 元以下	10.6	3.6	4.4	3.0
2000～4000 元	63.1	35.7	18.9	10.1
4001～6000 元	21.7	31.1	35.0	35.4
6001～8000 元	3.7	17.4	18.4	19.2
8000 元以上	0.9	12.2	23.3	32.3
总计（人数）	100（217）	100（499）	100（206）	100（99）

表 4 – 27　不同工龄的月平均收入分布

单位：%

月平均收入	1～5 年	6～10 年	10 年以上
2000 元以下	5.6	3.0	5.1
2000～4000 元	41.9	25.0	20.3
4001～6000 元	29.2	29.8	32.2
6001～8000 元	12.0	20.2	15.3
8000 元以上	11.2	22.0	27.1
合计（人数）	100（267）	100（168）	100（59）

随着年龄和工龄的增加，新白领阶层的收入也逐渐增加。我们认为，这样的结果符合常理，随着年龄和工龄的增加，新白领阶层的社会阅历逐渐增加，工作经验不断丰富，因而会获得更多的晋升机会，而晋升机会会带来管理层级的提高，这直接关系到工作收入的增减。

为了更好地分析年龄/工龄与收入增加的关系，我们引入了管理层级这一变量。根据数据分析显示，在 25 岁及以下的新白领中，中层管理人员和高层管理人员比例仅为 4.2%；26～30 岁的新白领中，中高层管理人员比例为 11.9%；31～35 岁的新白领中，中高层管理人员比例为 20.4%；而 36 岁及以上的新白领中，中高层管理人员比例则为 36.9%。同样的，在工龄上来说，工龄在 5 年以内的新白领在中高层管理人员上的比例为 9.3%，工龄在 6～10 年的新白领在中高层管理人员上的比例为 20.1%，工龄在 10 年以上的新白领在中高层管理人员上的比例则为 34.5%（见图 4 – 34，图 4 – 35 所示）。这与我们的假设有关，也就是说，年龄和工龄的增长，使得新白领阶层的管理层级有所提升，而管理层级的提升，是构成新白领阶层收入增长的关键性因素。

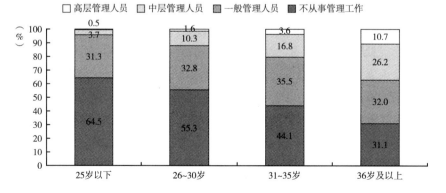

图 4 – 34　不同年龄的管理人员分布

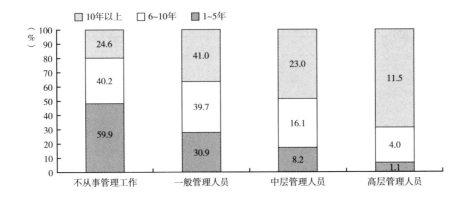

图 4 - 35　不同工龄的管理人员分布

3. 管理层级与技术职称不同，收入差异显著

管理层级与技术职称到底对工作收入产生怎样的影响？数据显示，不从事管理工作的新白领月平均工资为5196元，一般管理人员的月平均工资为5930元，中层管理人员的月平均工资为8015元，而高层管理人员的月平均工资则有12104元；无职称的新白领月平均工资为5613元，初级职称的新白领月平均工资为4639元，中级技术职称的新白领月平均工资为6692元，高级职称的新白领月平均工资则为8852元（见图4 - 36，图4 - 37）。我们可以看出，一般来说，管理级别越高，收入也就越高；技术职称越高，收入也就越高。

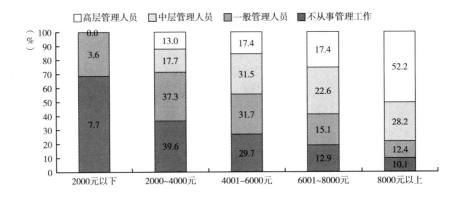

图 4 - 36　不同管理层级的月平均收入分布

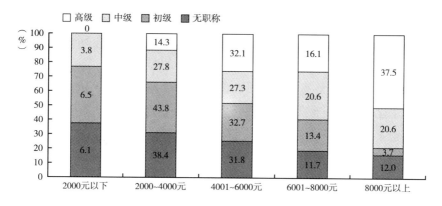

图4-37 不同技术职称的月平均收入分布

对于这个现象，我们认为，首先这可以用管理层理论来解释，就是说，管理层对董事会有控制力时可以在很大程度上影响甚至决定自己的薪酬，根据这一理论，我们可以解释为什么管理级别越高，收入也就越高；其次这个现象与我们日常看到的很多企业单位按照管理层级或者技术职称来定工资标准的现象是一致的，这是很多企业本身存在的内部制度，同时也是一种激励的机制。

4. 受教育程度与工作收入成正比

调查显示，上海市新白领的工作收入与受教育程度成正比。月平均工资超过4000元的比例上，大专/高职学历的新白领占了41.1%，大学本科学历的新白领占了57.8%，而研究生及以上学历的新白领则占了78.3%（见表4-28）。也就是说，受教育程度越高，月平均工资也就越高。

表4-28 不同受教育程度的月平均收入差异

单位：%

月平均收入	大专/高职	大学本科	研究生及以上
2000元以下	9.7	4.4	2.7
2000～4000元	49.2	37.9	19.1
4001～6000元	25.0	28.7	38.2
6001～8000元	9.7	15.5	18.3
8000元以上	6.4	13.6	21.8
合计（人数）	100（236）	100（523）	100（262）

5. 企业性质不同、行业不同，收入差异显著

调查显示，企业性质不同、行业不同，工作收入并不相同。就不同的企

业性质来说，根据目前新白领的月平均工资来看，外资/合资企业最高，为
6611 元；其次是私营企业，为 5974 元；再次是国有企业，为 5680 元；又次是
国有事业，为 5336 元；最后是股份制企业，为 4952 元。倘若我们将 6000 元
以上作为高收入人群，那么根据目前国有企业、国有事业、私营企业以及外
资/合资企业、股份制企业中收入的分布情况来看，高收入人群主要分布在外
资/合资企业，占被调查总体的 39.1%；其次是国有企业，占被调查总体的
29.4%；再次是私营企业，占被调查总体的 26%；又次是国有事业，占被调
查总体的 22.2%；最后是股份制企业，占被调查总体的 16.4%（见表 4 -
29）。就不同企业性质的工资涨幅来说，我们看到，外资/合资企业和私营企
业的工资涨幅最大，股份制企业的工资涨幅最小，而国有事业的工资最为稳
定（见表 4 - 30）。

表 4 - 29　不同企业性质的月平均收入差异

单位：%

月平均收入	国有企业	国有事业	私营企业	外资/合资企业	股份制企业
2000 元以下	4.6	8.0	6.6	2.2	3.3
2000～4000 元	34.0	31.5	41.0	28.6	49.2
4001～6000 元	32.0	38.3	26.5	30.0	31.1
6001～8000 元	19.6	15.4	12.6	16.8	8.2
8000 元以上	9.8	6.8	13.4	22.3	8.2
合　计	100(153)	100(162)	100(366)	100(273)	100(61)

表 4 - 30　三个不同时间点上不同企业性质的月平均收入差异

单位：元

不同时间的工作	国有企业	国有事业	私营企业	外资/合资企业	股份制企业
来沪之前最后一份工作	2732	4427	2561	3445	3375
第一份上海工作	3390	4909	3256	3971	2957
目前工作	5680	5336	5974	6611	4952

就不同性质企业内部来看，私营企业内部收入差异最为显著，工作收入
的最高值为最低值的 83.3 倍；其次为国有企业，工作收入的最高值为最低
值的 30 倍；最后是股份制企业，工作收入的最高值仅为工作收入最低值的
10 倍。

就不同的行业来说，月平均收入差距也非常大，收入排第一位的农林牧

渔业为 8700 元,收入排第二位的交通运输、仓储和邮政业为 8441 元,收入排第三位的建筑业为 6713 元(见表 4-31)。我们看到,月平均工资最高的行业是月平均工资最低行业的 1.77 倍。倘若,我们将行业的工资外收入和员工福利计算在内的话,那么收入差距会更大。

表 4-31 不同行业的月平均收入差异

行业	目前月均收入(元)	最小值(元)	最大值(元)	合计(人)(1021)	第一份沪工资(元)	合计(人)(495)	来沪前最后一份工作(元)	合计(人)(164)
农林牧渔业	8700	3000	17000	9	5500	2	12000	1
采矿业	5300	4000	7500	5	7500	1	6000	1
制造业	6131	1200	20000	161	3381	83	2716	25
电力、煤气及水的生产和供应业	6083	4000	10000	6	2500	2	1500	1
房地产业	4967	2000	12000	52	2947	30	3545	11
金融业	6713	1700	30000	79	4471	38	2680	10
建筑业	8143	1500	66700	40	2796	23	2300	2
教育	5032	1800	20000	96	4523	39	2895	22
交通运输、仓储和邮政业	8441	2000	100000	34	3167	15	1820	5
租赁和商务服务业	5741	1200	35000	41	3267	21	1853	11
住宿和餐饮业	6000	3000	20000	12	2200	4	8000	1
信息传输、计算机服务和软件业	6762	1500	30000	113	3983	59	3129	17
批发和零售业	5008	2000	11000	89	3279	52	2474	19
居民服务和其他服务业	4918	2000	15000	40	3075	23	2855	11
水利、环境和公共设施管理业	5650	1600	9000	4	3500	1	3000	1
文化、体育和娱乐业	5399	1500	20000	49	2955	28	2300	6
卫生、社会保障和社会福利业	5072	1600	17000	54	4115	13	3000	1
公共管理与社会组织	5355	1500	18000	36	4050	10	2600	3
科学研究、技术服务和地质勘查业	5415	2000	40000	60	3611	27	7817	6
国际组织	6188	1000	15000	41	3383	24	3350	10

行业之间的收入差距,是根据袁金旺在行业收入差距与行业垄断的研究中得出的,他认为自改革开放以来,特别是 20 世纪 90 年代以来,中国的收入分配向着资本密集型产业和新兴产业倾斜,特别是某些垄断行业的收入远远高于其他行业,而传统的资本含量少、技术含量低、劳动密集型的行业,收入也相对较少。但是本次调查研究的结果显示,月平均工资最

高的是在农林牧渔业和交通运输、仓储和邮政业以及建筑业，这些并不是非常典型的垄断性行业。但是这并不表明目前国内垄断性行业的月平均工资的减少，因为本次调查是主观性调查，我们并不排除有人谎报或者有意降低工资水平，另外本次调查只是涉及工资而已，工资外的收入以及福利并未计算在内，或者这也是得出不同结果的原因。

而除去这三个行业后，资本密集型产业和新兴产业月平均工资较高的现象就非常的明显。信息传输、计算机服务和软件业、金融业的月工资水平相对较高，而住宿和餐饮业、租赁和商务服务业等行业的月平均工资就较低，国有单位则在其中居于中等水平。

为了更好地了解工作收入的行业差异，我们引入新白领阶层来沪之前以及第一份上海工作的行业收入的前三名和后三名进行对比，根据调查显示，来沪前最后一份工作的工作收入，行业收入前三名的工作收入是行业收入最后三名工作收入的 5.38 倍；在第一份上海工作中，我们发现，行业收入前三名的工作收入是最后三名工作收入的 2.34 倍；而目前的工作来看，我们发现行业收入前三名的工作收入是最后三名工作收入的 1.70 倍，也就是说，尽管各行业之间的工作收入存在差异，但是行业之间的收入差异正逐年减少。

收入差异不仅表现在行业之间，各行业内部的差距也非常的大。就目前新白领工作来看，排名第一的农林牧渔业月平均工资的最大值和最小值相差了 14000 元，而排名最后的居民服务和其他服务业月平均工资的最大值和最小值之间也差了 13000 元，平均工资差距最小的为采矿业，月平均工资差距为 3500 元，最大的是交通运输、仓储和邮政业，月平均工资最大值与最小值相差了 198000 元。

五　小结

当今社会，瞬息万变，竞争激烈，经济和社会各领域的全球化趋势进一步加快，尽管人们的收入不断增加，但是上海市的新白领阶层，不仅要面对物价高、房价高的社会现实，而且还要面对来自工作的种种压力，因而工作压力越来越大，工作满意度下降。

本文从工作的角度，首先对上海市新白领阶层的整体工作特征进行了描述，随后就新白领的工作压力、工作满意度、工作收入进行了详细的分析。

（一）整体的工作特征

目前上海市新白领的工作特征表现在七个方面：职业涉及面广，集中于私营企业，占第三产业比重大；不从事管理层级新白领多，内部层级分化大；受教育程度高，经验丰富；工作报酬相对较高，但工作时间长；工作流动性大，跳槽意愿高；求职途径多元化，关注个人职业发展；同事构成受自身的受教育程度与职业性质影响，呈现多元态势。

（二）工作压力

调查显示，上海市新白领阶层工作压力较大，收入待遇压力第一，其次是晋升空间的压力，再次是工作的竞争性的压力。工作压力尽管可以在一定程度上增加新白领阶层的工作动力，但是工作压力的增加也带来了很多消极的影响，例如，随着收入待遇压力的逐渐增加，新白领阶层的跳槽意愿逐渐增加，工作压力导致身心疲惫，对工作的贡献越来越不关心，怀疑工作意义，随着工作压力的增加，工作满意度逐渐下降等。

尽管上海市新白领阶层压力普遍较大，但是不同的群体感受的压力并不相同，而且在工作压力的各个层面每个群体的差异也非常的大。例如，性别角色不同，压力感受不同，在收入待遇、工作的竞争性、晋升空间的维度上男性压力明显大于女性；婚姻状况不同，工作压力不同，未婚人士压力大于已婚人士，主要表现在收入待遇与晋升空间上；年龄段不同，工作压力不同，26～35岁的中年人工作压力最大，主要表现在收入待遇、晋升空间、工作自主性和自身技能上；受教育水平越高，自身学历压力越小，但晋升空间压力越大；企业性质不同，工作稳定性的压力和晋升空间压力不同；管理层级不同，压力不同，总体呈现管理层级越高，工作压力越小；雇主和顶头上司的地方属性，影响新白领阶层的工作晋升空间压力等。

新白领阶层要做好自身的防压减压工作，树立正确的抗压力观念，以正确的心态对待自己的工作压力，积极应对自己工作中的压力。同时，对企业而言，也要创造更有利的工作环境，来改善员工压力，使企业员工及整个企业保持最佳的状态，带着饱满的精力去迎接工作的挑战。依靠员工个人的乐观心态、扎实功力和成熟心智，以及企业营造的良好的工作环境，和谐高效的组织架构，良好的支持培训、沟通平台，一起应对工作中产生的压力。

（三）工作满意度

新白领的工作满意度影响着新白领对工作压力的感知，影响着新白领的工作倦怠行为，对新白领的流动也有着很大的影响。我们从主观和客观两方面对影响新白领工作满意度的要素进行了分析。

从主观上来说，新白领的自我效能，对企业的归属感，以及自身的工作理念影响着新白领的工作满意度。

从客观上来讲，随着年龄和工龄的增加，新白领对企业的工作满意度增加；本科学历的新白领工作满意度最低，研究生及以上学历的新白领工作满意度最高；不同管理级别，新白领的工作满意度不同；不同的收入层级，新白领的工作满意度不同；不同的加班次数，新白领的工作满意度不同；人际氛围、每天花费在路上的时间以及待遇是否公平都会对新白领的工作满意度产生影响。

企业要提高员工的满意度，要从不同的角度入手，要考虑不同层次员工的不同需求，多方位提高员工的工作满意度。

（四）工作收入

工作收入对于新白领群体的影响可谓是"牵一发而动全身"，据上文所述，目前，新白领阶层的月均收入集中在 2000～6000 元，收入分布基本呈现橄榄型。但是男女之间存在工作收入差异，并且工作收入差距逐年拉大；随着年龄/工龄增加，工作收入逐渐增加；管理层级与技术职称不同，收入差异显著；受教育程度与工作收入成正比；企业性质不同、行业不同，收入差异显著。

第五章 家庭关系与家庭生活

人生于世,谁都离不开家庭,谁都需要家庭的温暖和亲人的关爱。有人说家是温暖的港湾;有人说家是父母慈爱的目光,是妻子思念的话语;还有人说家是疲倦时的床,饥饿时的饭……诗人用美好的语言,告诉了我们什么是家庭,也告诉了我们家的真谛和爱的内涵。家庭是人们基本的生活单位,我们每个人都是在家庭中出生,在家庭中成长,在家庭中受到对自己一生影响至深的教育,然后从家庭中走出来,再建立自己的家庭,再哺育和教育自己的子女,直至他们长大成人也像当年的自己一般,去营建属于他们的家庭,千古相循,代代如此。

根据社会学的理论,家庭是以婚姻关系为基础、血缘关系为纽带,为一定的社会条件下的法律和道德观念所承认的一种社会生活组织形式。家庭是一种初级群体,它是一种与个人关系最密切的社会组织,对人们的日常生活产生着深远的影响。了解一个人和一个阶层的家庭生活对我们了解一个阶层的整体状况有很大的帮助。2011年上海市新白领调查成功访问了1047名新白领,并对他们的家庭关系和家庭生活进行了较为详细的考察。

一 基本情况

本次调查成功访谈了1047名新白领,其中70.6%的人年龄在25～35岁,未婚者和已婚者的比例约为6:4,另有3名离婚者和11名同居者①。此处的同居,我们可以理解为当前大城市较为流行的"试婚",但是根据调

---

① 考虑到离婚和同居者占的比重比较少,所以在以后的分析中,本章将离婚者归为已婚一类,将同居者归为未婚一类。

查，我们没有看到试婚现象在上海市新白领阶层的流行，同居者仅占到总调查对象的1.1%，所以这些上海市新白领对试婚还是较为谨慎的。

（一）家庭规模

与我国目前家庭结构趋于核心化相一致，我们的调查对象大多数都来自规模较小的核心家庭。有61.0%的上海市新白领现有家庭人数在3人及以下，如果我们同时考虑到他们的婚姻状况，从图5-1中可以看出，未婚者中多为三口之家和四口之家，而在已婚者中，则多为两口之家和三口之家。考虑到这些新白领本人是独生子女的比重并不是太高（仅占37.4%），笔者认为造成这一差异的原因主要是二者计算家庭人数时所定义的家庭范围不同。已婚新白领主要是依据自己与配偶和子女组成的新的家庭来计算，他们当中有相当大一部分人还没有孩子或只有一个孩子。而未婚新白领主要依据父母的家庭来计算家庭人数，而家里可能有其他未婚兄弟姐妹或祖父母等成员。这就造成了未婚者的家庭人口数平均比已婚者多一人。

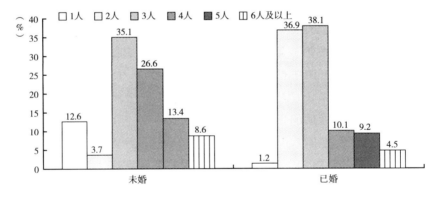

图5-1 未婚和已婚者现有家庭人数情况（$N = 1047$）

（二）同住成员

这一部分主要讨论新白领的同住成员。在问卷中可供选择的同住成员有父母、公婆/岳父母、配偶、子女、朋友/老乡/同事以及其他成员。

由图5-2可知，新白领阶层同住成员排在前3位的主要是配偶（34.00%）、朋友/老乡/同事（28.75%）及其他成员（24.45%）。如果对其他成员进一步细分，则发现基本上为自己一人单独居住，比例为18.01%（$N = 1047$）。

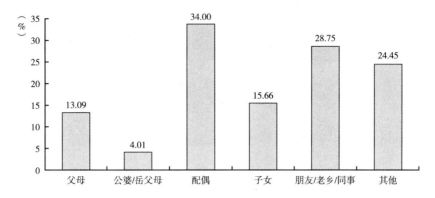

图 5-2　新白领同住成员

将婚姻状况、户籍及在上海是否有产权房 3 个变量作为自变量引入，对新白领阶层的同住成员进行交互分析，统计结果见表 5-1。

表 5-1　不同群体同住成员情况

单位：%

变　　量	同住成员						总计（人）
	父母	公婆/岳父母	配偶	子女	朋友/老乡/同事	其他	
已　　婚	12.47	9.48	85.54	39.15	1.25	3.74	401
未　　婚	13.47	0.62	2.01	1.08	45.82	37.31	646
总　　计	13.09	4.01	34.00	15.66	28.75	24.45	1047
本地户籍	17.08	5.59	50.93	29.50	14.29	20.19	322
居 住 证	11.92	4.40	30.05	11.66	31.61	25.65	386
外地户籍	10.39	2.08	21.96	6.82	39.47	27.30	337
总　　计	13.01	4.02	33.88	15.60	28.80	24.50	1045
有产权房	19.83	7.71	64.46	35.26	3.58	14.33	363
无产权房	9.50	2.05	17.84	5.26	42.11	29.82	684
总　　计	13.09	4.01	34.00	15.66	28.75	24.45	1047

从表 5-1 中可知，已婚新白领，主要与配偶和子女同住一起，所占比例分别为 85.54% 和 39.15%。另外，与父母、公婆/岳父母同住一起的比例分别为 12.47% 和 9.48%。在未婚的新白领同住成员中，前三位依次为，朋友/老乡/同事、其他成员及父母，所占比例分别为 45.82%、37.31% 和 13.47%，其中其他选项主要为自己一人单独居住。由此可知，已婚新白领

多与配偶及子女同住，未婚新白领主要与朋友/老乡/同事同住或者自己独住。无论婚否，新白领与父母、公婆/岳父母同住的比例都很低。这一情况可能主要由以下两个原因引起：一是本次调查中的新白领主要为外来移民，近七成人在上海没有产权房，租房比例大，与朋友/老乡/同事同住一起可满足青年新白领相互间精神支持的需要；二是现代青年新白领大多趋向于拥有自己独立的空间，加上结婚买房、养育子女等原因，往往与父母等分居，故与父母、公婆/岳父母同住的比例低。

从户籍上看，本市户籍新白领主要和配偶（50.93%）、子女（29.50%）住在一起，外地户籍新白领则主要与朋友/老乡/同事（39.47%）或是其他成员（占27.30%，主要为自己单独居住）同住一起，持居住证新白领则主要与朋友/老乡/同事（31.61%）及配偶（30.05%）住在一起。出现这一情况的主要原因在于，本市户籍人口物质资本和社会资本的原始积累时间较长，具备了婚姻家庭的物质基础，如住房，因此多已结婚并生育子女。外地户籍新白领普遍来沪时间较短，绝大部分在上海无产权房，出于经济目的及个人独立空间的需要，多与朋友/老乡/同事同住或是自己一人单独居住。

另外，在上海是否有产权房对新白领选择同住成员有较大影响。例如，在上海无产权房的新白领，与父母或公婆/岳父母同住的情况微乎其微，如表5-1中出现这一情况的比例仅有9.50%和2.05%，这主要是出于现实情况的考虑。对于在上海有产权房的新白领，主要与配偶、子女及父母同住，比例分别为64.46%、35.26%和19.83%；在上海无产权房的新白领则主要与朋友/老乡/同事（42.11%）或自己单独居住（29.82%）。

二 恋爱与婚姻

恋爱与婚姻是构成家庭的前提条件，只有有爱的婚姻和有婚姻的家庭才是一个完整的家庭。所以要想了解上海市新白领的家庭生活，我们首先应该了解他们的婚姻状况。

（一）未婚者的基本情况分析

从图5-3我们可以看出本次调查的1047名上海市新白领中，未婚者632名，占总数的60.3%，已婚者401名，占总数的38.3%，另有3名离婚者和11名同居者。所以，上海市新白领中离婚率是比较低的，调查的结果并没有证明离婚率的上升。不过在被调查者中却有很多的未婚者，"三高"新白领也是现在讨论最为热烈的"剩男剩女"①的主要人群。

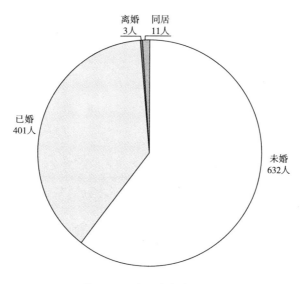

图 5 - 3　新白领婚姻状况

现在，我们打开电视机，不管是选择山东卫视、湖南卫视、江苏卫视、东方卫视还是浙江卫视或其他卫视，我们都有可能看到当今流行的各式各样的相亲节目，其中以江苏卫视的《非诚勿扰》最为火爆；打开电脑，百合网、珍爱网等各种相亲网站也会时不时地跳出窗口。这些相亲节目和相亲网站之所以火爆，就是因为有太多的"剩男剩女"需要各种各样的相亲渠道去寻找自己的另一半。

1. 未婚者的年龄分布

在我们的调查对象中，未婚者的最小年龄为 19 岁，最大年龄为 39 岁，平均年龄为 26.12 岁。从图 5 - 4 中，我们可以详细看到这些未婚者的年龄分布情况，超过 26 岁的占到 55%，其中 31 岁及以上的比重也占到 8%。所以在上海市新白领中有不少的大龄未婚青年。

2. 未婚者的个人收入

与已婚者相比，未婚者的收入水平更低，或许这也是导致他们未婚的一个很重要的原因。从表 5 - 2 我们可以看出，有 21.5% 的未婚者个人年收入

---

①　笔者使用这一词语，只是为了联系热点话题，绝无标签化的倾向。

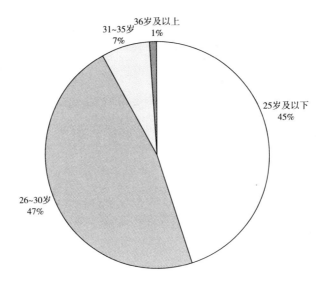

图 5 - 4　未婚者年龄（$N = 643$）

在 3 万元以下，比已婚者高出 14.4%；有 27.5% 的未婚者个人年收入在 3 万～5 万元，比已婚者高出 12.1%。也就是说，有近一半的未婚者个人年收入都在 5 万元以下，近 80% 的未婚者个人年收入在 8 万元以下。

表 5 - 2　个人年收入与婚姻状况交互表

单位：%

个人年收入	未婚	已婚	个人年收入	未婚	已婚
3 万元及以下	21.50	7.10	8 万～10 万元	13.30	20.70
3 万～5 万元	27.50	15.40	10 万元以上	11.00	24.70
5 万～8 万元	26.70	32.20	总计（人数）	100(637)	100(397)

3. 未婚者的购房压力

与已婚者相比，未婚者的购房压力要大于已婚者，由于社会不良风气的影响，在结婚选择配偶时追求物质利益者不乏其人，"宁愿坐在宝马车上哭，也不愿坐在自行车上笑"的人越来越多，没有房子就不结婚的人也越来越多。所以，未婚者有很大的购房压力。从表 5 - 3 中我们也可以看出，未婚者中感觉购房压力非常大的人超过了 55%，比已婚者高出 8.5%；对购房感觉完全没有压力的人只有 7.3%，比已婚者少了 4.1%；对购房感觉压力不大的人只有 3.4%，也比已婚者少了 4%。

表 5 - 3　购房压力与婚姻状况交互表

单位：%

购房压力	未婚	已婚	购房压力	未婚	已婚
完全没有压力	7.30	11.40	有一些压力	24.30	23.80
压力不大	3.40	7.40	压力非常大	55.20	46.70
一　般	9.80	10.70	总计（人数）	100（643）	100（403）

（二）未婚的原因分析

从图 5 - 5 我们可以看出，在上海市新白领中，除去那些正在谈婚论嫁的被调查者，新白领未婚的原因主要集中在"不想这么早结婚"上，这一部分人群占到总数的 25% 左右，其次是事业原因，占总数的 7.7%，因为房子原因的占到 6.1%，找不到合适对象的占到 6%。其他原因和双方父母原因占的比例小，在其他原因中，根据大家填答的情况，大致有两个方面，一是抱有单身主义的态度，不打算结婚；二是地理原因，打算离开上海，所以不打算在上海找结婚对象。结合我们的观察，我们可以将这些"剩男剩女"未婚的原因归结为以下几个方面。

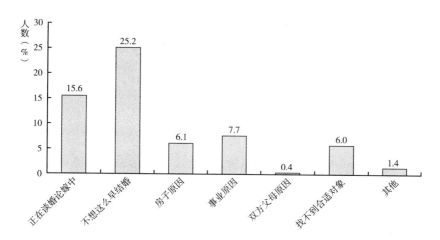

图 5 - 5　未婚原因（N = 1047）

1. 社会原因

"剩男剩女"看似一个个人问题，其实，这也是社会发展的一种必然现象。首先，高等教育的普及从客观上推迟了结婚的年龄。其次，受社会不良风气的影响，一些人在选择配偶时心理浮躁，过于看重对方的物质条件，出现了所谓的"拜金女"。最后，晚婚晚育、少生优生等计划生育政策的实行，男女性别比差异加大，出现婚姻挤压，进而直接表现为大量男性被迫晚婚。

2. 具体原因分析

首先，经济和事业是影响他们婚恋状况的一个重要原因。刚毕业的大学生或研究生就业还不稳定，也缺乏经济能力，在当前买房是结婚的前提条件的情况下，他们根本就没有能力结婚。根据我们的调查资料，如果除去正在谈婚论嫁中的那部分调查对象，因为房子原因而迟迟没有结婚的人占到了13%，因为事业原因而未婚的原因占到了16.5%，还有53.8%的人选择了不想这么早结婚，在我们的未婚调查对象中，大约95%的人都已经达到了法定的结婚年龄，但他们之所以不想这么早结婚，除了积极响应国家晚婚晚育的政策外，还有很大一部分原因就是他们都想趁着年轻多打拼事业，为以后的生活奠定坚实的经济基础。

其次，各种各样的压力对他们的婚恋状况也有极大的影响。这些上海市的新白领从校门走向工作岗位后，面临着各种各样的工作压力，尤其是时间上的压力。在被调查对象中，近40%的人每天的工作时间都在8小时以上，在工作时间上认为没有任何压力的人，仅占23.9%。经常加班使得他们只有很少的时间来处理日常生活中的各种琐事，如此一来恋爱对很多人来说就成了生活中的"奢侈品"，这或许就是那部分新白领迟迟找不到合适对象的重要原因之一。另外，他们的压力也不仅仅来自于工作，作为上海的"第一代移民"，他们同时还面临着高房价、高房租等各种生活的压力。这些压力使得生活在上海的很多新白领没有时间更没有精力和财力去恋爱并组成家庭，这在一定程度上影响着他们的婚恋问题，推迟了他们的结婚年龄。

最后，自我定位不准，择偶标准过高，从而错过最佳择偶年龄。这一原因在一些大龄未婚青年，尤其是女性身上表现得较为明显。有相当部分的"三高"女性新白领认为自己条件优越，相貌、气质、人品、职业、学历、家庭背景和社会地位等都不比别人差，甚至明显优越于他人，所以她们不愿意嫁条件不如自己的。而男性的择偶标准则定位在找一个生活上的伴侣，即使女性在相貌、职业、学历等各方面都低于自己也不会太在意。这种男女两性择偶标准的差异就会使得很多"三高"女性新白领错过很多机缘，成为大龄未婚女青年。

三　家庭关系

（一）家庭关系的基本状况描述

从表 5-4 我们可以看出，上海市新白领阶层的总体家庭关系都非常好，尤其是选择认为与子女、父母和配偶的关系非常好的比重非常高，相比而言，与公婆/岳父母的关系就不如与那些有血缘关系的家庭成员的关系好，而与邻居的关系则不是很好。这一现象其实就是费孝通提出的"差序格局"的一种体现，以我们为中心，将我们与他人的关系一圈圈推出去，愈推愈远，也愈推愈薄，相应地，某一圈子离我们自己越远，我们与该圈子的关系也就越差。

表 5-4　与家庭成员的关系

单位：%

关　系	配偶	子女	父母	公婆/岳父母	邻居
非常好	74.80	85.90	78.80	61.90	38.70
比较好	21.30	12.00	18.30	28.70	28.80
一　般	3.30	1.70	2.30	8.40	31.80
不太好	0.40	0.40	0.30	0.50	0.40
很不好	0.20	0.00	0.20	0.50	0.20
总计（人数）	100(456)	100(234)	100(1025)	100(415)	100(964)

1. 亲子关系和夫妻关系

亲子关系和夫妻关系是以血缘和婚姻为基础而形成的关系，这种关系处于以我们为中心形成的圈子的最里层，因此子女和配偶与我们的关系是最近，往往也是最好的。只要彼此之间没有发生重大的变故或不愉快，他们之间都会保持一种非常好的关系。不过根据表 5-4 我们会发现，相对于亲子关系而言，上海市新白领的夫妻关系并不是非常好。他们认为自己与配偶关系非常好的比重低于亲子关系，而认为关系比较好和一般的比重则都高于亲子关系。

2. 婆媳关系

公婆/岳父母的关系是因婚姻关系而衍生出的一种次级关系，因而他们就处在圈子的较外一层。自古以来婆媳关系都是家庭关系中较难相处的一环，也是中国婚姻家庭中一个很微妙的组成部分。如果说在传统社会婆媳关系的相处之道是以"孝"为准则的话，婆婆具有绝对的权威，现代的婆媳关系已经处于相对平等的状态。

根据日常观察，造成婆媳关系冲突的原因主要有以下几点：首先是文化的差异。婆媳双方是不同辈分的姻亲，时代的不同造就了各自不同的行为方式、生活方式和思想观念等。她们在具体的家庭事务或者生活中所遵循的是各自时代的道德原则和行为规范，这便使得她们之间容易产生矛盾和摩擦。其次是经济利益上的纠纷。家庭生活是以一定的经济条件为基础的，现代家庭在经济上的收入和支出与传统家庭有着很大的不同。这种已婚子女与父母之间在经济上既相互独立又相互联系的关系，如果处理得不慎，就会引发婆媳之间的矛盾。最后是情感上的争夺。作为因同一个男性（婆婆的儿子、儿媳的丈夫）而产生关系的双方，婆婆与媳妇对这个男性共同的关心，构成了婆媳矛盾的重要根源。

3. 邻里关系

邻居是基于地缘而建立起来的一种关系，与前几种关系相比，就处在圈子的更外层，这就造成了大家与邻居关系非常好的比重非常少，仅占到被调查对象的38.7%。并且一般的比重占到了被调查对象的31.8%，是与父母关系一般的13倍，与公婆/岳父母关系一般的将近4倍。造成这一局面还有另一个十分重要的原因，那就是城市化使我们正处于一个由藤尼斯所说的从"社区"向"社会"进化的时代，人们已经不再处于一种邻里之间守望相助的、以有机的方式结合在一起的社区形式中，而转向了以机械的方式结合在一起的社会形式中。现在人们都提倡拥有自己的私人空间，不喜欢太多的人介入自己的私人地带，这就使得在城市社会中，出现了邻里之间互不往来的情况，因此主观评判的城市社区的邻里关系大多数都不会太好也不会太差。

（二）家庭关系的差异分析①

虽然总体上看，上海市新白领的家庭关系比较好，但是还是有一部分人与其他家庭成员的关系相处得不是非常好，或者只是一般。究竟是哪一部分人的家庭关系处理得不是非常好？接下来我们将对造成上海市新白领阶层家

---

① 在分析时笔者将每类关系中的不适用选项作为缺失值处理，不参与计算。

庭关系差异的因素做一简单的分析。

1. 当前的住房类型影响家庭关系

根据卡方检验的结果，当前的住房类型对家庭关系的影响，主要体现在与配偶的关系（$p = 0.018$）和与父母的关系（$p = 0.035$）上，根据图 5 – 6 与图 5 – 7 我们可以看出，租住在单位公房的上海市新白领与配偶的关系一般和不太好的比例明显高于其他几种住房类型的上海市新白领，并且关系非常好的比例明显低于其他几种住房类型的上海市新白领。他们与父母之间的关系也呈现这一特征，不过并没有与配偶的关系这么明显。造成这一现象的原因可能是多方面的，但是有一点需要注意的是，二者有可能是互为因果关系，即既有可能是因为与配偶和父母的关系不好，他们才选择租住单位公房，也有可能是因为他们一直租住在单位公房里，从而造成了他们与父母尤其是配偶长期缺乏面对面的交流和互动，而使双方关系逐渐恶化。

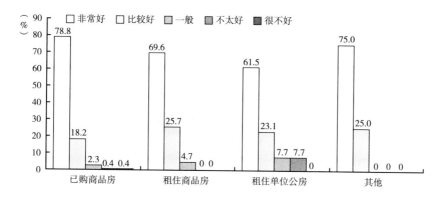

图 5 – 6　和配偶的关系与住房类型（$N = 456$）

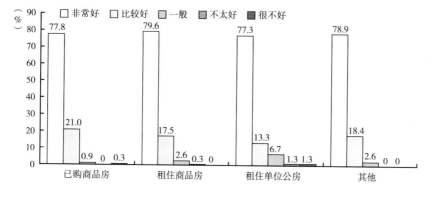

图 5 – 7　和父母的关系与住房类型（$N = 1024$）

2. 工作与家庭之间的冲突影响家庭关系

根据卡方检验的结果（配偶关系的卡方值为 0.003，父母关系和公婆/岳父母关系均为 0.008），工作与家庭之间的冲突对家庭关系的影响更为明显，并且影响的关系范围也更宽。除了与子女的关系没有统计上的显著差异之外，工作与家庭之间的冲突状况对其他三种关系都产生了较大的影响，这一结论我们可以从表 5-5 至表 5-8 中明显看出来。根据表 5-6，我们可以发现工作与家庭之间的冲突对上海市新白领与子女关系的影响，随着工作与家庭之间冲突的增大，与子女关系非常好的比重在不断降低，之所以没有出现统计上的显著性的原因可能是调查对象中有子女的样本量比较少，尤其是与子女关系不太好的上海市新白领样本太少，不符合进行推论统计的基本要求。

表 5-5　和配偶的关系与工作、家庭冲突

单位：%

和配偶的关系	与工作、家庭冲突				
	冲突很大	有些冲突	一般	很少冲突	从无冲突
非常好	53.30	72.90	70.90	80.60	80.90
比较好	26.70	21.90	27.30	17.10	14.90
一般	13.30	4.50	1.80	2.30	2.10
不太好	6.70	0.60	0.00	0.00	0.00
很不好	0.00	0.00	0.00	0.00	2.10
总计（人数）	100(15)	100(155)	100(110)	100(129)	100(47)

表 5-6　和子女的关系与工作、家庭冲突

单位：%

和子女的关系	与工作、家庭冲突				
	冲突很大	有些冲突	一般	很少冲突	从无冲突
非常好	70.00	80.90	88.50	92.10	90.00
比较好	30.00	18.00	9.60	3.20	10.00
一般	0.00	1.10	1.90	3.20	0.00
不太好	0.00	0.00	0.00	1.60	0.00
总计（人数）	100(10)	100(89)	100(52)	100(63)	100(20)

表 5 - 7　和父母的关系与工作、家庭冲突

单位：%

和父母的关系	与工作、家庭冲突				
	冲突很大	有些冲突	一般	很少冲突	从无冲突
非常好	75.90	74.20	72.80	83.00	87.30
比较好	20.70	23.70	24.90	12.90	10.10
一　般	3.40	2.00	1.80	3.10	2.10
不太好	0.00	0.00	0.50	0.70	0.00
很不好	0.00	0.00	0.00	0.30	0.50
总计（人数）	100（29）	100（295）	100（217）	100（294）	100（189）

表 5 - 8　和公婆/岳父母的关系与工作、家庭冲突

单位：%

和公婆/岳父母的关系	与工作、家庭冲突				
	冲突很大	有些冲突	一般	很少冲突	从无冲突
非常好	46.70	57.90	61.50	64.10	76.20
比较好	20.00	33.80	28.10	29.10	14.30
一　般	26.70	8.30	9.40	6.00	7.10
不太好	6.70	0.00	1.00	0.00	0.00
很不好	0.00	0.00	0.00	0.90	2.40
总计（人数）	100（15）	100（145）	100（96）	100（117）	100（42）

Greenhaus & Beutel 在总结前人研究的基础上，将工作家庭冲突划分为三种类型：①基于时间的工作家庭冲突：对一种角色的时间投入妨碍了个人满足其他角色的要求而产生的冲突。②基于压力的工作家庭冲突：承担一种角色而产生的压力会逐渐损害一个人投入到其他角色的注意力和精力。③基于行为的工作家庭冲突：工作和家庭两种角色对个人的行为模式有不同的要求，当个人不能依据不同角色的期望去调整自己的行为模式时产生的冲突。①

根据我们的经验与观察，对家庭关系产生影响的工作家庭的冲突大多是前两种类型，因为大部分新白领从事的是压力很大的职业，如果他们不能将工作中面临的压力处理得很好，他们很可能会感到失落或不开心，而这种负面的情绪一旦带回到家里就极有可能产生一些矛盾，尤其是夫妻之间，

---

① Greenhaus, J. M., Beutel, N. J., "Sources of Conflict Between Work and Family Roles," *Academy of Management Review*, 1985, 10（1）: 76 - 88.

久而久之，他们的家庭关系就会受到影响。但是，我们的数据并没有直接证明工作压力和工作时间的长短对家庭关系的影响。笔者首先对上海市新白领面临的工作时间的压力分别与配偶、父母、子女、公婆/岳父母之间的关系做卡方分析，但是并没有发现它们之间的关系。接着再对工作自主性以及总体工作压力和平均工作时间的分析中也没有发现它们之间的相关，所以对工作与家庭之间的冲突对家庭关系产生影响的直接原因还需要做进一步的研究。

3. 经济收入对家庭关系的影响

经济收入包括个人年收入和家庭年收入，个人年收入对家庭关系的影响并不是十分显著，只有对与公婆/岳父母的关系有统计上较为显著的影响（p = 0.01），而对其他的家庭关系都没有影响。由图 5 - 8 我们可以看出，随着个人年收入的降低，与公婆/岳父母的关系一般的比例逐步增加，比较好的比例则逐步下降。我们可以说，与公婆/岳父母的关系与个人年收入是成正比的，个人年收入越高，与公婆/岳父母关系越好。

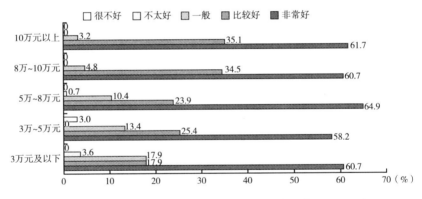

图 5 - 8 个人年收入对与公婆/岳父母关系的影响（$N = 407$）

在家庭年收入对家庭关系的影响中，家庭年收入对与配偶的关系（卡方 = 0.012）和与公婆/岳父母的关系（p = 0.000）都有显著的相关性。从图5 - 9与图5 - 10我们可以看出，同个人年收入对与公婆/岳父母关系的影响一样，家庭年收入对与配偶的关系和与公婆/岳父母关系的影响也是一种正相关。这一结果与我们日常生活所观察到的现象是一致的，正所谓"贫贱夫妻百事哀"。因为参照群体的不同，如果一个家庭的收入与周围的人相比，处于一个比较低的层次，车房及其他需求无法满足，势必会导致夫妻之间的争吵增多，从而会影响他们之间关系的融洽程度。

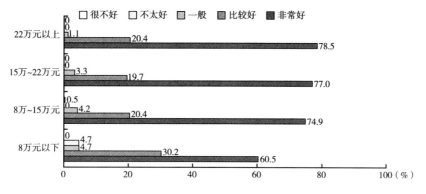

图 5 - 9　家庭年收入对与配偶关系的影响（ N = 449）

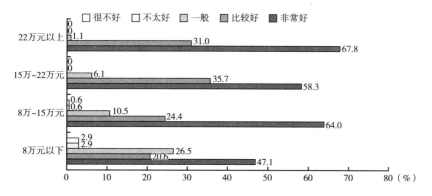

图 5 - 10　家庭年收入对与公婆/岳父母关系的影响（ N = 408）

四　家庭决策模式

（一）家庭决策的基本状况描述

在本次调查中，对家庭决策模式的测量，主要是通过由被调查者根据自己家庭的情况，在本人、配偶、自己父母、配偶父母和子女之间不定项选择家庭重大事务的决策者进行的。不过笔者对这一部分做了处理，根据被调查者填答的情况进行了编码，将不定项选择变成了单项选择，主要是将那些选了多项的被调查者改选为第六个选项，即家庭成员共同商议决定，处理后的详细结果见图 5 - 11。在大多数家庭中，重大事务的决策者一般都是被调查者自己或者由家庭成员共同决策，二者分别占到总调查对象的36%和31.3%，而由父母决定的比重则低于1/3，由此我们发现，在上海市新白领这一阶层中，家庭决策模式已经趋于多样化和民主化，家庭重大事务不再仅由父母等长辈说了算，每个人都有可能是家庭重大事务的决策者，并且家庭成员共同决策的比重较高。

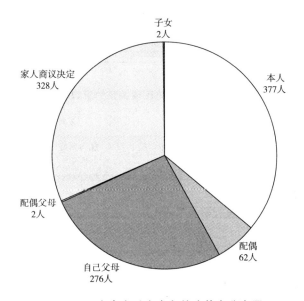

图 5 - 11　家庭中重大事务的决策者分布图

（二）家庭决策模式的差异分析①

1. 年龄和婚姻状况差异

根据表5-9我们可以看出，不同年龄的人所认为的家庭重大事务的决策者是不同的，随着年龄的增加由本人决策的比重和由家人商议决定的比重都是日趋上升的，由自己父母决策的比重则是骤减的。造成这一现象的一个很重要的原因是由年龄与婚姻状况的一个共线性决定的。25岁以下的被调查者中，有93.9%的人都是未婚，从图5-12我们可以看出，在未婚者中，比重最大的就是由自己父母决定，而在已婚者中，由自己父母决定的比重不足3%。

---

① 因为仅由配偶的父母决定和仅由子女决定的调查对象比较少，各有两名，所以在本部分的分析中，笔者对二者做了缺省处理。

造成这一现象的另一个重要的原因是年轻者或未婚者仍旧生活在一个相对较为传统的家庭中，在这类家庭的观念里，家庭决策模式仍然是较为专制的，家庭的重大事务多由年长者决定，很少由家人共同商议决定。而那些年长者或已婚者大都生活在一个新组成的家庭中，民主决策的观念已经成为他们的一种生活习惯，所以在面对家庭重大事务时，他们较多地考虑由家庭成员共同决策。

表 5 - 9　家庭决策模式的年龄差异

单位：%

决策者	年龄			
	25 岁及以下	26～30 岁	31～35 岁	35 岁以上
本　人	26.90	39.70	42.10	37.50
配　偶	1.90	7.40	7.00	10.20
自己父母	50.00	22.30	8.80	1.10
家人商议决定	21.10	30.70	42.10	51.10
总　计	100(308)	100(476)	100(171)	100(88)

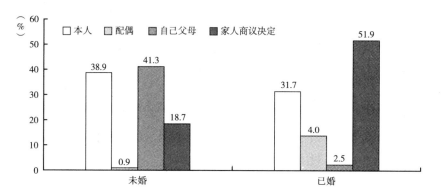

图 5 - 12　不同婚姻状况的家庭决策模式的差异 （$N = 1043$）

2. 性别差异

通过分析家庭决策模式的性别差异，我们可以了解在上海市新白领阶层的家庭生活中男性和女性的地位。从图 5 - 13 中我们可以发现，在所有被调查者中，男性选择由本人决策的比重高于女性将近 20%，由配偶和自己父母决策的比重则低于女性，这一结果证明了在当今社会的家庭生活中女性地位仍然低于男性的结论，而不是一些人所认为的，在家庭生活中女性的地位已经超过了男性。或许在日常生活中，一些琐碎的小事的决策权是女性，但是只有家庭的重大事务的决策权才能较真实地反映一个家庭中男女地位的差异。

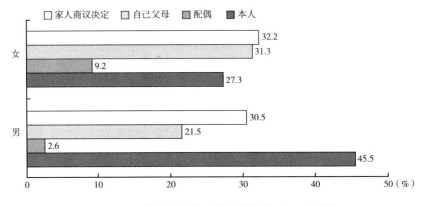

图 5-13　家庭决策模式的性别差异（N=1042）

　　如果我们排除被调查对象中的未婚者，仅在已婚者中分析一个家庭的决策模式，以上结论更是得到了证明。从图 5-14 中我们发现，在男性中，本人拥有家庭重大事务决策权的比重远远高于女性，同样，由配偶决定的比重则远远低于女性。在此基础上对这一数据做进一步处理，因为不管男性还是女性，由父母决定的比重差不多（均占各自比重的 2.5% 左右），所以我们对其做缺省处理，然后将选项变成由男性决策、由女性决策和共同决策，我们就会得到图 5-15 这样一个分布。从图 5-15 可以看出，由男性决策的比重远远高于女性，所以上海市已婚新白领阶层的家庭决策权仍旧是更多的掌握在男性手中，只不过，共同决策的比重与传统家庭相比有较为明显的增加，并且在子女结婚后，父母也不再过问子女们自己小家庭的事务。

3. 受教育程度差异

　　从表 5-10 中我们可以看出，拥有不同受教育程度的人，家庭决策模式是不同的，受教育程度越高，家庭民主决策的比重越大，由自己父母决策的比重越小。所以说受教育程度对一个家庭决策模式从专制型到民主型的转变起着关键性的作用。这主要是由于受教育程度越高，人们越容易接受新的和优秀的东西，人们更理性地思考如何才能更好地促进家庭的和谐和发展，而家庭成员共同协商决策是一种较为有效的家庭决策模式，较有利于家庭的和谐和家庭事务的正确处理，所以受教育程度较高的家庭就比较容易采取家庭成员共同商议的形式处理家庭的重大事务。

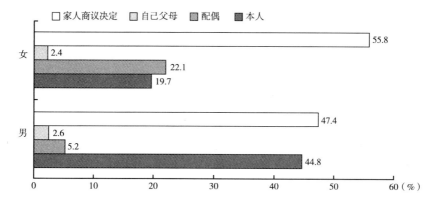

图 5 – 14　已婚者中家庭决策模式的性别差异（ *N* = 400 ）

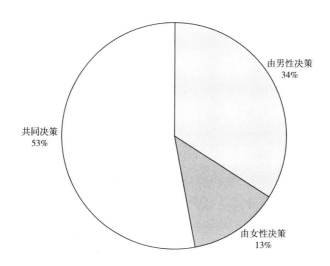

图 5 – 15　已婚者中家庭决策模式的性别差异分布（ *N* = 390 ）

表 5 – 10　受教育程度与家庭决策模式

单位：%

决策者	受教育程度		
	大专/高职	大学本科	研究生及以上
本　　人	29.30	38.80	37.10
配　　偶	3.30	6.60	7.00
自己父母	42.60	25.10	14.70
家人商议决定	24.80	29.50	41.20
总　　计	100（242）	100（529）	100（272）

4. 经济收入差异

根据卡方检验的结果，个人的经济收入和家庭的经济收入都与家庭决策模式具有相关性，但是，家庭收入对家庭决策模式的相关是虚假相关，因为，家庭收入主要受婚姻状况的影响，如果控制了被调查者的婚姻状况，那么家庭收入与家庭决策模式的相关性就消失了。而个人经济收入与家庭决策模式的影响则是较为稳健的，不管加入多少控制变量，二者之间的相关性都是存在的。个人经济收入与家庭决策模式的影响主要表现为，个人收入越高，家庭重大事务由本人做决策的比重越大，由父母决策的比重越小。笔者认为造成这一现象的原因，可以借用马克思的一句话"经济基础决定上层建筑"，如果一个人的经济收入比较高，他在整个家庭中的地位和影响程度就会随之上升，所以在进行家庭重大事务的决策时，他就会有较高的发言权和决策权。

表 5 – 11　个人年收入与家庭决策模式

单位：%

决策者	个人年收入				
	3 万元及以下	3 万 ~ 5 万元	5 万 ~ 8 万元	8 万 ~ 10 万元	10 万元以上
本　　人	18.80	30.60	37.20	46.10	47.30
配　　偶	5.50	4.30	8.10	7.80	3.60
自己父母	54.50	38.30	19.60	10.20	11.40
家人商议决定	21.20	26.80	35.10	35.90	37.70
总计（人数）	100(165)	100(235)	100(296)	100(167)	100(167)

5. 其他差异

根据卡方检验的结果，家庭决策模式与被调查者的家庭收入、管理级别、工作的性质、同住成员等都有非常显著的相关性，p 都小于 0.000。但是，如果仔细分析的话，就会发现这些因素与家庭决策模式的相关与年龄和性别的相关有很大的共线性，当我们控制了被调查者的年龄、性别、婚姻状况等因素时，这些因素与家庭决策模式的相关性就消失了，所以它们之间的相关是虚假的，在这里就不再做具体的分析。举个例子，在不控制其他任何变量的时候，被调查者的管理级别与家庭决策模式卡方检验的结果，二者有非常显著的相关性（p = 0.000）。当控制了被调查者的年龄时，就会发现二者之间的相关性消失了，单个年龄段的卡方检验结果 p 都大于 0.05，甚至有两组检验结果都大于 0.5。

五　家庭生活满意度

（一）家庭生活满意度的基本状况描述

在本次调查中，对家庭生活满意度的测量主要采用了主观指标，由被调查者自己判断自己的家庭生活满意度。根据调查的结果，总体而言，上海市新白领的家庭生活满意度比较高，由图 5 - 16 我们可以看出，对自己的家庭生活非常满意的占到总数的 1/3 还多，比较满意的占了将近一半。但是，仍然有 14% 的人对自己的家庭生活并不是较满意。

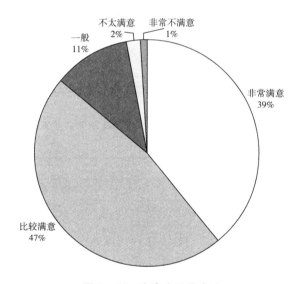

图 5 - 16　家庭生活满意度

（二）家庭生活满意度的差异分析

1. 购房压力与家庭收入影响家庭生活满意度

从表 5 - 12 和表 5 - 13，我们可以看出，购房压力和家庭收入都对上海市新白领的生活满意度有很大的影响（卡方分别为 0.018 和 0.008）。但是，购房压力与家庭收入又有极强的相关性，家庭收入越低，购房压力越大，所以当控制二者当中的任何一个时，另一个与生活满意度的相关性就消失了。所以说购房压力和家庭收入对生活满意度的解释力是一样的，家庭收入低，购房压力就大，生活满意度就比较低。归根到底，在上海这样一个房价极高的城市，如果一个家庭的收入水平不足以让人们消除购房的压力，那么一个人的家庭收入就会对他的生活满意度产生极大的影响。换句话说，如果一个上海市新白领的家庭收入能够足以供应他们在上海买一套属于自己的商品房，那么他们的生活满意度一定会大幅度上升。

表 5 – 12   购房压力与生活满意度交互表

单位：%

生活满意度	购房压力				
	完全没有压力	压力不大	一般	有一些压力	压力非常大
非常满意	50.50	38.50	42.50	38.50	35.90
比较满意	43.00	51.90	40.60	51.20	47.00
一　般	3.20	9.60	15.10	8.70	13.10
不太满意	2.20	0.00	1.90	0.40	3.70
非常不满意	1.10	0.00	0.00	1.20	0.40
总　　计	100(93)	100(52)	100(106)	100(252)	100(543)

表 5 – 13   家庭年收入与生活满意度交互表

单位：%

生活满意度	家庭年收入			
	8 万元以下	8 万 ~ 15 万元	15 万 ~ 22 万元	22 万元以上
非常满意	36.40	37.50	39.20	42.90
比较满意	46.70	47.80	50.50	44.90
一　般	9.30	12.70	9.90	10.20
不太满意	6.50	1.60	0.50	1.40
非常不满意	0.90	0.40	0.00	0.70
总　　计	100(214)	100(448)	100(212)	100(147)

2. 家庭关系影响家庭生活满意度

根据我们的生活经验，家庭关系处理得好的家庭的成员对家庭生活的满意度都比较高，我们的调查结果就证明了这一经验。调查结果显示，不管是亲子之间的关系，还是配偶之间的关系，与公婆或岳父母的关系，对生活满意度的影响都是一样的。总的来说就是家庭关系越好，生活满意度越高。以配偶之间的关系为例，从图 5 – 17 中我们可以看到，在与配偶关系非常好的被调查者中，对自己的家庭生活非常满意的比重占 49.3%，而与配偶关系一般的被调查者中，对自己家庭生活非常满意的人陡然降到 6.7%，同样的对自己家庭生活感到一般的人则从 5.8% 上升到 33.3%。这主要是因为家庭关系的处理，是人们家庭生活的最主要的任务之一，并且是处理好其他家庭生活的前提条件。所以一个家庭关系非常好的家庭就很少会产生矛盾和摩擦，在这样一种家庭中生活是非常开心的，相应的家庭生活的满意度就会比较高。

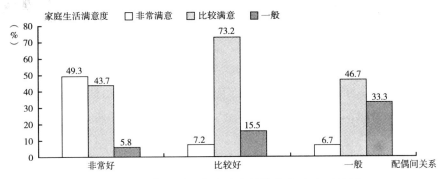

图 5 - 17　配偶间关系与家庭生活满意度（N = 443）*

　　* 因为在被调查者中选择家庭关系不太好和很不好的人，以及生活满意度不太满意和非常不满意的人都比较少，所以为了更直观地展现我们的结果，笔者在图中未显示这部分的数据。

3. 工作和家庭之间的冲突影响家庭生活满意度

从图 5 - 18 我们可以明显地看出，随着工作和家庭之间冲突的增大，对家庭生活非常满意的比重从 58.5% 骤减至 26.6%，不太满意的比重从 0.5% 上升到 16.7%。所以，工作和家庭之间的冲突对生活满意度的影响是非常显著的。不过这种影响是间接的，是建立在家庭关系影响之上的，也就是说工作和家庭之间的冲突总是先对家庭关系产生影响，然后再通过家庭关系对家庭生活满意度产生一定的影响。

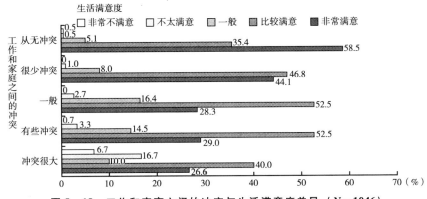

图 5 - 18　工作和家庭之间的冲突与生活满意度差异（N = 1046）

六　小结

本章从家庭基本情况、恋爱与婚姻、家庭关系、家庭决策模式和家庭生活满意度五个方面对上海市新白领的家庭生活做了较为详细的分析。通过以上几节的分析我们可以得出以下几个结论。

第一，上海市新白领中，"试婚"率和离婚率都比较低，但是大龄未婚青年比较多。造成这一现象的原因主要有以下几个方面：第一是国家晚婚晚育政策的执行；第二是高等教育的普及，教育年限的增加推迟了结婚年龄；第三是社会不良风气的影响，过于看重物质利益；第四是被调查者经济和事业的不成熟，以及面临的其他各种各样的压力使得他们没有时间和精力去寻找生命中的另一半；第五是自我定位不准，择偶标准过高，使得他们迟迟找不到生命中的另一半。

第二，上海市新白领的家庭关系都比较和谐，尤其是亲子之间的关系（包括和父母的关系与和子女的关系）、夫妻之间的关系都是非常和谐的。相应的与公婆/岳父母的关系和与邻居的关系就显得不如以上三种关系和谐。当前的住房类型，工作和家庭之间的冲突，经济收入都对家庭关系产生了一定的影响。不过这三者对与子女的关系都没有显著的影响，这主要是因为与子女的关系总是最真、最巩固的，不易被外界因素所影响。相反，与公婆/岳父母的这种衍生关系则较多的受各种外界因素的影响。

第三，上海市新白领的家庭决策模式总体来看是比较民主的，与家人共同决策的比重较高。影响家庭决策模式的因素是比较多的，首先是年龄和婚姻状况，已婚者所在的家庭比未婚者所在的家庭更为民主，这也反映出一个很重要的问题，也就是家庭决策模式有一个从专制向民主转变的态势，新组建的家庭的决策模式比那些生命周期较长的家庭更为民主。其次，在家庭决策上存在性别差异，男性的家庭地位要比女性高，这主要表现为，在家庭决策上男性选择由自己决策的比重明显高于女性，而选择由配偶决策的比重明显低于女性。另外，个人收入水平和受教育程度对一个家庭的决策模式也有一定的影响，主要表现为，个人收入较高的人更有家庭决策权，受教育程度越高的人家庭决策模式越民主，即由家庭共同商议决定的比重更大。

第四，上海市新白领的家庭满意度总体比较高，影响家庭满意度的因素主要有家庭收入，购房压力，工作与家庭之间的冲突和家庭关系。家庭收入和购房压力对家庭满意度的影响是一致的，也就是说，家庭收入越高，购房压力越小，相应的生活满意度就会比较高。工作与家庭之间的冲突和家庭关系对家庭满意度的影响也是一致的，如果一个人工作与家庭之间的冲突比较小，他的家庭关系就会相处得更为和谐，相应的家庭满意度就会比较高。

第六章　奢侈品消费与时尚

奢侈品（Luxury），在国际上被定义为"一种超出人们生存与发展需要范围的，具有独特、稀缺、珍奇等特点的消费品"，又称为非生活必需品。奢侈品在经济学上讲，指的是价值/品质关系比值最高的产品。从另外一个角度看，奢侈品又是指无形价值/有形价值关系比值最高的产品。奢侈品的消费是一种高档消费的行为，奢侈品这个词本身并无贬义。随着中国社会经济的发展，居民消费能力也日渐上升，中国已经成为全球奢侈品消费的大市场之一。资料显示，2010 年，中国消费者购买了 107 亿美元的奢侈品，占当年全球奢侈品市场的 1/4。[①]

奢侈品消费的出现与现代经济社会的飞速发展和当前中国社会人们消费观念的改变是密不可分的。人们对于消费的追求已经不仅仅停留在维持基本需求的层面上，而开始了其他更高层次的追求。随着这样一个大众消费时代的兴起，消费和消费方式已经成为衡量社会经济发展和生活质量的重要指标。而在这样一个庞大的奢侈品消费数据背后，新白领阶层对于奢侈品消费的贡献也不可小觑。在新白领阶层中出现了这样的一种普遍现象：攒上几个月乃至半年的工资去专卖店买一件类似于 LV 一类奢侈品牌的服饰或包，然后穿着或带着去挤公交车。这成为现阶段中国一部分奢侈品消费人群的显著特征。作为城市的精英群体，新白领往往都拥有较高的教育水平，比较容易接受新的产品、服务和新的消费理念。在当前社会，以新白领生活为题材的时尚、休闲、财经话题和节目，在媒体中占有重要的位置。在某种程度上新白领阶层成为趋势和流行的代言人，引导着人们的生活和消费模式。消费观念上的现代性、时尚性、文化性，也逐渐成为了新白领的一大社会

---

① 参见百度百科：http://baike.baidu.com/view/35982.htm。

特征。一般意义上认为这一群体追求高雅的文化活动，追求吃穿用的新实用主义，强调自我感受，以及新潮和刺激，并且已经成为了高档用品的主力消费者。

社会学认为，消费理念和消费行为在一定程度上代表着消费者所属群体或阶层的社会地位。凡勃伦在其《有闲阶级论》中关于炫耀性消费的社会特质的论述充分说明了这一点，凡勃伦指出社会个体的消费行为可以看作是理性意识行为的特殊形式，其身份和地位在这里得到了明显的体现。"炫耀性消费是个人为达成特定的目的而做的有蓄谋、有意识的努力。是为证明自己的能力并给人留下深刻的印象以获得自己的尊严和别人的妒忌，因此，它是意识性的行为，其目的是为了提高他人对自己的评价。"① 从凡勃伦的论述中我们可以看出，社会个体的消费理念和消费行为从生活的外在方面代表了他所属阶层的社会特质（包括身份、地位和习俗等），并且这种外显的行为模式是社会个体有意识地建构出来的，其目的在于让社会认同他的阶层归属并维护其尊严和引起别人对他的尊敬甚至嫉妒。所以对新白领阶层的生活方式和奢侈消费行为的关注，能够在一定程度上把握现代都市新白领阶层的生活价值取向和消费理念，从而进一步了解这个阶层的阶层意识和阶层特性。

本章根据 2011 年上海市新白领调查的相关数据资料，对上海市新白领的奢侈品消费方式和消费观念进行论述。本章的主要内容分为三个部分：第一部分将通过相关数据，从整体上对上海市新白领阶层的奢侈品消费状况进行描述；第二部分将结合职业、婚姻、户籍等多个相关因素，对消费的差异性进行分析，从而归纳出对上海新白领阶层的奢侈品消费特征。第三部分将对新白领阶层的奢侈品消费心理进行分析，进一步把握上海市新白领阶层的消费时尚和消费观念。

一　奢侈品消费概况

一般意义上认为，奢侈品的受众是少数人群，即社会的财富精英。2011《中国奢侈品报告》指出，中国"80 后"成为奢侈品消费主力，对于奢侈品的潜在消费力令整个奢侈品行业都感到兴奋。相关人士指出，目前中国奢

---

① 参见 Veblen. Thorstein, *The Theory of the Leisure Class: An Economic Study of Institutions*,（London: Unwin, 1952）。

侈品消费者的平均年龄要比西方国家消费者年轻 10 岁以上，愿意攒钱消费的人群多集中于 21 岁至 31 岁之间。与其他人群相比，新白领随着学历、收入和地位的提升，固定消费奢侈品的比例也不断增大，定期购买奢侈品已经成了这一人群的固定消费习惯。虽然大部分奢侈品因价格因素限制难成主流，但其已逐渐成为新白领生活和工作中不可缺少的一部分。在 2011 年的上海市新白领调查中，我们对这一情况进行了了解。

（一）消费金额

本次调查中的奢侈品，主要指高档服装、珠宝首饰、化妆品、古董艺术品等几个大类。调查结果显示：这些奢饰品的消费额存在明显的家庭差异，占被调查总体 72% 的新白领家庭在奢饰品方面的消费支出为 0，在有奢饰品消费支出的占比 28% 的家庭，即 294 户新白领家庭中，家庭平均消费额为 1043.6 元/月，而消费额最高的家庭却达 20000 元/月，远远高于家庭平均消费额；消费额高于 1000 元/月的家庭仅占被调查总体的 17.0%，大多数的家庭消费额在 500 元/月以下，其中，消费额在 200 ~ 500 元/月的家庭最为密集，占到了被调查总体的 40.1%（见图 6 - 1）。

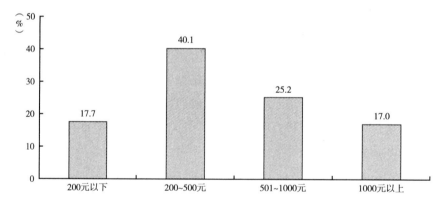

图 6 - 1　2011 年上海市新白领月均奢侈品消费支出（$N = 294$）

（二）消费数量

问卷中对新白领过去一年奢侈品购买的件数也进行了调查，数据显示：有 1039 个样本显示有该项消费，所有样本总购买数量为 1312 件，人均购买件数为 1.26，最大值为 30 件，频次为 1；众数为 1 件，频次为 145。由于该题为开放式问题，所以对其进行了分组处理。有 587 个样本显示购买 0 件，因而也将其当作缺失值处理，最后显示有效值为 452。分组主要分为 1 件，2 件，3 到 5 件和 5 件以上。数据表明，去年一年购买量在 1 件和 2 件的新白领的比例最高，比值分别为 32.1% 和 31%，8.6% 的新白领表示去年一年的奢侈品购买数量大于 5 件，具体区间分布见图 6－2。

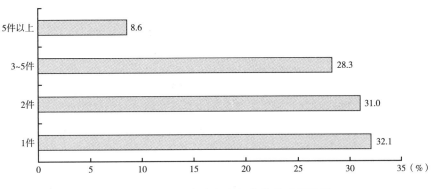

图 6－2　2011 上海市新白领奢侈品购买数量

（三）消费种类

2011 年《中国奢侈品报告》显示，中国人的奢侈品消费品主要集中在传统的快速消费品上。据 CHC 数据显示，中国人每年 4.16 万元的奢侈品消费额中，衣着占了一半，平均每人每年花费 2.45 万元，其次是彩妆 7600 元，化妆品 7500 元，香水 1900 元。同时也发现中国人在其他奢侈品消费上具备更高的成长力，如手表和珠宝，有很大比例的人群对未来购买的价格预期较已购价位都有很大幅度的提高。

在本问卷中，对最近一次购买的奢侈品的名称和种类进行了收集。由于该题采用开放式问题，有 464 个有效样本，在分析时将其分为高档服装、名牌箱包、珠宝首饰、化妆品、古董艺术品、电子产品和名牌手表 7 个类别。通过对数据的整理和分析发现，主要的奢侈品消费类别集中在化妆品和珠宝首饰两类，所占比例分别为 24.4% 和 27.8%，其次是名牌箱包和高档服装，古董艺术品所占的份额最小，仅为 0.9%。具体分布状况参见图 6－3。在样本中，有 59.3% 的女性，一定程度上这是造成差异的原因。

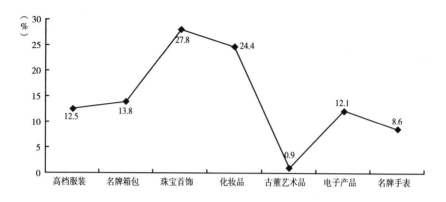

图 6 - 3　奢侈品消费类别

二　消费特征分析

上文对新白领阶层的奢侈品消费金额、消费数量和消费品种的基本情况进行了描述，可以看出当前奢侈品消费在新白领阶层中已经成为了比较普遍的现象。奢侈品消费集中反映了这一阶层的社会特性、生活品位、消费理念和消费行为选择逻辑。这一节中将引进性别、婚姻等不同的变量，通过对比和分析，对新白领阶层的奢侈品消费的消费数量、种类偏好和品牌等特征做进一步分析，同时对影响购买奢侈品的因素进行论述。

（一）奢侈品消费数量

1. 奢侈品购买覆盖率高，遍及每个收入层次，个人年收入对奢侈品购买的件数有影响

从数据整体来看，奢侈品消费遍及每个收入层次，不论是个人年收入在 2 万以下的收入较低的新白领，还是个人年收入 10 万元以上的高收入新白领，都购买过奢侈品。但个人收入的不同，在购买的数量上有差异。

将个人年收入与奢侈品购买的件数进行交互分析可以发现，个人年收入和奢侈品购买量存在一定的正相关关系，即总体看来，个人年收入越高，购买奢侈品的件数越多；个人年收入越低，购买的件数越少。这表明，奢侈品消费和个人的经济实力是直接相关的。从数据上可以看出，随着收入的增加，购买的奢侈品件数越多，具体结果参见表 6 - 1。

表 6 - 1　个人年收入和奢侈品购买件数交互表

单位：%

奢侈品购买 件数	个人年收入				
	2 万元以下	2 万 ~ 5 万元	5 万 ~ 8 万元	8 万 ~ 10 万元	10 万元以上
1 件	8.9	31.3	28.7	16.6	14.5
2 件	1.4	24.6	28.3	21.7	23.9
3 ~ 5 件	7.8	38.3	28.1	10.2	15.6
5 件以上	10.3	25.6	33.3	10.3	20.5

2. 性别对奢侈品消费量有影响，女性购买率高于男性

数据显示，在 1 件的购买量上，男性比例高于女性，在 2 件及以上的购买量上，女性高于男性，特别是在 5 件以上的购买量上，女性比例高达 74.4%，而男性则为 25.6%，具体数据分布状况见图 6 - 4。可以说，性别对奢侈品消费数量有影响，女性的奢侈品购买数量大于男性。

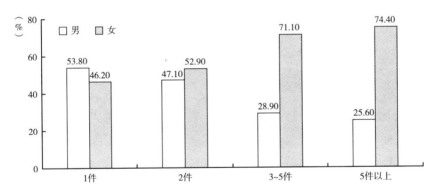

图 6 - 4　男女奢侈品消费数量

由于女性消费者比男性消费者更容易冲动，并且从奢侈品消费的品种可以看到，化妆品的购买量排在了很高的位置，而高端化妆品的消费者基本就是女性，这也是出现这一现象的原因之一。

3. 婚姻对奢侈品购买数量有影响，未婚者奢侈品消费高于已婚者

在第二章中，对新白领阶层的家庭和个人的经济状况进行了分析，数据表明已婚者不论是在家庭还是个人收入上，收入水平均高于未婚者。但是将其与奢侈品购买数量进行交互分析发现，未婚新白领的奢侈品购买数量高于已婚新白领。从图6-5可以明显地看到这一趋势，不管在任何一个购买件数区间，未婚者的比例都超过了一半以上。

这和上文的个人年收入越高，则奢侈品购买数量就会越多形成差异。从数据上来说，未婚新白领（632）的样本数量高于已婚新白领（415）；从消费观念上来说，未婚者由于没有形成自己的家庭，相比较而言家庭支出的压力就比较小，不需要过多考虑家庭因素，而已婚新白领，有更多的家庭压力，奢侈品支出作为非必要性的支出必然会被削减。

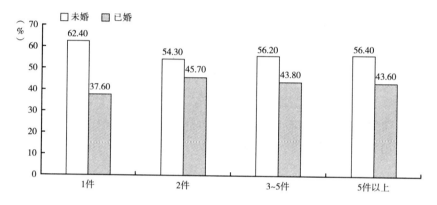

图6-5　婚姻状况和奢侈品购买数量

形成奢侈品购买数量差异的因素很多，除上文所分析的以外，家庭的收入状况以及个人的职业地位对其都会产生影响，但是考虑到这两者与个人的收入有直接的相关关系，就不再进行论述。在下一部分，我们将对奢侈品消费支出进行分析，对其中的差异性原因进行初步研究。

（二）奢侈品消费金额

新白领阶层奢侈品消费整体上比较理性，家庭收入影响奢侈品消费金额。2011年以来中国市场消费者价格指数（Consumer Price Index，简称CPI）持续走高，自3月起突破5%的国际警戒线，并已持续高位运行长达7个月之久。CPI指数节节攀升，并呈居高不下之势，这使得普通消费者尤其是中产阶层的基本生活负担加重，加之对未来收入预期充满不确定性，所以削减作为非必需品的奢侈品消费支出就成为首选。在新白领阶层内部，当前奢侈品消费的支出水平究竟是怎样的呢？

上文对上海市新白领家庭的奢侈品消费支出进行了分析，数据显示有

294 户家庭有该项支出，占有效样本接近 30% 的比例。在有该项支出的家庭
中该项消费平均值为 1043.6 元/月，最大值达到 20000 元/月，数据波动较
大。但是观察数据可以看出，每月支出水平在 200～500 元的比例最高，达
到 40.1%，仅有 17% 的家庭显示每月奢侈品消费大于 1000 元，所以整体上
来说上海市新白领阶层的奢侈品消费是比较理性的，每月维持在较低的支出
水平上。

通过引入个人年收入这一变量，发现其对奢侈品消费的金额有影响。从
数据上看，年收入在 5 万元以下的人，奢侈品购买的额度是非常小的。最大
的奢侈品购买率集中在个人年收入 5 万～10 万元，随着奢侈品购买额度的
上升，所占的比例逐步减小。而在 15 万元以上的收入区间，则随着购买金
额上升，所占的比例开始上升。所以说个人年收入影响奢侈品支出的金额，
个人年收入越高，则奢侈品消费支出越高。

表 6 - 2　个人年收入与奢侈品消费情况

单位：%

奢侈品消费金额	个人年收入				
	5 万元以下	5 万～10 万元	10 万～15 万元	15 万～20 万元	20 万元以上
200 元以下	11.8	47.1	13.7	11.8	15.7
200～500 元	11.2	34.5	19.8	20.7	13.8
501～1000 元	9.5	25.7	10.8	25.7	28.4
1000 元以上	9.7	31.7	15.5	21.4	21.7

（三）奢侈品消费品种

1. 在奢侈品类别的选择上，男女购买类别偏好明显，男性对耐用性消费用品选择率较高

通过对男女新白领购买奢侈品类别的对比，发现性别差异导致了较大的
奢侈品消费类别的差异。从图 6 - 6 我们可以直观地看出男性对高档服装、
古董艺术品、电子产品和名牌手表的偏好较大，购买率普遍高于女性。而女
性群体对名牌化妆品的购买率达到了 90% 以上，其次是对名牌箱包和珠宝
首饰的购买率大于男性。所以，性别差异导致了购买奢侈品类别的差异，男
女新白领在奢侈品消费中各有偏好，男性更加偏好一些耐用消费品，而女性
消费者则偏好化妆品和珠宝首饰、名牌箱包等类别的产品。

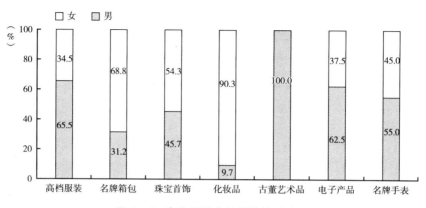

图6-6　奢侈品消费品种的性别差异

2. 婚姻状况影响奢侈品类别的选择

在奢侈品类别的基础上引入婚姻这一变量，发现奢侈品消费的种类和婚姻状况有关。数据表明：未婚者的奢侈品购买率偏高，所占比例为56%，超过已婚者的购买率。二者在类别选择上有差异，未婚者的购买突出表现在电子产品、高档服装、名牌手表和古董艺术品上，已婚者则集中购买名牌箱包和珠宝首饰两类，具体参见表6-3。

表6-3　婚姻状况与奢侈品消费品种的差异

奢侈品名称	婚姻状况		奢侈品名称	婚姻状况	
	未婚	已婚		未婚	已婚
高档服装	67.2	32.8	古董艺术品	100.0	0
名牌箱包	48.4	51.6	电子产品	78.6	21.4
珠宝首饰	41.1	58.9	名牌手表	62.5	37.5
化妆品	56.6	43.4			

未婚者年龄一般都比较小，更加容易追求一些新生事物，比如说电子产品。而已婚者则更强调东西的实用性质和收藏价值，所以对于名牌箱包和珠宝首饰会更加偏爱。

除此之外，对奢侈品消费的品牌偏好明显，突出表现在化妆品和名牌箱包的选择上。根据MSN对新白领阶层奢侈品消费的调查显示，在化妆品的选择上，雅诗兰黛和兰蔻成新白领人群拥有最多的高端化妆品品牌。MSN调查显示，新白领人群拥有最多的高端化妆品品牌是雅诗兰黛和兰蔻，比例接近

30%，排在第三位的是迪奥；其中，占六成的高收入新白领更愿意选择雅诗兰黛，而近五成的稍低收入者则更青睐购买兰蔻和资生堂；值得一提的是，通过学历的高低所得出的购买习惯与收入的高低所得出的结论基本成正比。在箱包的选择上，LV（路易威登）和GUCCI（古驰）是所有新白领网民拥有比例最高的高端箱包品牌。根据对不同收入层次的新白领进行调查，发现无论是收入在2000元还是在20000元以上的新白领，路易威登和古驰都是新白领最乐于选择和购买的箱包品牌，比例从40%到70%不等。

而在此次调查中，由于未对品牌进行专门的考察，仅设立开放性问题访问了最近一次购买的奢侈品名称，包括品牌和类别。观察数据可以发现，新白领有较强的品牌偏好特征。最明显的是在箱包的选择上，几乎清一色是LV、GUCCI和COACH，其中LV的比重接近30%。

三　消费与时尚心理分析

有观点认为：奢侈品消费行业实际上是一个精英行业，它更多代表的是一种高品质的生活方式。人们享受奢侈品的同时也在追求高品质的生活。顶级消费品往往是与成功的品牌、过硬的质量、优秀的设计理念乃至历史积淀、文化传承联系在一起的，而昂贵的价格却是最后的因素。从更深层次来看，奢侈品实际上就是一种生活方式。法国著名社会学家让·鲍德里亚在其《消费社会》一书中曾深刻地指出[1]，当代消费社会有一系列不同于传统生产社会的结构性特征：在生产社会中，消费行为是依据人的真实需求而做出的行为选择，但在消费社会中，消费与人的真实需求之间的关系会背离得越来越远，商品及其形象成为一个巨大的"符号载体"，不断地刺激人的欲望并驱动人的行为选择，从而有可能使消费成为一种非理性的狂欢。其中一个突出的表现就是，我们所消费的不仅是一个物质的产品，而且也是一个象征的符号，这种符号在某种程度上象征着人们的身份或社会经济地位。消费不再是一种满足人类物质需要的行为，它所具有的也不仅仅是一种享受功能。

在想象中，新白领群体被认为是"能挣钱、会花钱、会消费、懂生活的人"。该群体具有较高的文化程度，有一定的专业技术和文化知识；有较

---

[1] 转引自王菲《一个"时尚"的消费群体》，《中国社会导刊》，参见鲍德里亚《消费社会》，刘成富、全志刚译，南京大学出版社，2008。

为稳定的职业和经济收入；有自己的生活逻辑和价值追求，新潮和时尚是他们生活的一个基本理念，享受生活是他们人生的一个基本目标。从上文的描述可以看出新白领阶层强调自我感受的消费观念，是走在时尚与消费前沿的群体，代表着社会的潮流和发展趋势。

研究认为，新白领阶层的消费意识和消费方式是青年群体追求生活质量和生活品位（现实生活中表现为对时尚的追求）的一种反映，同时标志着开放、外向型的生活价值取向。而这样一种外向型的价值取向主要表现为：其一，现代青年的生活已经不再延续传统社会所倡导的精神享受至高无上的生活价值取向。在需求层次上，不仅有精神层面的价值追求，而且更重要的表现为对有形物质的需求。其二，在消费导向上主要以大众传媒和社会流行的时尚为主导。同时，也还受同辈群体和阶层意识的约束。其三，走出传统社会所倡导的"内敛型"消费模式，逐步走向"外在约束和导向型"的消费模式。这种外向型生活价值取向在现代都市新白领阶层中已经逐渐占据主导地位，并将成为整个社会消费模式深刻变革的主要推动力。因此，现代都市新白领阶层生活价值取向和消费模式具有阶层的含义。

上文对新白领阶层的奢侈品消费的基本情况和特征进行了分析，但是如何理解这样一种消费方式的出现，需要进一步了解新白领阶层的消费心理。在本节中，就将集中考察新白领阶层在奢侈品消费中的消费心理。

（一）基本情况

在问卷中首先对新白领阶层购买衣服的标准进行了考察，从几个角度设置了备选：从自身的关注出发，自己喜欢和适合自己；从风尚出发，流行和时尚；价格便宜以及品牌和质量好。然后对购买奢侈品的原因进行了收集，选项依次有：①设计独到，有强烈的特征；②价格昂贵，不是一般人买得起；③限量发售，有钱人也未必买得到；④质量上乘，并有不可再生性，从这四个方面进行分析。

对购买衣服的标准进行考察，前三位的原因分别是，适合自己占36.7%，自己喜欢占27%，质量好占16.1%，各项原因分布具体情况参见图6-7。可以看出，在新白领阶层的消费意识中，更多地强调自我的因素，而没有过多的外在因素。

过去的观点认为，购买奢侈品最主要的诱因是为了显示身份地位。但2010年发布的第二份《中国奢侈品报告》显示，"彰显身份、地位"在奢侈

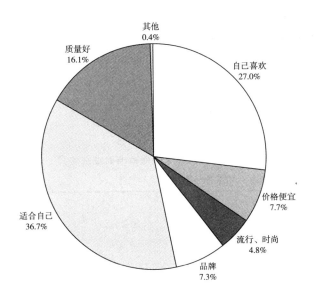

图 6 - 7　购买衣服选择标准

品消费诱因中，已次于"自我愉悦"。此次聚焦"80 后"的《2011 中国奢侈品报告》更确定了这一趋势：对于年轻的消费者来说，购买奢侈品最主要的原因是出于"自我"的诱因。一些社会心理要素，如身份象征已不再是最重要的因素，在今年的报告中退居第二位。从本次调查的结果也可以看出，购买最近一次奢侈品的原因分析主要集中在设计独到，有强烈的特征和质量上乘，并有不可再生性两项，分别为 61.9% 和 33% 。具体选择原因参见图 6 - 8。

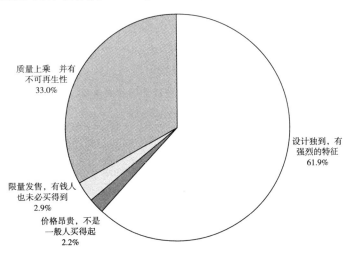

图 6 - 8　奢侈品购买原因

（二）消费心理与性别差异

消费心理表现在性别上的差异，男性比女性更强调价格便宜和品牌等客观的外在要素，而女性新白领则更多关注自身的感受，更强调自己喜欢、适合自己和流行，具体情况参见表6-4。

表6-4　购买衣服选择标准的性别差异

单位：%

	男	女		男	女
自己喜欢	45.0	55.0	适合自己	45.2	54.8
价格便宜	58.8	41.2	质量好	45.0	55.0
流行、时尚	34.6	65.4	其　他	100.0	0.0
品　牌	65.0	35.0			

一般意义上认为，这是男女在消费观念差异上的直接体现。女性相较于男性，感情更加细腻，因而也会更关注自身的感受。但是，男性则更多受到媒体的引导，由于无法在细节上做出判断，所以对享有良好口碑的品牌具有偏好。

在对奢侈品的购买动机选择上，男女新白领购买奢侈品的原因尚有略微的差异。调查结果发现，大部分的男女新白领购买奢侈品的动机都是出于设计独到和质量上乘，这两个原因之间差异并不显著。不同的是在价格昂贵和限量发售这两个原因选择上，虽然二者比例都相对比较低，但是男性的选择率要高于女性，具体参见表6-5。

表6-5　奢侈品购买原因的性别差异

单位：%

	男	女		男	女
设计独到，有强烈的特征	42.1	57.9	限量发售，有钱人也未必买得到	53.8	46.2
价格昂贵，不是一般人买得起	80.0	20.0	质量上乘，并有不可再生性	35.6	64.4

普遍意义上认为会对消费心理产生影响的原因，例如学历、收入等，在数据中的差异性反应都不显著，这与选项设置有关。突出表现在奢侈品购买动机的选项中，价格昂贵，不是一般人买得起和限量发售，有钱人也未必买

得到，这两个选项均有强烈的感情色彩在里面，对实际的数据访问结果产生了一定的影响。

四 小结

本章主要对新白领阶层的奢侈品消费情况、奢侈品消费的特征以及消费心理进行了分析。从 2011 年新白领调查的数据中可以看出以下几点。

第一，奢侈品购买覆盖率高，遍及每个收入层次，但整体奢侈品支出保持在比较理性的水平。个人年收入、婚姻和性别对奢侈品购买的件数有影响，家庭年收入对奢侈品支出金额有影响。数据中有 294 户家庭有该项支出，月消费平均值为 1043.6 元，最大值达到 20000 元/月，数据波动较大。每月支出水平在 201~500 元区间的比例最高，达到 40.1%，占有该项支出家庭数 17% 的家庭显示每月奢侈品消费大于 1000 元。总体奢侈品消费处于比较低的水平，没有出现极端性的数据。同时个人的年收入越高，家庭的年收入越高，则奢侈品的消费量越大，并且女性和未婚者的奢侈品购买率大于男性和未婚者。

第二，在奢侈品类别的选择上，主要集中在化妆品、珠宝首饰和名牌箱包三个类别。男女购买类别偏好明显，婚姻状况影响奢侈品类别的选择，并且在种类选择中品牌偏好明显。在购买的奢侈品类别中，排在前三位的奢侈品消费依次为：珠宝首饰，所占比例为 27.8%；名牌化妆品，所占比例为 24.4%；名牌箱包，所占比例为 13.8%。通过引入性别等变量，发现男性对耐用性消费用品选择率较高，主要为古董艺术品、高档服装，而女性则更多集中在快速消费品上，例如化妆品等。在品牌的选择上，基本都为国际知名品牌，在箱包的选择上品牌偏好明显。

第三，在奢侈品选择的原因中，更多集中在设计独到，有强烈的特征。对于购买奢侈品的动机，更加强调设计独到，所占比例高达 61.9%，其次是质量上乘，并有不可再生性。性别对奢侈品购买的原因有一定影响，但二者区别并不十分明显。

第四，在选择衣服时，强调自我的因素。对于购买衣服的标准进行选择时更多强调自身的感受，集中在自己喜欢和适合自己，所占比例分别为 27% 和 36.7%。男女选择有一定的差异，男性更强调价格便宜和品牌等客观的外在要素，而女性新白领则更多关注自身的感受。

第七章 社会活动

社会活动是个人社会化的载体，是人们参与社会的重要方式，也是衡量上海白领参与社会生活的一个重要依据。本章在"2011 年上海市新白领调查"的数据基础上，描述上海市新白领参与社会活动的情况。

本次调查我们了解了上海市新白领过去三个月所参与的社会活动，调查结果总体上反映了这些新白领参与社会交往的情况。问卷设计了 7 项社会活动，这些社会活动包括同乡、校友、战友聚会，社区活动，宗教聚会，政治活动，兴趣团体活动和志愿者活动六种类型，基本上涵盖了人们参与社会交往的范围。

一 同乡、校友、战友聚会

（一）基本状况

亲朋好友的聚会活动是我们日常生活中重要的社会交往活动。通过聚会，加深朋友间的感情，释放孤独的情绪，稳固已有社会关系，对一个人的成长和发展具有重要作用。生活在上海市的新白领参与这类活动的积极性如何呢？我们本次调查了 1047 人。表 7 - 1 是上海市新白领参加同乡、校友、战友聚会的调查结果。

表 7 - 1 参加同乡、校友、战友聚会情况

程 度	频次	百分比	程 度	频次	百分比
从 未	230	22.0	一 般	221	21.1
很 少	238	22.7	较经常	120	11.5
较 少	183	17.5	经 常	55	5.3

从表 7-1 中可以看出近 80% 的被调查对象都参加过同乡、校友、战友聚会，有 22% 的人从未参加过此类活动。而在参加过以上聚会的被调查者中经常和较经常参加的占全体受访者的 17% 不到，参加情况一般的占全体受访者的 21.1%，很少和较少参加的占全体受访者的 40% 以上。可以看出，在被调查者中，大部分的人参加同乡、校友、战友聚会的频度较低，即不经常参加此种聚会。这说明，在上海，外来留沪的大部分新白领参与这类聚会活动的积极性都不高，朋友间的交往比较淡漠。其原因可能是由于上海的生活、工作压力比较大，外来留沪的新白领为了应付繁重的工作，没有多少时间参加这类聚会活动。另外的原因可能是这些从外地来沪的新白领身边的同乡、校友、战友比较少，因此聚会的次数不是很多。这在一定程度上也能说明此问题。

（二）影响因素

1. 性别对参加同乡、校友、战友聚会的影响

通过调查发现，男性新白领与女性新白领相比，参加同乡、校友、战友聚会的次数要更多一些。本次调查中将从未、很少、较少、一般、较经常和经常这六种类别，分别赋予 0~5 分，分数越高表示参加活动的次数越多，根据此项赋值，就可以算出男性和女性参加活动的平均值。平均值越大，说明越经常去参加同乡、校友、战友的聚会。图 7-1 是男女参加同乡、校友、战友聚会情况，从图中可以清晰地看出男女参加这种社会活动的差异。

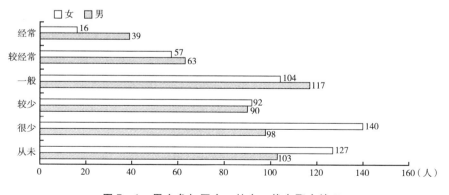

图 7-1 男女参加同乡、校友、战友聚会情况

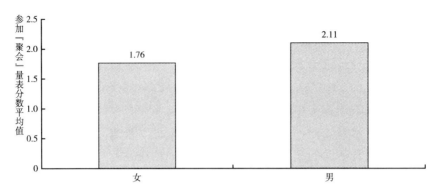

图 7 - 2 男女参加同乡、校友、战友聚会的平均值

表 7 - 2 性别与参加同乡、校友、战友聚会交互表

单位：%

| 性别 | 同乡、校友、战友聚会的参与程度 | | | | | | 合计（人） |
	从未	很少	较少	一般	较经常	经常	
男	20.2	19.2	17.6	22.9	12.4	7.6	100.0（510）
女	23.7	26.1	17.2	19.4	10.6	3.0	100.0（536）

从图 7 - 1 和表 7 - 2 中可以看出女性从未参加聚会的人数比男性稍高，多出 24 个人，很少参加聚会的女性比男性多 42 个人，经常参加聚会的女性比男性少 23 个人，其他类别差别不大，从这些数据中可以推断女性要比男性参加聚会的次数少。由图 7 - 2 可知女性参加聚会的平均值为 1.76，男性参加聚会的平均值为 2.11，可以确定在参加同乡、校友、战友聚会方面，男性参加的次数要多于女性。根据单因素方差分析（见表 7 - 3），得出结果（sig = 0.00 < 0.05），同样可以证明性别对参加此类聚会的显著性差异。

表 7 - 3 性别与参加同乡、校友、战友聚会方差分析表

	平方和	df	均方	F	显著性
组 间	31.760	1	31.760	14.309	0.000
组 内	2317.284	1044	2.220		
总 数	2349.044	1045			

2. 受教育程度对参加同乡、校友、战友聚会的影响

参与本次调查的受访者，具有大专/高职学历的共 244 人，具有大学本

科学历的共有 531 人，具有研究生及以上学历的共有 272 人。图 7-3 是本次调查不同受教育程度的新白领参加此项活动的柱状图，表 7-4 是不同受教育程度的新白领与参加同乡、校友、战友聚会的交互表。从调查结果来看，学历越高，参加同乡、校友、战友聚会的次数就越多。在具有大专/高职学历的受访者中，从未参加过此类聚会的有 60 人，占大专/高职人数的 24.6%；在具有大学本科学历的受访者中，从未参加过此类聚会的有 119 人，占大学本科学历人数的 22.4%；而拥有研究生及以上学历的受访者中，这一比例为 18.8%，共有 51 人。在从未参加过同乡、校友、战友聚会这一类别上，三者占各自总人数的比例相差不大。在一般、较经常和经常类别中，大专/高职学历的人数比例为 30.4%，大学本科的学历所占人数比例为 37.9%，研究生及以上学历所占人数比例为 44.4%。这三者中研究生及以上学历的比例最高。而根据大专/高职、大学本科、研究生及以上学历新白领参加同乡、校友、战友聚会的频度的平均值（见表 7-5）可以看出，本科学历人员比大专/高职学历人员参加的频度要高，研究生及以上学历人员比本科学历人员参加聚会的频度高，即随着学历的增加，新白领参加同乡、校友、战友聚会的次数越来越多。

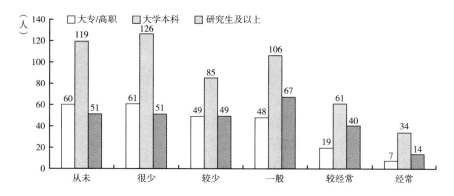

图 7-3　不同受教育程度的新白领参加同乡、校友、战友聚会的情况

为什么学历越高，参加聚会的次数越高呢？根据社会网络的分析，随着学历的增加，研究生及以上学历新白领要比本科生和大专/高职生所拥有的同学资源要多，研究生除了可以参加从小学到大学的同学和校友的聚会，还可以参加研究生同学及校友的聚会。除此之外，根据社会学研究，一般情况下，学历程度与毕业后收入高低呈正相关，即学历越高，毕业后收入就越

表7－4　受教育程度与参加同乡、校友、战友聚会交互表

单位：%

受教育程度	同乡、校友、战友聚会的参与程度						合计（人）
	从未	很少	较少	一般	较经常	经常	
大专/高职	24.6	25.0	20.1	19.7	7.8	2.9	100.0(244)
大学本科	22.4	23.7	16.0	20.0	11.5	6.4	100.0(531)
研究生及以上	18.8	18.8	18.0	24.6	14.7	5.1	100.0(272)
合　计	22.0	22.7	17.5	21.1	11.5	5.3	100.0
人　数	230	238	183	221	120	55	1047

表7－5　上海新白领受教育程度

受教育程度	人数	均值	标准差
大专/高职	244	1.70	1.384
大学本科	531	1.94	1.539
研究生及以上	272	2.13	1.492
总　　计	1047	1.93	1.499

高。所以，研究生及以上学历人员的收入要高于本科生和大专/高职生的收入。收入越高，研究生及以上学历人员就越有可能有足够的资本参加此类聚会。

3. 家庭生活满意度对参加同乡、校友、战友聚会的影响

本次调查，我们测量了上海市新白领对家庭生活的态度，根据调查结果，我们把上海市新白领对家庭生活的态度和参加同乡、校友、战友的聚会进行交叉分析，发现对家庭生活满意度非常高的人和对家庭生活满意度非常低的人参加此类聚会的次数较多。图7－4是上海市新白领家庭生活满意度与参加同乡、校友、战友聚会均值的关系图。

根据图7－4，我们可以发现对家庭生活非常满意的受访者参加同乡、校友、战友聚会的频度的平均值比较高，达到2.03；对家庭生活非常不满意的受访者参加同乡、校友、战友聚会频度的平均值也非常高，达到2.17。这两者相比，对家庭生活满意度非常低的人参加此类聚会的频度平均值要稍高。

4. 收入满意度对参加同乡、校友、战友聚会的影响

在本次调查中，我们收集了1047位被调查者对自己收入满意度的资料。从表7－6中可以看出，在这些受访者中，对自己经济收入非常满意的有12人，比较满意的人数为134人，感觉一般的人数为500人，不太满意的人数为297人，非常不满意的人数为104人。从表7－6中可以看出，在从未、

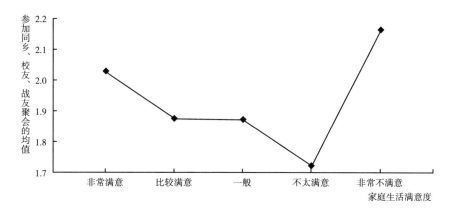

图7-4　家庭生活满意与参加同乡、校友、战友聚会均值的关系

很少、较少、一般、较经常和经常六个类别中，很少参加此类聚会的人在各满意度类别中所占比例最为均衡，都在 20.1% ~ 25.9% ，经常参加此类聚会的人在各满意度类别中所占比例差别比较大，从 3% ~ 25% 都有分布。而一般参加此类聚会的人除了非常满意类别中没有人之外，其他类别之间的差异也是比较小的。在较经常参加此类聚会的人和较少参加此类聚会的人中，除了非常满意类别比较高外，其他类别之间的差异比较均衡。从未参加此类聚会的人中，除非常满意类别比较低之外，其他类别差别不大。

表7-6　经济收入的总体满意程度与参加同乡、校友、战友聚会交互表

单位：%

对自己经济收入的总体满意度	同乡、校友、战友聚会的参与程度						合计
	从未	很少	较少	一般	较经常	经常	
非常满意	8.3	25.0	25.0	0.0	16.7	25.0	100.0(12)
比较满意	18.7	20.1	16.4	26.9	9.0	9.0	100.0(134)
一般	23.2	21.0	18.2	20.6	12.6	4.4	100.0(500)
不太满意	20.5	25.9	18.2	21.2	11.1	3.0	100.0(297)
非常不满意	26.0	25.0	12.5	18.3	9.6	8.7	100.0(104)
合计	22.0	22.7	17.5	21.1	11.5	5.3	100.0
（人数）	230	238	183	221	120	55	1047

通过对收入满意度与参加同乡、校友、战友聚会的交互分析可以看出，随着被调查者对收入满意度的增加，参加同乡、校友、战友聚会的次数越来越多。图7-5展示了两者之间的关系。对自己收入非常满意的人参加聚会

的次数最为频繁，平均值为 2.67，其次是比较满意和一般满意的人，平均值分别为 2.14 和 1.92，参加聚会最不频繁的是对自己的收入不太满意和最不满意的人，平均值为 1.86 和 1.87。

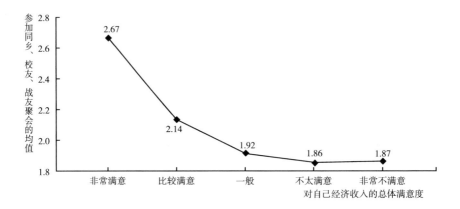

图 7-5　经济收入满意度与参加同乡、校友、战友聚会均值的关系

　　从以上分析可以看出，影响被调查者参加同乡、校友、战友聚会的因素很多，既有人口统计学特征的性别和受教育程度，也有一个人对家庭和收入的主观态度。被调查者参加这类活动是受多种因素影响的。

二　居委会/物业组织的会议/活动（社区管理活动）

（一）基本状况

　　社区管理活动主要是指一定的社区内部各种机构、团体或组织，为了维持社区的正常秩序，促进社区的发展和繁荣，满足社区居民物质和文化活动等特定需要而进行的一系列的自我管理或行政管理活动。居民参加居委会或者物业的活动是居民管理自主性的体现。在一个成熟的社区中，居民的公共参与应该是非常积极的，居民经常参与到社区或者物业管理中，有利于营造安全、和睦、健康的居住环境。全国各地政府管理部门也在积极完善社区管理，推动社区建设。例如上海市在社区管理上不断改进措施，帮助搬迁居民适应新环境①。作为高学历群体的新白领，在参与居委会或物业管理活动方

---

① 《排解"异乡感"——浦江新社区成员的适应与融合》，《解放日报》2012 年 2 月 21 日。

面具有怎样的表现？图7-6是本次调查关于上海市新白领参与居委会或者社区管理活动的结果。

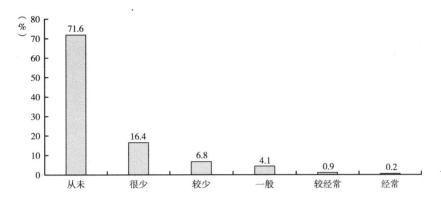

图7-6 过去三个月中新白领参与居委会/物业组织的会议/活动

由图7-6可以看出，在受访者当中，超过70%的人在过去的三个月中从未参加过居委会或者社区管理活动；而很少和较少的比例合计也超过了20%，能够经常和比较经常参加此类活动的比例合计只占到全部的1.1%。由此看来，上海市新白领参与社区管理活动的频率很低，参加此类活动的积极性也不高。

（二）影响因素

1. 户籍对参加居委会/物业组织的会议/活动的影响

在中国，户籍不仅仅是户籍，还负载了很多其他的东西，像福利、教育资源、身份等。特别是像上海和北京的户籍，其所负载的东西远远超过了这两座城市户籍本身。本次上海市新白领调查，我们一共调查了1047名留沪工作的人员，除2人因信息缺失无法统计外，其余1045人中具有上海市户籍的有322人，拥有上海市居住证的有386人，其他类型的人数为337人。具体情况见表7-7。

表7-7 上海市新白领的户籍类型

户籍类型	频率	百分比	户籍类型	频率	百分比
本市户籍	322	30.8	其 他	337	32.2
居住证	386	36.9	合 计	1045	100.0

本次调查中拥有上海市户籍、上海市居住证和其他类型的人数比例相当，大约各占1/3。这说明上海市新白领中取得上海市户籍的比例是比较高的。根据调查结果，在拥有上海市户籍的调查者中，从未参加过居委会/物业组织的会议/活动的人数仍然很多，共有216人，占有上海市户籍人口的67.1%。这个比例与持有居住证和其他户籍类型的调查者一样，从未参加过此项活动的人占大部分，户籍为其他类型的人从未参加过此项活动的甚至占到80%以上。从表7-8中可以看出，不管有没有上海市户籍，参加此项活动的人数都非常少。这可能和中国的现实有关，在中国，即使是在上海这样的大城市，社区管理也还没有到达成熟的地步。一方面，小区内的居住人员对业主管理这种东西还不太习惯，如果有这种活动，一般每个家庭会派一个人参加，这样可能受访者就没有参加。对那些租房住的人员来说，每天早出晚归，即使有机会，也没有时间参加这种活动。另一方面，有可能是物业管理公司举办的活动的次数比较少，不能满足居民参加的需求。

表7-8 户籍类型与参加居委会/物业组织的会议/活动的交互表

单位：%

户籍类型	参加居委会/物业组织的会议/活动						合计（人）
	从未	很少	较少	一般	较经常	经常	
本市户籍	67.1	18.9	7.8	5.0	1.2	0.0	100.0(322)
居住证	68.1	19.7	6.5	4.7	0.8	0.3	100.0(386)
其 他	80.1	10.1	6.2	2.7	0.6	0.3	100.0(337)
合计（人数）	71.7	16.4	6.8	4.1	0.9	0.2	100.0
	749	171	71	43	9	2	1045

虽然拥有上海市户籍对参加居委会/物业组织的会议/活动并没有明显的影响，但是具有上海市户籍的受访者仍然比其他两种类别的受访者参加的次数要多。从图7-7中可以看出它们之间的具体关系。

图7-7表明具有上海市户籍的新白领参加居委会/物业组织的会议/活动的次数最多，平均值为0.54，具有居住证的新白领参加此项活动次数的平均值为0.51，而户籍为其他类型的新白领参加此类活动的平均值为0.34。这说明具有上海市户籍和参加居委会/物业组织的会议/活动有一些关系。这其中的原因可能是获得上海市户籍的这些受访者，都买了自

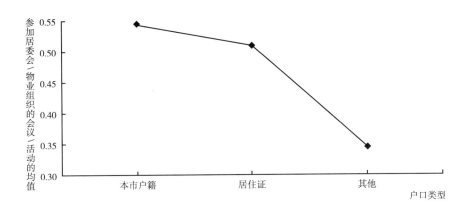

图 7 - 7 户籍类型与参加居委会/物业/组织的会议/活动的均值的关系

己的房子，有了稳定的居住环境，所以经常有机会和条件参加居委会/物业组织的会议/活动，而户籍为其他两种类型的新白领则可能是租房或者住单位宿舍，没有机会参加这类活动。

2. 年龄对参加居委会/物业组织的会议/活动的影响

上海市新白领调查的受访者中，年龄最小者为 19 岁，年龄最大者为 68 岁。参加调查的大部分人的年龄集中在 26 ~ 40 岁。占所有被调查者的 96.2%（见图 7 - 8）。

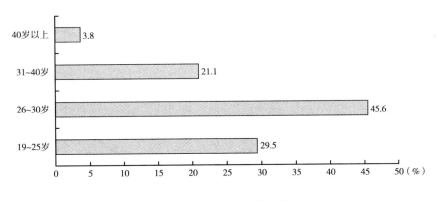

图 7 - 8 上海新白领年龄

表 7 - 9 是各年龄段与参加居委会/物业组织的会议/活动之间的交互表。从表中可以看到各年龄段的被调查者中从未参加过此类活动的比例占大部分，都超过了 50%，其中比例最高的是 19 ~ 25 岁和 26 ~ 30 岁。而经常和较经常参

加此项活动在各年龄段所占比例都十分小，最高的是 41~68 岁，只有 2.5%。在很少参加此项活动的类别中，各年龄段的比例相差很大，比例最小的是 19~25 岁，不到 12%，比例最大的是 41~68 岁，超过了 27%。而在较少参加此项活动这一类别中，各个年龄段的比例都不算高，最高的是 41~68 岁，只有 10%，最低的是 26~30 岁，还不到 5%。在参加此项活动一般的类别中，各个年龄段的比例也十分低，比例最大的是 41~68 岁，也仅为 5%，而其他年龄段的比例就更低了（见表 7-9）。

表 7-9　年龄与参加居委会/物业组织的会议/活动交互表

单位：%

年龄	参加居委会/物业组织的会议/活动						合计（人）
	从未	很少	较少	一般	较经常	经常	
19~25 岁	74.4	11.3	8.4	4.9	0.6	0.3	100.0(309)
26~30 岁	74.4	16.8	4.2	3.6	0.8	0.2	100.0(477)
31~40 岁	64.7	20.8	9.5	4.1	0.9	0.0	100.0(221)
41~68 岁	55.0	27.5	10.0	5.0	2.5	0.0	100.0(40)
合计（人数）	71.6	16.4	6.8	4.1	0.9	0.2	100.0
	750	172	71	43	9	2	1047

年龄和参加居委会/物业组织的会议/活动之间有什么关系呢？在图 7-9 中，1 代表 19~25 岁，2 代表 26~30 岁，3 代表 31~40 岁，4 代表 41~68 岁。从图中可以看出年龄较大的两组参加居委会/物业组织的会议/活动

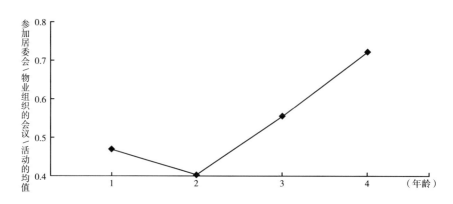

图 7-9　年龄与参加居委会/物业组织的会议/活动的均值关系

的平均值较高。31~40岁平均值为0.56，41~68岁的平均值为0.73。可以看出30岁以上的受访者参加此类活动的次数比较多。为什么30岁以上的受访者参加的次数比较多呢？一种解释可能是30岁以上的一般都有稳定的居住环境，能够有时间和精力参与到所居住的社区管理中去。而那些20多岁的年轻人，大部分是租房而住，居住不太稳定，工作比较繁忙，没时间和意愿参加此类活动。

3. 对中产身份的认同对参加居委会/物业组织的会议/活动的影响

在本次调查中，我们对受访者关于对自己中产[①]身份的认知进行了调查，调查的结果如图7-10所示。

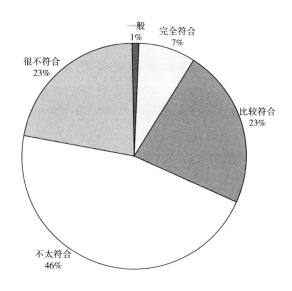

图7-10　对自己是否符合中产的认知

从图7-10可以看出，在所有被调查者中，认为自己完全符合中产身份的人所占的比例非常小，只占到总数的7%。认为自己比较符合中产的占总人数的23%，认为自己属于一般符合的比例为1%。而认为自己不太符合和很不符合的比例却占到总人数的69%。这说明，在受访者中，超过60%的人都不认为自己属于中产。

———————————

① 在这里，中产指从经济地位、政治地位和社会文化地位上看，他们均居于现阶段社会的中间水平。

表 7 – 10　是否认为自己是中产与参加居委会/物业组织的会议/活动交互表

单位：%

您认为自己属于中产吗？	参加居委会/物业组织的会议/活动						合计（人）
	从未	很少	较少	一般	较经常	经常	
完全符合	60.0	20.0	10.0	10.0	0.0	0.0	100.0（10）
比较符合	64.9	18.2	5.2	10.4	1.3	0.0	100.0（77）
一　　般	59.8	21.6	10.4	6.2	2.1	0.0	100.0（241）
不太符合	72.5	15.9	7.0	3.5	0.6	0.4	100.0（484）
很不符合	85.0	11.1	3.0	0.9	0.0	0.0	100.0（234）
合计	71.7	16.3	6.8	4.1	0.9	0.2	100.0
（人数）	750	171	71	43	9	2	1046

　　新白领对身份的认同是否影响他们参与社区的活动？表 7 – 10 是反映两者之间关系的交互表，从该表可以得到两点结论。一是新白领对社区活动的参与程度普遍很低，表 7 – 10 最后一行的"合计（人数）"中，选择"从未""很少"和"较少"参与"居委会/物业组织的会议/活动"三项的人数竟占全部调查对象的 94.8%；二是新白领的"中产"身份认同提高了他们对社区活动的参与程度，从表 7 – 10 中可以看出，认为自己"不太符合"和"很不符合"中产身份的新白领，"从未"参加这类社区活动的人数比例分别为 72.5% 和 85.0%，而认为自己"完全符合""比较符合"和"一般符合"的新白领，"从未"参加这类社区活动的比例均明显降低，分别为 60.0%、64.9% 和 59.8% 也就是说，对中产身份的认同降低了"从未"参与社区活动的比例，或反过来说，对中产身份的认同提高了新白领参与社区活动的程度。

　　这一结论在图 7 – 11 中可以得到进一步佐证。

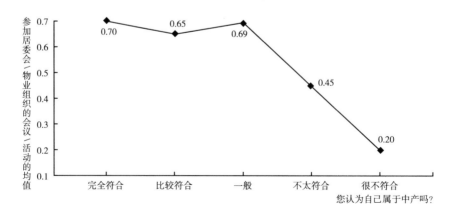

图 7 – 11　是否属于中产和参加居委会/物业组织会议/活动的均值的关系

从图 7－11 中可以看出，认为自己符合中产的受访者参加居委会/物业组织的会议/活动平均值要比认为自己不符合中产的受访者参加此项活动的平均值要高，即认为自己符合中产的受访者比认为自己不符合中产的受访者参加居委/物业组织的会议/活动的次数要多。在图 7－11 中，认为自己完全符合、比较符合和一般符合中产的人参加此项活动的平均值都处于高位，分别达到 0.7、0.65 和 0.69。而认为自己不太符合和很不符合中产的人参加此项活动的平均值则比较低，分别是 0.45 和 0.2。从以上比较可以看出，对中产身份的认同和参加居委会/物业组织的会议/活动之间是有一定关系的。

三 宗教聚会

（一）基本状况

宗教聚会活动在世界上其他地方人们的日常生活中具有重要的影响。例如基督教和伊斯兰教。在伊斯兰世界中，参加宗教聚会非常重要，每个穆斯林每天都要进行五次拜功①，另外教徒还经常在清真寺进行聚会，诵读《古兰经》，表达虔诚的信仰。但是在中国，特别是汉族地区的民众，对于宗教并没有西方基督教和中东伊斯兰教意义上的虔诚，汉族地区大部分人对于宗教，特别是佛教具有功利性，是世俗意义上的宗教。另外，我国关于宗教的政策是宗教自由，可以信仰宗教也可以不信仰宗教。新中国成立以后根据马克思主义，党和政府坚持无神论，信仰马克思主义和共产主义。因此，大多数家庭成长起来的人都没有宗教信仰，关于此次调查，我们估计参加宗教聚会的受访者的比例应该很少，事实上，调查结果也验证了我们的预测。

表 7－11 上海市新白领参加宗教聚会频度

参加宗教聚会	人数	百分比	参加宗教聚会	人数	百分比
从 未	892	85.2	较经常	12	1.1
很 少	83	7.9	经 常	8	0.8
较 少	31	3.0			
一 般	21	2.0	合 计	1047	100.0

---

① 伊斯兰教的五次拜功分别为：破晓一次，叫做晨礼；中午一次，叫晌礼；下午太阳偏西之后一次，叫做晡礼；黄昏一次，叫昏礼；入夜后一次，叫宵礼。

从表 7-11 中可以看出，有超过 85% 的受访者从未参加过宗教聚会；经常参加宗教聚会的被调查者只有不到 1% 的比例，在调查的 1047 人中，只有 8 人经常参加宗教聚会。可以看出，虽然宗教聚会时常出现在各种媒体和影视作品中，但是宗教聚会在大多数人的社会生活中不是一项重要的社会活动。

（二）影响因素

1. 宗教信仰对参加宗教聚会的影响

图 7-12 是对上海市新白领宗教信仰情况调查的结果。在被调查的 1047 人中，符合条件的有 1046 人。在这些被调查者中，不信仰任何宗教的人数占到总人数的 83.9%，信仰佛教、道教、基督教、天主教、伊斯兰教等各种宗教的人数只占到总人数的 16.1%（见图 7-12）。这与上文中所统计的参加宗教聚会的人的比例（16%）非常接近。

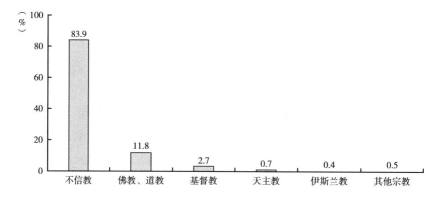

图 7-12　上海新白领宗教信仰情况

表 7-12 是个人宗教信仰和参加宗教聚会的交互表。在表中，不信教的被调查者为 878 人，在这些人中，有 88.7% 的人从未参加过宗教聚会，但令人比较感到意外的是不信教的被调查者，仍然有超过 10% 的人参加过宗教聚会活动，并且还有人经常参加（如表 7-12）。然而，通过交互表发现，在剩下信教的 15% 的被调查者中，竟也有许多人没有参加过宗教聚会。在信仰佛教和道教的受访者中，有 75.8% 的人没有参加过佛教和道教的宗教聚会，参加过这两种宗教聚会的人只有 25% 左右。这可能跟佛教和道教组织松散性有关，佛教和道教讲求自为和清修，不像伊斯兰教一样需经常大规模的聚会。

表 7 – 12　宗教信仰与参加宗教聚会的交互表

单位：%

您个人的 宗教信仰	参加宗教聚会						合计（人）
	从未	很少	较少	一般	较经常	经常	
不信教	88.7	7.3	2.2	1.3	0.5	0.1	100.0（878）
佛教、道教	75.8	12.9	5.6	4.0	1.6	0.0	100.0（124）
基督教	35.7	7.1	10.7	14.3	10.7	21.4	100.0（28）
天主教	14.3	0.0	14.3	14.3	42.9	14.3	100.0（7）
伊斯兰教	75.0	0.0	25.0	0.0	0.0	0.0	100.0（4）
其他宗教	80.0	20.0	0.0	0.0	0.0	0.0	100.0（5）
合计	85.2	7.9	3.0	2.0	1.1	0.8	100.0
（人数）	891	83	31	21	12	8	1046

　　调查结果统计，信仰基督教和天主教的受访者各有 28 人和 7 人。令人吃惊的是在这 28 人中，竟有 10 人从未参加过宗教聚会，经常参加聚会有 6 人。信仰天主教的 7 人中，有 6 人参加过宗教聚会。在信仰伊斯兰教的 4 人中，竟有 3 人没有参加过宗教聚会。在信仰其他宗教的 5 人中，也有 3 人从未参加过宗教聚会。从表 7 – 12 中可以看出，即使是有宗教信仰的人，参加宗教聚会的比例也不是很大。将信仰各个宗教的受访者参加宗教聚会的情况相比，信仰基督教和天主教的受访者参加宗教聚会的比例最高，其次是信仰佛教和道教的受访者，信仰伊斯兰教和其他宗教的被调查者参加宗教聚会的比例最低。但具有宗教信仰和参加宗教聚会还是有相关关系的，具体的关系如图 7 – 13。

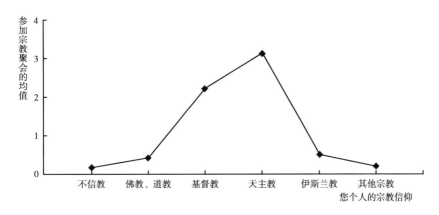

图 7 – 13　个人宗教信仰与宗教聚会的均值的关系

从图 7-13 中可以看出，信仰天主教的被调查者参加宗教聚会的平均值最高，达到 3.14，其次是参加基督教的被调查者，平均值为 2.21。而其他类型，包括不信教和信仰其他种类宗教的人参加宗教聚会的平均值不超过 1。不信仰宗教和信仰某些宗教一样都有可能去参加宗教聚会，也有可能不去参加宗教聚会。这跟具体的个人是有很大关系的，宗教的约束力在被调查者身上没有那么明显。宗教聚会不像在西方国家那样成为传统和习惯。

2. 个人的政治面貌对参加宗教聚会的影响

图 7-14 是本次调查对被调查者政治面貌的调查情况。从图中可以看出，在所有 1047 名调查者中，民主党派所占的比例最小，只有不到 1% 的比例。中共党员和共青团员所占的比例相当，分别为 31.9% 和 30.4%。群众、无党派人士所占比例最高，接近 40%。个人的政治信仰和参加宗教聚会之间的关系从表 7-13 中可以得到直观的了解。

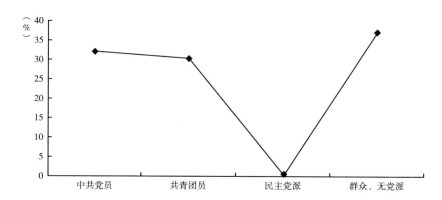

图 7-14　上海新白领政治面貌情况

表 7-13　政治面貌与参加宗教聚会的交互表

单位：%

您当前的政治面貌	参加宗教聚会						合计（人）
	从未	很少	较少	一般	较经常	经常	
中共党员	89.5	6.0	2.7	1.2	0.6	0.0	100.0(334)
共青团员	82.1	9.7	4.7	1.9	0.6	0.9	100.0(318)
民主党派	83.3	0.0	16.7	0.0	0.0	0.0	100.0(6)
群众、无党派	84.1	8.2	1.5	2.8	2.1	1.3	100.0(389)
合计（人数）	85.2	7.9	3.0	2.0	1.1	0.8	100.0
	892	83	31	21	12	8	1047

表 7-13 是个人的政治信仰和参加宗教聚会的交互表，从表中可以看出不同政治面貌的受访者参加宗教聚会的具体情况。在所有被调查者中，属于中共党员的共 334 人，在这些人中，有 89.5% 的人从未参加过宗教聚会，但有将近 11% 的人参加过宗教聚会。在共青团员类别中，参加过宗教聚会的比例比中共党员的比例略微高一些，达到 17.9%，较经常参加和经常参加的比例超过了 1%。民主党派类别所占的人数比较少，参加宗教聚会的比例也不高。而在人数最多的群众、无党派类别之中，参加宗教聚会的人员比例也不高，只有不到 15%。总体来说，不管是有政党身份还是一般群众，参加宗教聚会的比例都不高，经常参加的人员比例更低，在这些参加宗教聚会的人员中，很少参加的比例都非常高，大部分人只是偶尔去过几次，在中共党员、共青团员和群众、无党派类别中，很少参加宗教聚会的比例都是最高的。至于为什么这么少的人参加宗教聚会，这和中国人没有信仰有关，复旦大学历史系教授钱文忠曾经在某论坛上发表演讲，他认为中国人眼里只有钱没信仰，越有钱越心慌[①]。没有信仰特别是宗教信仰，对宗教聚会很难产生兴趣或者责任和义务。

个人的政治信仰与宗教聚会有什么相关关系？图 7-15 是参加宗教聚会的均值和个人的政治面貌之间的关系图。可以看出，在被调查者总体参加宗教聚会比例较低的情况下，四个政治面貌类别中，中共党员参加宗教聚会的平均值最低，群众、无党派类别的平均值最高。即具有政党身份，特别是中国共产党身份的人员参加宗教聚会的最少。这可能和中国共产党的党章和政策有关，中国共产党党章规定党员是不能信仰宗教的。

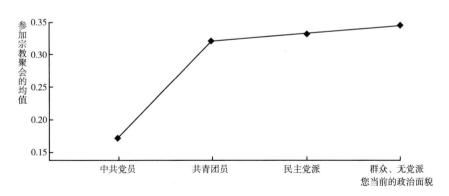

图 7-15 政治面貌与参加宗教聚会的均值的关系

---

① http://money.msn.com.cn/jcyl/20110420/11131227741.shtml。

四 兴趣群体的活动

(一) 基本状况

在本次调查中，兴趣群体的活动指那些根据自己的兴趣爱好加入的群体所组织的活动。例如，电影爱好者群体活动，登山爱好者群体活动，以及体育爱好者群体活动，等等。这些群体中人都有相似的爱好和共同的旨趣，因此这些活动具有一定的范围。总体上看，能够参加兴趣群体活动的被调查者不在少数，有超过60%的人都曾经参加过兴趣群体活动，经常和较经常参加的比例近15%（见图7-16）。

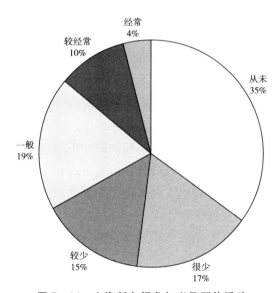

图7-16 上海新白领参加兴趣群体活动

由此看来，兴趣群体活动在被调查者的日常交际和社会参与中具有重要影响。相对于宗教聚会和居委会或者物业管理活动，白领们还是比较喜欢参加符合自己兴趣的活动。

(二) 影响因素

1. 性别对参加兴趣群体活动的影响

表7-14是性别与参加兴趣群体活动的交互表，从表7-14中可以看

出，男性参加过兴趣群体活动的比例稍高于女性。"经常"参加兴趣群体活动的男性比例为6.9%，女性则为2.8%，男性高出女性4.1个百分点。反之，"从未""很少"和"较少"参加兴趣群体的比例却是女性稍高于男性，分别高出4.2、1.3和1.4个百分点。虽然"较经常"的数据有所例外，但这些调查结果基本不妨碍得出以下结论：男性比女性更倾向于参加兴趣群体活动。

表7-14　性别与参加兴趣群体活动交互表

单位：%

性别	参加兴趣群体的活动						合计（人）
	从未	很少	较少	一般	较经常	经常	
男	32.4	15.9	14.1	20.8	9.8	6.9	100.0(509)
女	36.6	17.2	15.5	17.5	10.4	2.8	100.0(536)
合计（人数）	361	173	155	200	106	50	1045
	34.5	16.6	14.8	19.1	10.1	4.8	100.0

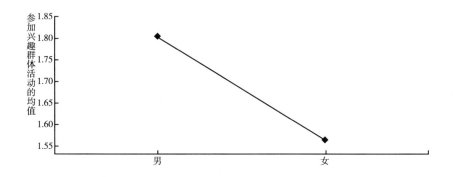

图7-17　　性别与参加兴趣群体活动的均值的关系

图7-17是性别与参加兴趣群体活动均值的关系图，从图中可以看出，男性在参加兴趣群体活动方面的均值要比女性要高。男性参加兴趣群体活动的均值为1.8，而女性参加兴趣群体的活动的均值为1.57，所以总体上，男性比女性参加兴趣群体活动的次数要多。这可能与男性擅长在外交际，而女性擅长在家操持家务为主的观念主导下的人们的行为有关，工作之余的时间女性一般要回家做家务或者照看孩子，很难有时间参加兴趣群体活动。而男性的自由度要比女性大得多。

2. 受教育程度对参加兴趣群体活动的影响

本次调查活动的被调查者学历都是大专/高职以上，为了便于分析，我们把受教育程度分为大专/高职、大学本科和研究生及以上学历三种类别。本次调查活动中，大专/高职学历的人员有244人，大学本科学历的人员有530人，研究生及以上学历的人员有272人。本科学历人员所占比例最大。根据调查结果，从总体上看，大部分的被调查者都参加过兴趣群体活动。从受教育程度和参加兴趣群体活动的交互表可以看出，不管哪种受教育程度，从未参加过兴趣群体的活动的比例都没有超过50%，其中比例最高的是研究生学历人员，达到40.4%。从表7-15中可以看到在曾经参加过兴趣群体活动的比例中，经常参加这种活动的比例较少，并且在三种受教育程度中所占的比例差不多，都在5%左右。在较经常参加选项中，具有大学本科学历的人员所占的比例最大，达到12%以上。而在一般选项中，三种受教育程度所占的比例都有所增加，都超过了15%，其中具有大学本科学历的人员所占比例最高，为20.6%。在很少和较少选项中，三种受教育程度所占的比例基本相同，都在30%左右。大专/高职、大学本科和研究生及以上三种受教育程度的人员在参加兴趣群体活动的方面的差别是在一般和经常参加方面的差别。具体情况如表（见7-15）。

表7-15 受教育程度与参加兴趣群体的活动交互表

单位：%

受教育程度	参加兴趣群体的活动						合计（人）
	从未	很少	较少	一般	较经常	经常	
大专/高职	35.7	15.2	17.2	19.7	7.8	4.5	100.0(244)
大学本科	30.9	17.5	14.0	20.6	12.3	4.7	100.0(530)
研究生及以上	40.4	15.8	14.7	15.8	8.1	5.1	100.0(272)
合计（人数）	34.5	16.5	14.9	19.1	10.1	4.8	100.0
	361	173	156	200	106	50	1046

根据图7-18可以看出三种受教育程度人员在参加兴趣群体活动上的具体差别。可以看出，三种受教育程度人员参加兴趣群体活动的频度排序为大学本科、大专/高职、研究生及以上学历人员。具有大学本科学历的人员参加兴趣群体活动的平均值最大，为1.8。研究生及以上学历人员参加此项活

动均值最低，平均值为1.5。三种受教育程度之间有明显的差别。研究生及以上学人员参加兴趣群体活动的均值低的一个解释是研究生以及博士是对某个学科及领域内进行深入研究的群体，随着研究的深入，这种研究逐渐变成其主要的兴趣活动，对于其他兴趣活动失去了参加的兴趣。即这种群体把学术活动作为最主要的兴趣群体活动了。

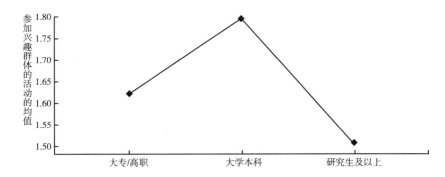

图 7 - 18　受教育程度与参加兴趣群体活动的均值的关系

3. 年龄对参加兴趣群体活动的影响

年龄是社会研究中重要的研究指标，本次调查活动所调查的1047人中，年龄最小的为19岁，年龄最大的为68岁。根据研究需要，我们分成四个年龄组，分别是19～25岁、26～30岁，31～40岁、41～68岁。根据调查结果，19～25岁的共有309人，26～30岁的有476人，31～40岁的有221人，41～68岁的共有40人，本次调查人群年龄主要在40岁以下，年龄结构比较年轻。

表 7 - 16　年龄段与兴趣群体的交互表

单位：%

年龄	参加兴趣群体的活动						合计（人）
	从未	很少	较少	一般	较经常	经常	
19～25 岁	28.2	15.5	15.5	25.2	10.0	5.5	100.0(309)
26～30 岁	37.2	17.4	13.7	17.0	10.1	4.6	100.0(476)
31～40 岁	37.1	16.7	17.6	13.6	10.4	4.5	100.0(221)
41～68 岁	37.5	12.5	10.0	27.5	10.0	2.5	100.0(40)
合计（人数）	34.5	16.5	14.9	19.1	10.1	4.8	100.0
	361	173	156	200	106	50	1046

从表 7 - 16 中可以看出，各年龄段参加过兴趣群体活动的比例非常高，都超过了 60%。其中 19～25 岁的群体参加兴趣群体活动的比例超过了 70%，为 71.8%。很少参加和较少参加的选项中，19～25 岁、26～30 岁和 31～40 岁年龄组的比例差异较小，都超过了 30%；其中 31～40 岁比例最高，为 34.3%；41～68 岁年龄组的比例相对较少，大约 22%。在一般参加选项中，19～25 岁和 41～68 岁比例最高，且相差不大，31～40 岁所占比例最少，只有 13.6%。在较经常参加的选项中，各年龄组参加的比例在六个选项中差异最小，大约为 10%。而经常参加的选项中，各个年龄组参加的比例都不高，参加比例最高的为 19～25 岁，为 5.5%，参加比例最低的为 41～68 岁，只有 2.5%。总体上看，30 岁以下的被调查者参加的次数要高于 30 岁以上的被调查者。

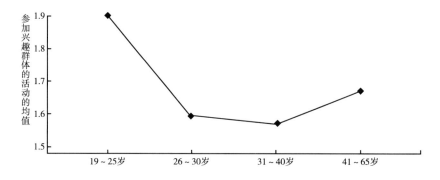

图 7 - 19　年龄与参加兴趣群体活动均值的关系

图 7 - 19 是各个年龄段与参加兴趣群体活动均值的关系图。从图中可以看出，19～25 岁参加兴趣群体的活动的均值最大，均值为 1.9；参加兴趣群体活动均值最小的为 31～40 岁。19～25 岁参加兴趣群体活动的均值要比其他年龄段的要高，可能的原因是 25 岁以下的年轻人还比较喜欢参加各种活动，心态年轻，喜欢玩耍，还没有考虑家庭、婚姻、住房等具体而现实的问题，参加兴趣群体的活动次数比较多。而 25 岁以上，特别是 30 岁以上的青年人，正在努力组建家庭或者维持家庭。在紧张的生活压力之下，只能拼命工作，供房贷，抚养子女，参加这种活动的次数相应减少。40 岁以后，大部分人家庭事业比较稳定，有一定积蓄，子女逐渐长大，可以有时间参加自己感兴趣的活动，所以参加次数相应增加。

4. 经济收入的满意程度对参加兴趣群体活动的影响

本次调查活动，将对经济收入的满意程度分为 5 种，分别为非常满意、比较满意、一般、不太满意和非常不满意。各个类别中，选择非常满意的为 12 人，选择比较满意的为 134 人，选择一般的为 500 人，而选择不太满意的为 296 人，选择非常不满意的有 104 人。从统计中可以看到，对自己的收入感觉一般的人所占比例最高。

表 7 - 17 是经济收入的总体满意程度与参加兴趣群体的活动的交互表。从表中可以看出对经济收入总体满意程度不同的受访者参加兴趣群体活动的比例都超过了 60%，特别是对自己的收入非常满意的类别，曾经参加过兴趣群体活动的比例超过了 70%。在很少参加和较少参加选项中，对自己收入不太满意的人群所占的比例最高，超过了 35%，比例最少的是对自己的收入非常满意的人群，不超过 20%。在一般参加选项中，对自己经济收入非常满意的人群所占的比例最高，为 25%；比例最少的是对自己收入非常不满意的人群，为 17.3%；而比较满意、一般和不太满意的比例则相差不大。在较经常和经常参加选项中，对自己收入非常满意的人群所占的比例最高，两项数据相加超过了 33%，参加比例最少的是对自己经济收入不太满意的类别，大约有 13%。另外，对自己收入非常不满意的人群，经常参加兴趣群体活动的比例超过了除对自己收入非常满意之外的三个类别的群体。从总体来看，对自己收入非常满意的人群参加兴趣群体活动的比例较高。

表 7 - 17　经济收入满意度与参加兴趣群体的活动的交互表

单位：%

对自己经济收入的总体满意度	参加兴趣群体的活动						合计（人）
	从未	很少	较少	一般	较经常	经常	
非常满意	25.0	8.3	8.3	25.0	16.7	16.7	100.0（12）
比较满意	33.6	11.9	14.9	19.4	13.4	6.7	100.0（134）
一　　般	35.6	16.8	14.0	19.6	9.8	4.2	100.0（500）
不太满意	32.8	18.6	17.2	18.6	10.5	2.4	100.0（296）
非常不满意	36.5	16.3	13.5	17.3	5.8	10.6	100.0（104）
合计（人数）	34.5	16.5	14.9	19.1	10.1	4.8	100.0
	361	173	156	200	106	50	1046

图 7-20 是经济收入总体满意度与参加兴趣群体活动均值的关系图。从图中可以看出，对自己收入非常满意的人群参加兴趣群体活动的均值最大，达到了 2.5，其次是对自己的收入比较满意的人群，接下来依次为对自己的收入非常不满意、一般和不太满意类别。从总体趋势看，随着对自己经济收入满意度的降低，参加兴趣群体活动的均值也呈下降趋势。对自己经济收入总体满意度和参加兴趣群体活动之间有一定的相关关系。为什么对自己经济收入满意度高，参加兴趣群体活动的次数多呢？可能的原因是对自己收入满意度高，说明金钱能够满足其大部分生活需要，不需要为缺少金钱而担心。这样才能有精力和能力多参加兴趣群体活动，例如，各种"驴友"组织的旅游活动。所以对自己的收入越满意参加兴趣群体活动才越多。

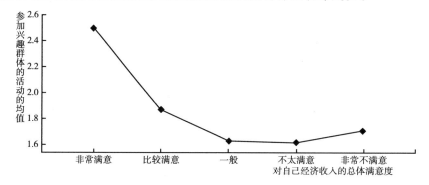

图 7-20　经济收入满意度与参加兴趣群体的活动的均值关系

五　志愿者活动

（一）基本状况

在西方和中国的香港、台湾地区，志愿者活动非常普遍。在香港有多种义工组织，如东华三院、社会福利署、香港红十字会、香港青年协会、香港圣约翰救护机构等，据说注册人数达到 90 万人。香港义工组织经常到内地进行义工活动。在 2008 年的汶川大地震和 2010 年的青海玉树地震中，都活跃着香港义工的身影，特别是在玉树地震中因救助玉树师生而不幸遇难的香港义工——黄福荣，他对生命的珍惜及无畏的爱心感动了内地和香港两地无数人。志愿者活动是一个社会文明程度的表现，体现了人与人之间的关爱。

上海志愿者活动开展得比较兴旺，有多种志愿者活动团体，并且成立了上海志愿者协会和建立了上海志愿者网。在沪工作的新白领对于志愿者活动参与情况如何呢？本次调查的结果如表7-18。

表7-18　参加志愿者活动情况

类　别	人数	百分比	类　别	人数	百分比
从　未	644	61.5	一　般	98	9.4
很　少	189	18.1	较经常	22	2.1
较　少	86	8.2	经　常	8	0.8

根据表7-18，参加过志愿者活动的受访者比例约占40%，经常和较经常参加志愿者活动的人员比例约占3%，没有参加过志愿者活动的人员比例超过了60%。在曾经参加过志愿者活动的选项中，很少参加的比例最高，超过了18%，经常参加的比例最小，不到1%。这说明上海市新白领对于志愿者活动的参与度和积极性不高。原因之一可能是繁忙的工作和其他社会活动，让新白领难以有时间参加志愿者活动。

（二）影响因素

1. 政治面貌对志愿者活动的影响

本次调查活动中被调查者的政治面貌分为中共党员，共青团员，民主党派和群众、无党派四种类型。在所有被调查者中，具有中共党员身份的有334人，共青团员身份的有318人，民主党派身份的有6人，群众、无党派身份的有389人。从以上统计数据可以看出，除民主党派之外，其他三种政治身份所占的比例相差不大。

表7-19是政治面貌与参加志愿者活动的交互表。可以看出，中共党员参加志愿者活动的人员比例最高，达到了47.6%，高于其他三种类型的人员。共青团员和群众、无党派人员参加志愿者活动的比例分别为38.1%和31.4%。在四种政治身份中，经常参加和较经常参加的比例都非常低，参加比例最高的是具有中共党员身份的被调查者，但比例也不超过5%。在一般参加中，具有中共党员身份的人员参加的比例最高，其次为共青团员和群众、无党派人员。在很少和较少参加中，两者相加，具有中共党员身份的被调查者的比例最高，将近30%，共青团员身份的被调查者也有占比28%的

人参加过志愿者活动，群众、无党派身份的被调查者参加的比例为22.6%。

表 7 - 19　政治面貌与参加志愿者活动的交互表

单位：%

政治面貌	参加志愿者活动						合计（人）
	从未	很少	较少	一般	较经常	经常	
中共党员	52.4	18.3	11.4	14.1	2.7	1.2	100.0(334)
共青团员	61.9	19.8	7.5	8.2	2.2	0.3	100.0(318)
民主党派	83.3	0.0	16.7	0.0	0.0	0.0	100.0(6)
群众、无党派	68.6	16.7	5.9	6.4	1.5	0.8	100.0(389)
合计（人数）	61.5	18.1	8.2	9.4	2.1	0.8	100.0
	644	189	86	98	22	8	1047

图 7 - 21 是政治面貌与参加志愿者活动的均值关系图。从图中可以看出，中共党员身份的被调查者参加志愿者活动的均值最高，为 1.0，其次是共青团员身份的被调查者和群众、无党派人员。可以看出，政治面貌和参加志愿者活动之间具有一定的相关关系，中共党员参加志愿者活动意识是最强的。

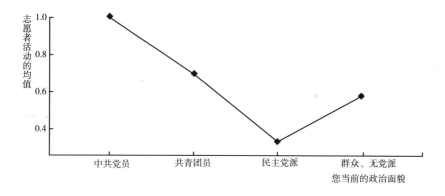

图 7 - 21　政治面貌与参加志愿者活动的均值的关系

六　政治投票和选举活动

（一）基本状况

政治投票活动和选举活动是一个公民参与国家管理的体现，是公民行使自己正当的民主权利，加强基层民主建设的重要方式，所以每个公民都应该积极参与民主投票和选举活动。本次调查上海市新白领的政治活动，分为两个部分，一部分是参加投票选举区人大代表，另一部分是参加投票选举村/居委会委员。本次调查的结果如表7-20所示。

表7-20　参加投票选举村/居委会委员与区人大代表的比较

类　　别	参加投票选举村/居委会委员		参加投票选举区人大代表	
	频率	百分比	频率	百分比
从　　未	902	86.2	879	84
很　　少	80	7.6	93	8.9
较　　少	31	3	33	3.2
一　　般	30	2.9	38	3.6
较经常	3	0.3	2	0.2
经　　常	1	0.1	2	0.2
合　　计	1047	100	1047	100

从表7-20中可以看出，不管是参加区人大代表选举投票，还是村/居委会选举投票，从未参加投票的人数都非常高，分别是84%和86.2%。在参加投票的各选项中，很少投票比例都是最大的，很少参加村/居委会选举投票的比例为7.6%，很少参加区人大代表选举投票的比例为8.9%。经常参加的比例最小。一般和较经常参加投票的人数比例，两者都没有超过5%。这说明上海市新白领们对政治投票活动的参与度是非常低的，不管是最基层的村/居委会选举，还是等级稍高的区人大代表的选举。两者相比，参加区人大代表的选举投票的人数稍微高于参加村/居委会选举投票的人数。究其原因，一方面是目前中国投票选举的意识还没有形成，大多数人没有认识到投票选举的重要性；另一方面，政府在进行宣传和操作上很难给外地留沪工作的新白领提供机会参加投票。

（二）影响因素

1. 户籍类型对参加投票选举区人大代表的影响

本次调查活动，共调查1047人，两人信息缺失。从调查结果中可以看出，三种户籍类型的人群所占的比例差异很小。已获得上海市户籍的被调查者占31%，获得居住证的人员的比例为37%，其他类型的占32%。（见图7-22）。

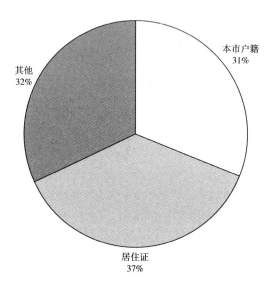

图7-22 上海市新白领户籍类型

表7-21是户籍类型和参加投票选举区人大代表的交互表。从表中可以看出，不管有没有上海户籍，参加投票选举区人大代表的人员比例都不高，最高是的具有上海市户籍的被调查者，大约有20%的受访者参加过区人大代表的选举投票，持有居住证和其他类型居住证明的被调查者大约有17%和11%的比例曾经参加过区人大代表的选举投票。在经常和较经常参加中，三种户籍类型的被调查者的比例都非常低，两者相加不超过1%。在一般参加选项中，三种户籍类型的人群参加的比例都不高，最高的是有上海户籍的被调查者，参加的比例为5%，最低的为其他类型，比例为2.1%。在很少和较少参加选项中，三种户籍类型的人员的比例要比一般、较经常和经常选项的比例高。两者相加，比例在10%左右。比例最高的是拥有上海市户籍的人员，参加的比例达到了15.3%，参加比例最低的是其他类型，参加比例为8%。从统计数据上看，尽管被调查者参加投票选举区人大代表的比例不是很高，但是在这些参加者中，具有上海市户籍的被调查者参加的比例是最高的。

表 7-21　户籍类型与参加投票选举区人大代表的交互表

单位：%

| 户籍类型 | 参加投票选举区人大代表 | | | | | | 合计（人） |
	从未	很少	较少	一般	较经常	经常	
本市户籍	79.5	10.6	4.7	5.0	0.0	0.3	100.0(322)
居住证	83.4	10.9	1.8	3.9	0.0	0.0	100.0(386)
其　他	89.0	4.7	3.3	2.1	0.6	0.3	100.0(337)
合计（人数）	84.0	8.8	3.2	3.6	0.2	0.2	100.0
	878	92	33	38	2	2	1045

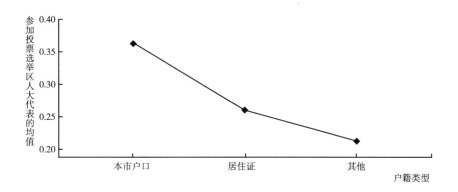

图 7-23　户籍类型与参加投票选举区人大代表均值的关系

图 7-23 是户籍类型与参加投票选举区人大代表均值的关系图。从图中可以看出，具有本市户籍的被调查者参加投票选举区人大代表的均值最高，为 0.36，具有居住证的被调查者参加此项活动的均值为 0.26，其他类型的被调查者参加此项活动的均值为 0.21。产生这种现象的原因可能是具有上海市户籍的被调查者在上海居住的时间比较久，参加所在区选举的机会比较多，而那些没有居住证的留沪工作的人，来沪的时间较短，参加的机会不多。图 7-24 是本次调查中新白领在沪居住时间和参加投票选举区人大代表的均值图。为了便于分析研究，将在沪的居住时间分为 5 年以下，6~10 年，以及 10 年以上三种类别。图 7-23 中 1 代表 5 年以下，2 代表 6~10 年，3 代表 10 年以上。从图 7-23 中可以看出，在沪居住时间 10 年以上的人员，参加投票选举区人大代表的均值

较高，这和上文的推断相一致，具有上海户籍的人员来沪的时间较长，参加投票选举的机会较多。

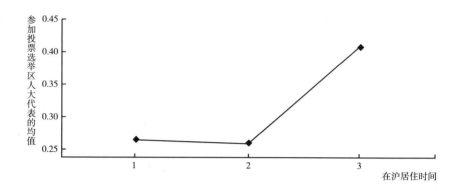

图 7-24   在沪居住时间与参加投票选举区人大代表均值的关系

下面对上述各项社会活动做一简单比较。

表 7-22   七项社会活动参与度的简单比较

社会活动	均值	标准差	社会活动	均值	标准差
同乡、校友、战友聚会	1.93	1.499	志愿者活动	0.75	1.149
居委/物业组织的会议/活动	0.47	0.879	参加投票选举区人大代表	0.28	0.737
宗教聚会	0.28	0.821	参加投票选举村/居委会委员	0.24	0.683
兴趣群体的活动	1.68	1.573			

表 7-22 是本次调查活动对被调查者所参加社会活动的均值和标准差的汇总。可以看出，在这些活动中，受访者参加同乡、校友、战友聚会的人数最多，均值为 1.93，受访者参加人数最少的活动是参加投票选举村/居委会委员。除了参加同乡、校友、战友聚会外，兴趣群体的活动的参加人数也是比较多的，均值达到了 1.68。从表 7-22 中可以看出，受访者对与私人生活相关的活动参加的兴趣较高，例如，同乡、校友、战友聚会和兴趣群体的活动。参加政治选举和投票活动的人数较少，参加比例较低。两项投票选举活动的均值都没有超过 0.5。另外，由于国情的原因，受访者对参加宗教活动也不是很感兴趣，即使是有宗教信仰的人，参加宗教活动也不多。

七　小结

同乡、校友、战友活动是大部分人都参加过的活动，也是被调查者参加比例较大的社会活动。本章从性别、受教育程度、家庭生活和经济收入满意度等方面考察了同乡、校友、战友活动。

居委会/物业组织的会议/活动对大多数新白领来说，是很少参加的一种社会活动。在调查中有超过70%的人从未参加过这类活动。经常和较经常参加此类活动的新白领比例不到总人数的2%。本章从户口类型、年龄、对中产身份的认同等角度考察了新白领参加居委会/物业组织的会议/活动。

宗教聚会活动在中国的普及范围不太广，这与中国本身是一个世俗社会有关。根据调查结果，85%以上的新白领都未参加过宗教聚会活动。本章从宗教信仰和个人政治面貌两个方面探讨了宗教聚会活动。

兴趣群体的活动是这次调查活动新白领参加次数和人数较多的一种活动。根据调查结果，大约有60%以上的人都参加过兴趣群体活动，这与参加宗教活动的人数比例有较大的差异。本文从多方面考察了兴趣群体活动，主要有性别、受教育程度、年龄、经济收入的满意度等，发现了不同人群之间参加兴趣群体活动的差异。

志愿者活动也是新白领较少参加的一种活动，可能是由于生活压力大，时间太忙，或者是没有形成习惯，调查结果显示，从来没有参加过志愿者活动的新白领超过了总人数的60%。可见曾经参加过志愿者活动的人数之少，更别说经常参加这种活动了。本文从个人政治面貌的角度，探讨了不同政治面貌对新白领参加志愿者活动的影响。

参加投票选举区人大代表和村/居委会委员的活动在这里被称为投票和选举活动，这两者的区别只是选举的级别不同。调查结果显示，参加投票和选举活动的新白领的人数也较少，只有16%的新白领参加过投票选举区人大代表的活动，而参加过投票选举村/居委会委员的新白领只占总人数的13.8%，两者的比例几乎相同。可以看出，新白领参加投票和选举活动的积极性有待提高，投票和行使自己权利的意识需要加强，而现实情况也难以满足新白领的投票选举活动。窥一斑而知全豹，中国的民主化道路还有较长的路要走。本文从户口类型角度分析了新白领的投票和选举活动。可以看出，户口类型对新白领的投票选举是有一定影响的。

　　整体上看，新白领参加社会活动的比例还是比较少的，在七项社会活动中，只有同乡、校友、战友的聚会和兴趣群体活动这种和自己的私人生活联系比较紧密的社会活动，新白领参加的次数和人数才会较多一些，其他的投票和选举、宗教、志愿者等公共性的活动的参加人数和频次是比较少的。

第八章　社会交往

社会交往是指在一定的历史条件下，人与人之间相互往来，进行物质、精神交流的社会活动。社会交往是个人社会化的方式，自从我们出生，我们就开始在与他人的交往中成为一个社会人。如果想要在社会中生存下去，就必须进行社会交往。没有社会交往的社会是不存在的，社会交往是人的本质要求。社会交往不仅是一个人成长的重要条件和手段，还是社会构成和发展的基础。本章的内容是在 2011 年上海市新白领调查数据的基础上，从社会交往的类型和社会交往的方式两方面对外地在沪的新白领的社会交往情况进行描述和分析。

一　社会交往的类型

本次调查主要从上海本地人和外地人的角度，描述社会交往的类型，力图勾画出外地在沪的新白领及其与上海本地人和外地人交往的具体情况。

（一）经常接触的人

作为留沪工作的外地人，在日常生活和工作中经常接触哪些人对于研究新白领的社交网络和范围具有重要的意义。新白领在上海经常接触的人是外地人居多，还是本地人居多成为我们这次调查重点关注的问题。本次共调查1047 人，获得有效信息的有1046 人。图 8 - 1 是对被调查者经常接触的人的调查结果。从图中可以看出，经常接触的是本地人的大约占总人数的 20%，经常接触的是外地人的大约占总人数的 30%，经常接触的人一半是外地人，一半是本地人的比例最高，大约占总人数的 50%。从以上数据可以看出，在沪工作的新白领大部分人员能够较好地适应上海的生活，较多的与本地人交往。

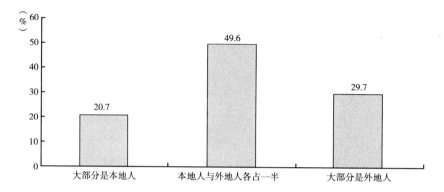

图 8 - 1　经常接触的人的类别

1. 来沪时间与经常接触的人

本次调查活动对被调查者在上海的居住时间进行了调查。为了便于研究，我们将被调查者的居住时间分为三类，第一类为居住 5 年以下，第二类为居住 6 ~ 10 年，第三类为居住 10 年以上（见图 8 - 2）。

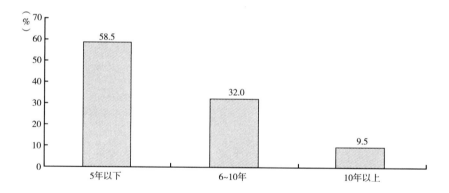

图 8 - 2　在沪居住时间分布

从图 8 - 2 可以看出，在被调查者中，在上海居住时间为 5 年以下者人数最多，约占总人数的 60%，由此可知在上海居住时间为 6 ~ 10 年的人数也较多，约占总人数的 30%，在上海居住 10 年以上的被调查者最少，约占总人数的 10%。由此可知，本次调查对象绝大多数在上海居住不超过 10 年，占调查总人数的 90% 以上。

表 8 - 1 是在沪居住时间与经常接触的人的交互表，表中列出了居住在上海不同时间段的新白领经常接触的人的具体情况。从表 8 - 1 中可以看出，

不论在沪工作的新白领在上海居住时间长短，他们选择经常接触的人是本地人和外地人各占一半的最多，居住 5 年以下的新白领选择该项的比例占其总人数的 48.8%；在沪居住 6~10 年的新白领，超过 50% 的人经常接触的人是本地人与外地人各占一半；而在沪居住 10 年以上的新白领选择经常接触的人时，有 52% 的人选择本地人与外地人各占一半。在三种居住时间中，经常接触的人大部分是本地人比例最高的是在沪居住超过 10 年以上的被调查者，占其总人数的 30% 以上；而在上海居住 5 年以下者经常接触的人大部分是本地人的比例最低，不到其总人数的 20%。与之相反，在沪居住 5 年以下的新白领经常接触的人大部分是外地人的比例最高，占其总人数的 34.4%，而在沪居住 6~10 年的，其比例为 26%，在沪居住 10 年以上者的比例仅为 13%。总体上看，在沪居住时间较短的新白领经常接触的人中外地人所占的比例较高，而在沪居住时间较长的新白领，经常接触的人中大部分是本地人的比例较大。随着新白领在沪居住时间的增加，经常接触的人中，本地人所占的比例增大。但大部分新白领经常接触的人中，外地人所占的比例是最多的。从表 8-1 中可以看出，居住时间和经常接触的人之间还是有一定相关关系的。

表 8-1　在沪居住时间与经常接触的人的交互表

单位：%

在沪居住时间	经常接触的人			合计（人）
	大部分是本地人	本地人与外地人各占一半	大部分是外地人	
5 年以下	16.9	48.8	34.4	100.0(611)
6~10 年	23.6	50.4	26.0	100.0(335)
10 年以上	35.0	52.0	13.0	100.0(100)
合　计	217	519	310	1046
	20.7	49.6	29.6	100.0

2. 户口类型与经常接触的人

本次调查中，将户口类型分为本市户口、居住证和其他三种类型。本次调查 1047 人，其中有 2 人的信息不符合条件。具有本市户口的新白领有 321 人，占总人数的 30% 左右，具有居住证的新白领为 386 人，约占总人数的 37%，其余 337 人为其他类型。从人数比例来看，这三种户口类型所占的人口比例较均衡，差异不大。

表 8-2 是户口类型与经常接触的人的交互表。从表 8-2 中可以看出，在本市户口、居住证和其他三种类型中，经常接触的人中，选择本地人与外地人各占一半的比例最大，其中具有本市户口和居住证的新白领有超过 50% 的人都选择此选项，而其他类型中，选择外地人和本地人各占一半的人也占到其总人数的 45.1%。经常接触的人中选择大部分是本地人的各类型中，具有本市户口的新白领比例最高，有超过 25% 的人选择经常接触的人中大部分是本地人，而选择大部分人是本地人比例最低的是其他类型，比例约为 15%，具有居住证的白领中则有 20.5% 的人选择了此选项。在经常接触的人中，选择大部分是外地人的比例最高的是其他类型，比例约占其总人数的 40%，比例最低的是具有本市户口的新白领。从表 8-2 中可以看出，具有本市户口的新白领经常接触的人大部分是本地人比例要比大部分是外地人的比例稍高。而具有居住证和户籍为其他类型的新白领在日常接触的人中外地人比本地人的比例稍高，特别是其他类型的新白领，经常接触的人中，大部分是外地人的比例较高。户口类型与经常接触的人之间还是存在一定关系的。

表 8-2　户口类型与经常接触的人的交互表

单位：%

户口类型	经常接触的人			合计（人数）
	大部分是本地人	本地人与外地人各占一半	大部分是外地人	
本市户口	26.5	53.3	20.2	100.0（321）
居住证	20.5	50.8	28.8	100.0（386）
其　他	15.1	45.1	39.8	100.0（337）
合计（人数）	20.6	49.7	29.7	100.0
	215	519	310	1044

3. 住房类型与经常接触的人

本次调查对被调查者的住房信息进行了收集，本次调查共收集了 1046 份有效信息（见图 8-3）。

从图 8-3 中可以看出，在被调查者中，已购商品房和租住商品房的比例较高，租住单位公房和其他类型所占比例较低。在所有被调查者中，已购

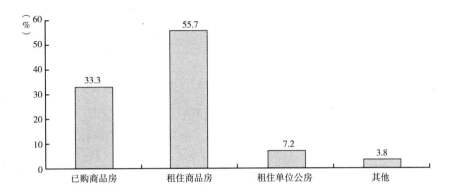

图 8 - 3　上海新白领住房类型

商品房的新白领占总人数的 33% 左右，比例较高。租住商品房的新白领占总人数的比例最高，将近 56%。住房类型与经常接触的人是否有一定关系？从表 8 - 3 中可以看出，不管住房类型是哪一种，被调查的新白领在选择经常接触的人时，本地人与外地人各占一半是比例最高的。已经购买商品房的新白领中有超过 50% 的人都选择了本地人与外地人各占一半，租住商品房的新白领中也有近 50% 的人选择了此选项，租住单位公房和其他类型的新白领选择此项的比例也较高。在选择经常接触的人大部分是本地人中，已购商品房的新白领所占的比例最高，占其总人数的 28.4%，而租住商品房新白领选择此项的比例只占其总人数的 16.3%，租住单位公房和其他类型中选择此项的比例也不高。选择大部分是外地人中，已购商品房的新白领所占的比例最低，只有不到 20% 的人选择此选项，而租住商品房的新白领则有超过 34% 的人选择经常接触的人大部分是外地人，租住单位公房和其他类型的新白领经常接触的人大部分是外地人的比例也较高，具体比例见表 8 - 3。已购商品房新白领经常接触的人中，本地人的比例要比外地人的比例高，大约高 8%。而租住商品房的新白领与之相反，经常接触的人中外地人要比本地人的比例高，外地人的比例高出本地人 19% 左右。租住单位公房和其他住房类型的新白领经常接触的人外地人的比例也比本地人的比例高。从总体上看，已购买商品房的新白领接触本地人的机会较大，而其他住房类型的新白领则接触外地人的机会较大。可以看出，住房类型与经常接触的人之间还是有一定相关关系的，特别是已购商品房和租住商品房对经常接触的人是外地人还是本地人影响较大。

表 8 - 3　住房类型与经常接触的人交互表

单位：%

住房类型	经常接触的人			合计（人）
	大部分是本地人	本地人与外地人各占一半	大部分是外地人	
已购商品房	28.4	51.7	19.8	100.0（348）
租住商品房	16.3	49.1	34.5	100.0（582）
租住单位公房	21.3	41.3	37.3	100.0（75）
其他	17.5	55.0	27.5	100.0（40）
合计（人数）	20.8	49.7	29.6	100.0
	217	519	309	1045

（二）朋友

朋友是人一生中的重要财富，朋友不仅可以在经济和物质上帮助你，还会在精神上给你最有力的支持。朋友的重要性可见一斑。外地来沪工作的新白领在上海所交的朋友是外地人居多还是本地人居多是我们所关注的，因为如果本地人朋友较多，说明他们已经比较好地融入到上海的本地文化中来，如果外地的朋友较多，说明这种融合还需要加强。本次调查中有 2 人的信息无效，只有 1045 名被调查者的信息有效。图 8 - 4 是上海市新白领朋友类型的饼状图，被调查者朋友大部分是本地人的所占的比例最小，只占到总数的 11%；朋友是本地人和外地人各占一半的比例占总人数的 43%；而朋友大部分是外地人的占 46%，比例最高。可以看出，外地来沪工作的新白领和本地人做朋友的比例小于与外地人做朋友的比例。外地来沪工作的新白领，特别是刚刚来上海时间较短的新白领，融入上海还需要较长的过程。

1. 来沪时间与朋友类型

从上文中被调查者在沪居住时间的信息可知，90% 参与调查的新白领在沪居住时间都在 10 年以下，有近 60% 的人在上海居住不超过 5 年。那么在上海居住时间的长短对新白领交朋友有没有影响？即新白领所交的朋友，外地人和本地人所占的比例会发生什么变化？

表 8 - 4 是新白领在沪居住时间和朋友的交互表。从表中可以看出，在沪居住 5 年以下者，朋友大部分是外地人的新白领最多，达到其总人数的

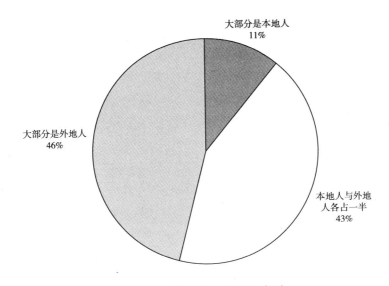

大部分是本地人
11%

大部分是外地人
46%

本地人与外地
人各占一半
43%

图 8 - 4　上海市新白领朋友类型

50% 以上，而朋友大部分是本地人的比例仅为 7.5%。居住时间为 6～10 年者，朋友大部分是本地人的新白领人数不多，仅仅超过其总人数的 10%，而选择朋友大部分是外地人的新白领比例则超过了 40%。在这一时间类别中，朋友中选择本地人和外地人各占一半的新白领人数最多，约占到其总人数的 50%。居住 10 年以上者朋友性质发生了较大改变。从表 8 - 4 中可以看出，在这一时间类别中，朋友大部分是本地人的新白领比例较多，占其总人数的 38%，而朋友大部分是外地人仅占其总人数的 16%，选择朋友中本地人和外地人各占一半的新白领最多，占其总人数的 46%。纵向来看，朋友大部分是本地人比例最高的是在上海居住 10 年以上的新白领。而在上海居住 5 年以下和 6～10 年的新白领在选择朋友时，都只有一小部分人选择大部分是本地人这一选项，与在上海居住 10 年以上的新白领相比，比例相差较大。与之相反，在三种时间类别中，居住 5 年以下者在选择朋友时，选择大部分是外地人的比例最高，超过了其总人数的 50%；而居住 6～10 年的新白领选择此项的比例与之相比，稍微降低，但也超过了 40%；选择此项比例最低的是在沪居住 10 年以上者，只有 16% 的新白领选择了此项。对于本地人与外地人各占一半，三种居住时间类别都有相当多人选择了此选项；人数比例最低的是居住 5 年以下者，近 40% 的人选择此选项；比例最高的是居住 6～10 年的新白领，比例接近 50%。总体上看，随着在沪居住时间的增加，新白领在选择朋友时，从大部分人是外地人向大部分是本地人转变，即选择外地人的比例减少，选择本地人的比例增加，这种趋势是缓慢进行的，从表8-4中可以看出在沪居住5年以下到居住10年以上在这两种选项之间的变化趋势，是不断增加和减少的。

表8-4　在沪居住时间与朋友类型的交互表

单位：%

在沪居住时间	朋友类型			合计（人）
	大部分是本地人	本地人与外地人各占一半	大部分是外地人	
5年以下	7.5	39.3	53.1	100.0（610）
6~10年	10.4	49.0	40.6	100.0（335）
10年以上	38.0	46.0	16.0	100.0（100）
合计（人数）	11.4	43.1	45.6	100.0
	119	450	476	1045

2. 听得懂上海话和朋友类型

本次调查活动收集了新白领融入上海本地具体情况的信息。语言角度是其中的一个切入点。本次调查活动收集了来沪的新白领能否听懂上海话的信息。具体结果如图8-5。

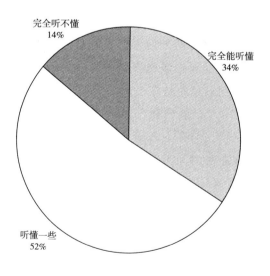

图8-5　能否听懂上海话

在所有调查者中，完全能听懂上海话的新白领比例超过了 30%，能听懂一些上海话的新白领占总人数的五成以上，而完全听不懂的人只占总人数的 14%，比例较小。可以发现，大多数人对上海话还是有一些了解的。

表 8-5 是能否听懂上海话和朋友之间的交互表。从表中可以看出，能否听懂上海话和朋友的类别还是有一定相关关系的。完全能听懂上海话的新白领有超过 20% 的人选择朋友大部分是本地人，而听懂一些和完全听不懂的新白领选择这一项的比例仅为 6.4% 和 1.4%，与完全能听懂上海话的新白领在该项上的比例相差巨大。与此相反，完全能听懂上海话的新白领朋友大部分是外地人的比例仅为 24.3%，而能听懂一些和完全听不懂上海话的新白领的朋友大部分是外地人的比例却高达 52.2% 和 72.4%，要比完全能听懂上海话的新白领的比例高得多。而在选择本地人和外地人各占一半时，语言也起到重要作用，完全能听懂和能听懂一些上海话的新白领选择此项的人数比例较高，完全能听懂上海话的新白领有超过 50% 的人数选择此项，而能听懂一些上海话的新白领选择此项的比例也占到 40% 以上，但是完全听不懂上海话的新白领只有 26.2% 的人选择此项。横向来看，完全能听懂上海话的新白领，朋友是本地人和外地人的差异较小，比较均衡。而能听懂一些和完全听不懂上海话的新白领，朋友中外地人的比例较高，大部分新白领的朋友外地人居多。总体来看，语言对新白领的朋友构成方面还是有较大影响的。对于上海话的掌握程度是能否交到更多上海本地人做朋友的重要影响因素。其实从我们日常生活中也可得出这样的结论，语言不通很难沟通，更不用说交朋友了。外地人来上海绝大多数人讲普通话，这样其他地方的人沟通起来就比较方便，也容易成为朋友。

表 8-5　语言与朋友类型的交互表

单位：%

能否听得懂上海话	朋友类型			合计（人）
	大部分是本地人	本地人与外地人各占一半	大部分是外地人	
完全能听懂	23.2	52.5	24.3	100.0(354)
听懂一些	6.4	41.4	52.2	100.0(546)
完全听不懂	1.4	26.2	72.4	100.0(145)
合计（人数）	11.4	43.0	45.6	100.0
	119	450	476	1045

3. 能否讲上海话与朋友类别

与能否听懂上海话一样，能否讲上海话对朋友是外地人还是本地人具有重要影响。本次调查活动对被调查者是否会说上海话的调查结果如图 8－6。

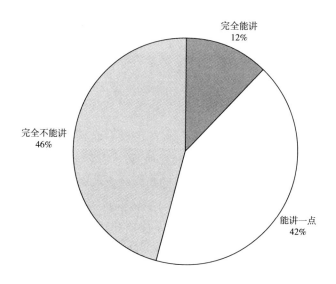

图 8－6　是否会讲上海话

从图 8－6 中可以看出，完全不能讲上海话的人所占的比例最大，完全能讲上海话的新白领的比例最小，而能讲一点上海话的人也占了一大部分。可以看出，大部分被调查者都不能完全掌握上海话。

表 8－6 是能否讲上海话与朋友类别的交互表，从表中可以看出两者之间明显的存在相关关系。完全能讲上海话的新白领选择朋友中大部分是本地人的人数较多，占其总人数的 42% 以上。能讲一点上海话的新白领和完全不能讲上海话的新白领，选择此项的比例都较小，能讲一点上海话的新白领选择该项的比例不到 10%，而完全不能讲上海话的新白领仅有不到 5% 的人选择此项。与之不同的是完全能讲上海话的新白领中，只有 11.6% 的人选择朋友大部分是外地人这一选项。而能讲一点上海话和完全不能讲上海话的新白领选择此项的比例则高得多，能讲一点上海话的新白领选择该项的比例为 39%，而完全不能讲上海话的新白领选择该项的比例则超过了 60%。可以看出会讲上海话和不会讲上海话对朋友的类别有着较大的影响。选择朋友

本地人与外地人各占一半这一选项的新白领在各类别中比例是比较高的。完全不能讲上海话类别中，选择此项的新白领的比例最低，但也达到其总人数的30%以上；能讲一点上海话的新白领中，则有超过50%的人选择了此项；完全能讲上海话的新白领中，选择此选项的比例也非常高，超过了45%。可以看出，能讲上海话和能听懂上海话一样，对朋友的类别（外地人与本地人）具有重大影响。会讲上海话的新白领中，朋友是本地人的比例要比外地人的比例高得多，与此相反，不会讲上海话的新白领中，朋友中本地人的比例要比外地人的比例低很多。

表 8 - 6　会讲上海话的程度与朋友类型之间的交互表

单位：%

会讲上海话的程度	朋友类型			合计（人）
	大部分是本地人	本地人与外地人各占一半	大部分是外地人	
完全能讲	42.6	45.7	11.6	100.0(129)
能讲一点	9.5	51.5	39.0	100.0(441)
完全不能讲	4.6	34.5	60.8	100.0(475)
合计（人数）	11.4	43.1	45.6	100.0
	119	450	476	1045

（三）同事

上海作为一个国际大都市，外地人非常多，外地来沪工作的新白领在自己公司或其他工作场所中的同事籍贯也非常复杂，新白领周围是本地人较多还是外地人较多，是我们关注的一个问题。在本次调查研究中，外地人留在上海工作，同朋友的类型一样，只有1045人的信息有效。图8 - 7是同事类型的线形图。在图中，比例最高的是同事一半是本地人一半是外地人，占总人数的46%，同事大部分是本地人的占总人数的23%，而同事大部分是外地人的比例为31%。可以看出，总体上新白领的同事中外地人的比例稍高。

1. 来沪时间与同事

根据在上海居住时间的长短，我们将此次调查的新白领分为三个类别，即5年以下、6～10年、10年以上。从上文可知，本次调查的结果显示在上海居住10年以下的新白领占绝大多数。

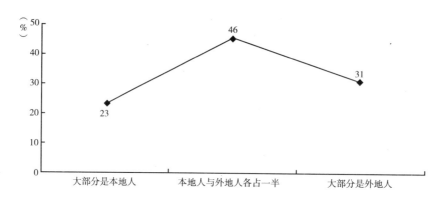

图 8 - 7　上海新白领同事类型

　　表 8 - 7 是居住时间与同事类型的交互表。从表中可以看出，在上海居住时间越长，同事大部分是本地人的比例越来越多，同事大部分是外地人的比例变少。在上海居住 5 年以下的新白领，同事大部分是本地人的比例接近 20%，而随着在上海居住时间的增加，同事大部分是本地人的比例也在增加。在上海居住 6 ~ 10 年的新白领中，大约有 27% 的人其同事大部分是本地人，这要比在上海居住 5 年以下的新白领的同事是本地人的比例高出 8%。而在上海居住 10 年以上者，这一比例则高达 35%，比在上海居住 5 年以下者高出 15% 左右。与之形成鲜明对比的是同事大部分是外地人的比例。在上海居住 5 年以下者中，约有 35% 的新白领的同事大部分是外地人，这是三种居住时间类别中比例最高的；在上海居住 6 ~ 10 年的白领中，同事中大部分是外地人的比例为 28.1%，比例也较高；而比例最低的则是在上海居住 10 年以上者，这一比例只有 16%，不到在上海居住 5 年以下者比例的一半。横向比较也能看出这种趋势。在上海居住 5 年以下的新白领，多数人的同事是外地人的比例要高于本地人，而在上海居住 6 ~ 10 年者，外地人和本地人的比例则比较平均，两者差异不大。但是在上海居住超过 10 年的新白领中，多数人的同事中本地人的比例要高于外地人。可以看出随着在上海居住时间的增加，同事的类型也逐渐地发生变化。

　　2. 会讲上海话与同事

　　根据上文对被调查者是否会讲上海话的调查结果，从图 8 - 6 中可以看出，在所有参与者中，完全能讲上海话的新白领占总人数的 12%，而能讲一点上海话的新白领占总人数的 42%，完全不能讲上海话的人所占的比例最高，占总人数的 46%。从比例上可以看出，完全掌握上海话还是有一定难度的，大多数人只是懂一点或者完全不能讲。

表 8 - 7　在沪居住时间与同事类型交互表

单位：%

在沪居住时间	同事类型			合计（人）
	大部分是本地人	本地人与外地人各占一半	大部分是外地人	
5 年以下	19.2	46.1	34.8	100.0(610)
6～10 年	27.2	44.8	28.1	100.0(335)
10 年以上	35.0	49.0	16.0	100.0(100)
合计（人数）	23.3	45.9	30.8	100.0
	243	480	322	1045

表 8 - 8　语言与同事类型的交互表

单位：%

能讲上海话的程度	同事类型			合计（人）
	大部分是本地人	本地人与外地人各占一半	大部分是外地人	
完全能讲	36.4	50.4	13.2	100.0(129)
能讲一点	25.9	46.0	28.1	100.0(441)
完全不能讲	17.3	44.6	38.1	100.0(475)
合计（人数）	23.3	45.9	30.8	100.0
	243	480	322	1045

表 8 - 8 是能否讲上海话与同事的交互表，从表中可以看出语言在同事的类型中的作用。完全能讲上海话的新白领中，有超过 36% 的人的同事大部分是本地人，而在能讲一点上海话的新白领中，这一比例为 25.9%，与完全能讲上海话的人相比，比例减少了 10.5%，而这一比例最少的是完全不能讲上海话的新白领，只有 17.3% 的新白领的同事大部分是本地人，这与前两者，特别是与完全能讲上海话的新白领相比，差异巨大。与之相反，选择同事大部分是外地人的新白领比例则随着语言的熟练程度降低而升高。完全能讲上海话的新白领中，只有 13.2% 的新白领的同事大部分是外地人，而这一比例在能讲一点和完全不能讲上海话的新白领中的比例分别为 28.1% 和 38.1%，要比完全能讲上海话的新白领的比例高得多，特别是完全不能讲上海话的新白领的同事大部分是外地人的比例要比完全能讲上海话的新白领高出 24.9%。这三种语言程度类别的人中，选择同事本地人和外地人各占一半的比例相差不大，并且该项比例都较高，比例最小的是完全不能讲上海话的新白领，约为 45%。横向来看，完全能讲上

海话的新白领中，同事是本地人的比例要比同事是外地人的比例大，两者差异较大；在能讲一点上海话的新白领中，这两者之间的差异逐渐变小，人数比例比较接近；而在完全不能讲上海话的新白领中，这两者的差异又增大，同事是外地人的比例要比同事是本地人的比例高得多。总之，会讲上海话在一定程度上能够结交较多的上海本地同事，而不会讲上海话，特别是完全不能讲上海话的新白领，工作中的同事是上海本地人的比例就会降低。

（四）邻居

近些年，随着城市化的推进，人口流动的加剧，不少外地户籍的大专生、本科、研究生等在沪工作，租住在离工作地点较近或交通方便的地点，或者有的已经在上海买房。在居住的小区中，邻居或者是本地人，或者是外地人，本次调查收集了外地来沪工作的新白领居住小区的外地人和本地人的情况。本次调查1047名被调查者中，有4人信息无效。图8－8是受访者居住小区中本地人和外地人的情况。从图中可以看出，被调查者居住小区大部分是本地人所占的比例最高，占总人数的51%，居住小区本地人和外地人各一半的比例为33%，居住小区大部分是外地人所占的比例最小，不到20%。可以看出，居住小区内是本地人的比例较高，外地人集中居住的区域所占的比例不是很高。

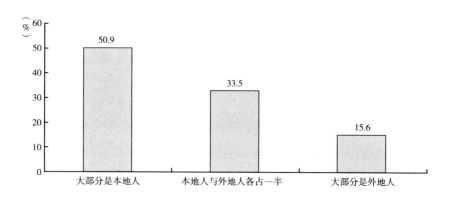

图8－8　居住小区中居住人群的类型

本次调查活动中，将住房类型分为四类，已购商品房、租住商品房、租住单位公房和其他。根据调查结果，有超过33%的新白领已经在上海购买了住房，有超过55%的人在上海租房，这两者占所有被调查者的近90%，而租住单位公房和其他类型的新白领的人数则较低。因此，分析当前住房类型与居住小区内外地人和本地人的关系时，重点分析前两者。

表8-9是当前住房类型与居住小区内居民成分的交互表，从表中可以看出，不管是已购商品房还是租住商品房者，居住的小区内大部分是本地人的比例都是最高的，已购商品房的新白领中，有49.1%的新白领选择了此项，而租住商品房的新白领中则有近54%的人选择了此项，租住单位公房和其他类型新白领选择此项的比例也比较高。与之相反的是，不论是已购买商品房还是租住商品房的新白领，选择居住小区大部分是外地人的比例都较低，已购商品房的新白领中只有10.3%的人选择了此项，而租住商品房的新白领中，则有16.7%的人选择了此选项。这与这两类新白领之前选择的小区内大部分是本地人的选项相比，人数减少较多。在本地人与外地人各占一半这一项中，已购商品房的新白领比租住商品房的新白领人数要多一些，已购商品房的新白领中有40.5%的人选择了此项，而租住商品房的新白领选择此项的比例为29.5%。可以看出，不管是在上海买房还是在上海租房，居住小区内的本地人都占多数。这是因为，外地人与上海人相比，人口还是较少，居住小区内大部分是本地人比较正常。

表8-9　住房类型与居住小区内居民成分的交互表

单位：%

住房类型	居住小区内居民成分			合计（人）
	大部分是本地人	本地人与外地人各占一半	大部分是外地人	
已购商品房	49.1	40.5	10.3	100.0(348)
租住商品房	53.8	29.5	16.7	100.0(580)
租住单位公房	35.1	37.8	27.0	100.0(74)
其他	55.0	22.5	22.5	100.0(40)
合计（人数）	51.0	33.5	15.5	100.0
	531	349	162	1042

二　社会交往方式

（一）社会交往方式——寻求帮助

在社会中没有人是万能的，当人们碰到困难时，会向其他人寻求帮助。

在现实生活中，有些人能够为他人提供帮助，有些人则很难为他人提供帮助。作为来沪工作的外地人，在碰到困难时，哪些人提供的帮助较大，哪些人提供的帮助较小，造成这种情况的原因是什么？都是亟待解决的问题。因此本次调查将对留沪新白领的求助情况进行研究。本次调查中共 1039 人的信息有效。图 8－9 是当遇到困难时，不同人群对受访者提供帮助最大的柱状图。可以看出，当遇到困难时，选择家人亲戚提供帮助最大的比例最高，为 56%；选择朋友提供帮助最大的次之，比例约占 33%；而选择同乡、同事提供帮助最大的比例较小，只有不到 4% 的人选择了这两个选项；选择没有人帮助和说不清的大约占总人数的 7%。可以看出，当碰到困难时，家人亲戚和朋友是给予被调查者帮助最大的两类人。前者和被帮助者具有血缘关系，后者和被帮助者关系较亲密。可以看出，关系的亲密程度在提供帮助方面起到很大作用，而关系不那么亲近的同乡和同事并不是提供帮助较大的群体。

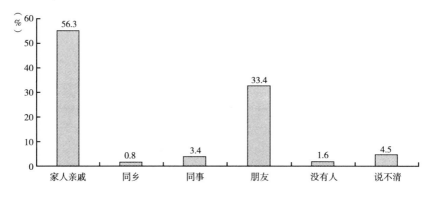

图 8－9　各种人群提供帮助情况

（二）社会交往方式——谈心

在日常生活中我们都会碰到不愉快的事情，或者有心情不太好的时候，这时就需要寻找缓解情绪的方式，由于个人间的差异，缓解这种情绪的方式各有不同，有的人喜欢吃东西，有的人喜欢自己思考，也有的人喜欢与人谈心，特别是与朋友谈心。本次调查活动所搜集的是当心情不太好时，或者心情沮丧时，找人谈心的频度的数据。本次调查活动共收集了 1046 人的有效信息，具体的情况见表 8－10。可以看出，当心情沮丧时，曾经找人谈过心的比例占总人数的近90%，而从未找人谈过心的人只占到总人数的8%。可以看出，大多数人在心情不好时，会找人谈心，区别只是找人谈心的程度不同。找人谈心的程度方面，经常找人谈心的比例约占总人数的22%，而比例最大的是选择有时找人谈心，超过一半的人都选择了此选项，达到总人数的57.1%。从表8-10中，可以看出有一定比例的人选择从不找人谈心和没有这种情况这两种选项，这说明人们在处理不良情绪时有不同的方式，这些人可能有其他的排解情绪的方式，找人谈心不是缓解心情的唯一方式。

表8-10 闲暇时间经常找人谈心的频度

找人谈心频度	人数	百分比	有效百分比
经常找人谈心	228	21.8	21.8
有时找人谈谈心	598	57.1	57.2
偶尔找人谈心	110	10.5	10.5
从不找人谈心	84	8.0	8.0
没有这种情况	26	2.5	2.5
合　　计	1046	99.9	100.0

　　社会飞速发展，生活、工作压力不断增大，人们在生活中碰到的困惑也越来越多，特别是在上海这种国际大都市。找人倾诉或者谈心是缓解不良情绪的一种重要方式。传统上认为女性喜欢在碰到问题时向人倾诉，而男性在这点上不如女性主动，本次研究的主要目的之一就是探讨在新白领中，性别对于找人谈心是否表现出差异。本次调查活动，男性共509人，占总人数的48.8%，而女性有536人，占总人数的51.2%。男女比例差别不大。

　　表8-11是性别与找人谈心频度的交互表，从中可以看出，男性和女性在找人谈天方面还是存在一定的差异。男性中，经常找人谈心的比例仅占男性总人数的11.6%，而在女性中，这一类别的比例却高达30%以上，达到了31.5%，女性与男性相比，找人谈心的频度还是比较高的。而在有时候找人谈心时，男性和女性在人数比例上差不多。在偶尔找人谈心时，男性选择此项的比例要比女性高1倍多。从不找人谈心的类别中，选择此项的男性比例达到了13.2%，而女性选择从不找人谈心的人数比例却只有3%左右，两者之间还是有比较大差异的。在从来没有出现过这种情况中，男性和女性

都有少数人选择，不过人数比较少，这说明当心情不太好时，有少部分人是寻求其他方式解决情绪问题的。总体上看，男性和女性在找人谈心方面还是表现出差异，男性在心情不太好时，经常找人谈心的比例不高，从不找人谈心的比例要比女性高，与此相反，女性在心情沮丧或者不太好时，经常找人谈心的比例要高于男性，但是偶而找人谈心和从不找人谈心的比例则要比男性的比例低得多。不过，男性和女性在有时找人谈心方面比例差不多，并且都在各类别中比例最高。可以看出，大多数新白领，不管是男性还是女性，在心情沮丧时，有时找人谈心是大多数人的选择。

表 8 - 11　性别与找人谈心的交互表

单位：%

性别	过去一年里,当您心情不太好时,或感到有点沮丧,您找过谁谈心吗?					合计(人)
	经常找人谈心	有时找人谈心	偶尔找人谈心	从不找人谈心	没有这种情况	
男	11.6	57.8	14.3	13.2	3.1	100.0(509)
女	31.5	56.5	6.9	3.2	1.9	100.0(536)
合计(人数)	21.8	57.1	10.5	8.0	2.5	100.0
	228	597	110	84	26	1045

（三）社会交往方式——休闲

每个人在日常生活中，除了工作时间外，其他的大部分时间是由自己支配的。在这些闲暇时间中，我们可以找朋友度过，可以自己度过，也可以参加各种各样的社会活动。新白领工作之余的其他时间如何度过？本次研究从休闲的角度描述新白领的闲暇时间。本次调查共收集了 1046 份有效信息。总体上看，闲暇时间选择去找人玩的占大多数，占被调查者的人数的 95% 以上。图 8 - 10 是新白领去找人玩的频度柱状图，从图中可以明显地看出，从不找人玩所占的比例相当小。没有时间去找人玩的比例也相当小，约占3%。在找人玩的程度方面，选择有时找人玩的人数最多，约占总人数的42%。由此看来，大部分人是把找人玩作为休闲方式的一种。选择经常找人玩的比例也较大，约占总人数的 30%。选择偶尔去找人玩的人数的比例约为 25%。总体来说，与其他人玩（朋友、同事、家人等）是新白领度过闲暇时间时经常的选择，且经常找其他人玩的人数较多，这与经常参加社会活动的人数形成鲜明的对比。

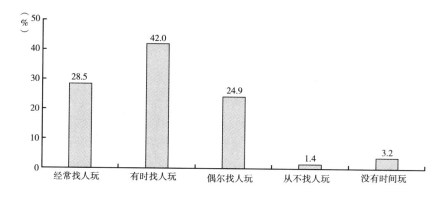

图 8 - 10　闲暇时间找人玩的频度

图 8 - 10 反映了新白领在闲暇时间找人玩的频度，但没有说明新白领找哪些人玩。所以本次研究还收集了新白领平常都与哪些人玩的信息，本次调查收集了 1022 人的有效信息。总体来说，选择与家人和外地人休闲玩耍的人数较多（见表 8 - 12）。

表 8 - 12　主要和哪些人一起休闲

与哪些人一起休闲	人数	百分比	有效百分比
家　人	243	23.2	23.8
亲　戚	33	3.2	3.2
老　乡	138	13.2	13.5
外地人	432	41.3	42.3
本地人	131	12.5	12.8
其他人	45	4.3	4.4
合　计	1022	97.6	100.0
系统缺失	25	2.4	
合　计	1047	100.0	

从表 8 - 12 中可以看出，在所有被调查者，选择外地人作为重要结伴对象的人数最多，约占总人数的 41%；其次为选择家人作为重要结伴对象，约占总人数的 23%；选择老乡和本地人的比例差别不大，都在 13% 左右；选择亲戚和其他人作为休闲对象的人数则较少，两者相加不到 10%。从新白领的选择来看，家人是休闲的重要结伴对象。可见有相当部分的新白领在上海已经安家落户，工作之余经常和家人在一起。选择外地人作为闲暇时结

伴对象的新白领人数最多，这可能跟平时工作与交往中，与上海本地人交流的机会较少有关。选择老乡作为结伴对象的新白领也可以理解，相似的童年生活，甚至在一块读书，让同在外地的他们更有可能聚在一起，相互交流。

本次调查活动还调查了新白领的心理健康问题。其中对新白领心理压力状况的调查结果如下：大部分新白领都认为自己的心理状况在一般以上，表示自己心理状况很差或者较差的人所占的比例非常小，从图 8－11 中也可以看出这次的调查结果。自认为心理状况非常好的新白领占总人数的 18.5%，自认为心理状况较好的新白领所占的比例最高，为 52.3%，而自认为心理状况一般的新白领大约占 26%。可以看出大多数人对自己的心理状况还是比较满意的。

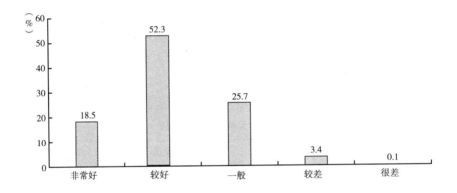

图 8－11　新白领对自己心理状况的评估

心理状况的好坏对找别人玩耍的频度有没有影响呢？表 8－13 是新白领对自己心理状况的评估与找人玩频度的交互表。因为在对自己的心理状况进行评估时，认为自己心理状况很差的人数只有一人，不具有分析的代表性，因此，将不被纳入到比较当中。从表 8－13 中可以看出，心理状况非常好的新白领经常找人玩的比例最高，达到了 40.7%，而心理状况较好和一般的人经常找人玩的比例只有 27.4% 和 24.9%，比例最低的是心理状况较差的新白领，只有不到 6% 的新白领经常找人玩。在有时找人玩的类别中，不管心理状况是非常好、较好还是一般、较差，选择此项的比例都比较高，最低的是心理状况非常好的新白领，有 31.4% 的人选择此项，而比例最高的是心理状况较差的新白领，大约有接近 50% 的人选择了此项。从以上数据，特别是从经常找人玩的新白领比例中可以看出，心理状况非常好的新白领经常找人玩的频度比较高，而其他心理状况的新白领选择该项的比例相比较而言则较低。这说明心理状况的好坏与找人玩之间具有一定的关系。

表8-13 新白领的自我心理状况评估与闲暇时间和别人一起度过的频度的交互表

单位：%

对自己心理现状的评估	闲暇时间和别人一起度过的频度					合计（人）
	经常找人玩	有时找人玩	偶尔找人玩	从不找人玩	没有时间玩	
非常好	40.7	31.4	23.2	2.1	2.6	100.0(194)
较 好	27.4	44.4	24.1	1.3	2.7	100.0(547)
一 般	24.9	43.5	27.1	1.1	3.3	100.0(269)
较 差	5.7	48.6	28.6	2.9	14.3	100.0(35)
很 差	0.0	100.0	0.0	0.0	0.0	100.0(1)
合计（人数）	28.5	42.0	24.9	1.4	3.3	100.0
	298	439	260	15	34	1046

（四）社会交往方式——请客吃饭

在大多数人的日常生活中，吃饭是一种重要的交往方式，特别是陌生人间的交往。在中国吃饭是最常见而普遍的交往方式，从城市到乡村除了吃饭，有时找不到第二种交往方式。通过吃饭，能拉近与陌生人之间的距离。饭桌就是一个中介，通过吃饭，陌生人可以变成熟人、朋友。通过吃饭，还能交流信息，每年春节亲朋好友相聚的一个重要话题就是交流这一段时间里各自的信息。吃饭还能协调人际间的关系，营造和谐友善的社交氛围，也有助于建立和发展人与人之间相互尊重和友好合作的新型关系。所以吃饭作为一种社会交往方式的重要性就不言而喻了。本次调查活动中，主要调查了新白领请人就餐和被请就餐两种交往方式的频率。在请人在外就餐调查中，共收集1046份有效信息。总体来看，曾经请人在外就餐的人数占总人数的98%，从程度上看，选择有时请人在外就餐的人数最多，具体情况如图8-12。

从图8-12中可以看出，从不请人在外就餐的人所占的比例非常小，大约占总人数的2%；在请人在外就餐频率方面，有时请人在外就餐的比例最高，达到48%；选择经常请人在外就餐的比例占总人数的13%，较多在外请人就餐的比例也较高达到了24%；而选择很少请人就餐的人数和选择经

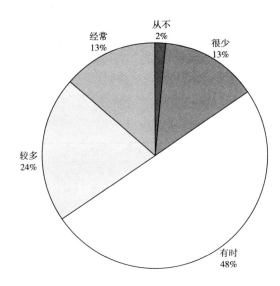

图 8 – 12 新白领请人在外就餐的频度

常请人在外就餐的人数相差不大，约占总人数的 13%。从以上数据可以看出，在新白领的日常生活中，或多或少都有请人在外就餐的经历，这也符合中国的国情，在中国，餐桌上的交往还是比较重要的社会交往方式。另外，从图 8 – 12 中可以看出，经常请人在外就餐和较多请人在外就餐的比例还是较高的，有将近 30% 的人选择了这两个选项。这说明有许多人把吃饭作为和他人沟通互动的重要方式，特别是在商业领域内，请人吃饭是认识生意伙伴，达到目的最好的方式。

本次研究除了收集新白领在请人吃饭方面的数据，还收集了其被请在外吃饭方面的信息。本次研究共收集 1045 份有效信息。具体情况如图 8 – 13 所示，从图中可以看出，大部分人都有被请在外就餐的经历。从来没有被请过在外就餐的人数只占总人数的 1% 左右，比例非常小。比例最高的是选择有时被请在外就餐，选择这一项的被调查者人数超过了总人数的一半，比例约为 54%。这与上文中请人在外就餐的选项相似，在请人在外就餐中，选择有时请人在外就餐的人数最多。两者相比较，可以看出，礼尚往来是中国人社会交往的规则。请人在外就餐，一段时间以后肯定会被回请，这是人际交往，特别是朋友间交往的重要原则。而选择较多被请和经常被请的比例分别为 22.8% 和 12.2%。选择两者的人数也超过了总人数的 30%，这同请人在外就餐一样。很少被请在外就餐的人数大

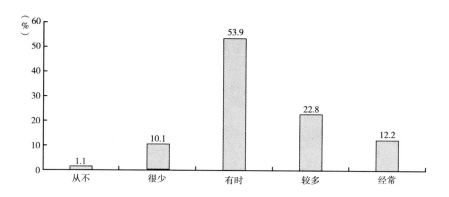

图 8 - 13　新白领被请在外就餐的频度

约占总人数的10%，比例也较小。

　　通过请人在外就餐和被请在外就餐的数据可以看出，吃饭与其他几种交往方式相比，更具有代表性。原因不同，吃饭的对象也不同，可以是陌生人，可以是朋友，也可以是生意伙伴。个人在主动选择性方面要比其他方式要差。寻求帮助、找人谈心和找人休闲都可以根据自己的兴趣和倾向性进行选择，而吃饭有时候确实没有选择性。特别是为了小集体利益时，就需要先把自己的好恶放置一边，顾全小集体的利益。例如，为了生意上的往来，许多人不得不参加这种就餐交往活动。

　　在上文中，我们谈到闲暇时是否找人玩（看电视、看电影、聊天、购物、打牌、游玩等），调查结果是选择经常找人玩，有时找人玩、偶尔找人玩的人数占被调查者的绝大部分，比例占总人数的95%以上。从不找人玩和没时间玩的人数所占的比例较小。所以大多数人或多或少都有找别人玩的经历。

　　表8 - 14为闲暇时间和别人一起度过的频度与请人在外就餐的交互表。"经常找人玩"的新白领经常请人在外就餐的比例最高，人数比例为19.5%，而"有时找人玩""偶尔找人玩""从不找人玩"和"没时间玩"类别中，经常请人在外就餐的人数比例与经常找人玩的比例相比，差异较大。而在"较多"请人在外就餐中，经常找人玩的新白领的人数比例也最高，达到了其总人数的30.9%；但其他类别的新白领中，这一比例要低得多，"有时找人玩"和"偶尔找人玩"的新白领的比例都在20%左右；"从不找人玩"和"没时间玩"的新白领的选择该项的比例

更低。从中可以看出，"经常找人玩"的新白领，较多和经常请人在外就餐的次数也较多，要比"有时找人玩""偶尔有人玩""从不找人玩"和"没时间玩"的比例高得多。而在"从不"请人在外就餐和"很少"请人在外就餐中，"经常找人玩"的新白领的比例要比其他类别的新白领的比例要少。经常找人玩与请人在外就餐之间存在相关关系。随着新白领找人玩的频度的降低，"较多"和"经常"请人在外就餐的人数的比例也不断降低，而"从不"和"很少"请人在外就餐的人数的比例则不断增加，这一点从被请在外就餐中一样可以表现出来。

表 8 - 14　　闲暇时间和别人一起度过的频度与请人吃饭的交互表

单位：%

闲暇时间和别人一起度过的频度	您请人在外就餐过吗？					合计
	从不	很少	有时	较多	经常	
经常找人玩	1.0	8.1	40.6	30.9	19.5	100.0(298)
有时找人玩	0.9	12.3	52.2	23.0	11.6	100.0(439)
偶尔找人玩	2.7	15.4	51.7	20.8	9.3	100.0(259)
从不找人玩	6.7	20.0	46.7	13.3	13.3	100.0(15)
没有时间玩	2.9	32.4	41.2	11.8	11.8	100.0(34)
合计（人数）	1.5	12.6	48.3	24.2	13.3	100.0
	16	132	505	253	139	1045

与表 8 - 14 一样，经常找人玩的新白领，经常被请在外就餐的比例也较高，达到了 20.1%，而有时找人玩、偶尔找人玩、从不找人玩和没时间玩的新白领在此项中的比例则非常低，比例在 10% 左右。同样，经常找人玩的新白领较多被请在外就餐的人数比例在所有类别中最高，比例接近 30%，其他类别的新白领在该项上的比例则比较低。而在从不和很少被请在外就餐中，经常找人玩的新白领的比例与其他类别的新白领相比，其比例要少见表 8 - 15。经常找人玩的新白领也较多和经常被请在外就餐，而从不找人玩和没有时间玩的新白领，较多和经常被请在外就餐的人数比例较少，从不和很少被请在外就餐的比例则较多。从经常找人玩到没时间玩，较多和经常被请在外就餐的人数比例逐渐减少，而从不和很少被请在外就餐的人数比例则不断增加。

表 8 - 15　闲暇时间和别人一起度过的频度与被请吃饭的交互表

单位：%

闲暇时间和别人一起度过的频度	您被请在外就餐过吗？					合计
	从不	很少	有时	较多	经常	
经常找人玩	0.7	9.4	40.3	29.5	20.1	100.0(298)
有时找人玩	0.2	7.3	59.9	22.8	9.8	100.0(439)
偶尔找人玩	1.9	14.3	60.5	15.5	7.8	100.0(258)
从不找人玩	13.3	13.3	46.7	13.3	13.3	100.0(15)
没有时间玩	2.9	20.6	50.0	23.5	2.9	100.0(34)

从是否找别人玩与请人在外就餐和被请在外就餐的交互表可以看出，经常找人玩的人在外就餐（请和被请）的次数也较多，从不找人玩和没时间玩的人在外就餐的次数较少，两者存在一定的相关关系。其实这也可以从我们的日常生活中得出相同的结论，经常找人玩的人，交际范围比较广，和别人吃饭的几率也较高。

三　小结

本章主要从社会交往的类型和方式描述了新白领的日常交往情况。社会交往的类型主要是从外地人和上海本地人的角度来分析，从四个方面来描述，即经常接触的人中外地和上海本地人的比例、朋友中的外地人和本地人的比例、同事中的外地人和本地人的比例、居住小区的外地人和本地人的比例。而社会交往的方式也主要从四方面来描述，分别是求助、谈心、找别人休闲和与别人吃饭。

在社会交往的类型中，新白领经常接触的人大部分是上海本地人的人数要比大部分是外地人的人数稍微少一些，经常接触的本地人与外地人各占一半的新白领的比例最高，约占总人数的50%。本文从新白领在上海居住时间、户口类型和住房类型等角度对影响新白领经常接触的人的类型的因素进行了分析。

新白领的朋友中的外地人和上海本地人。根据调查结果，新白领的朋友中大部分是本地人的比例较低，只有10%多一点；而朋友中大部分是外地人的比例较高，达到了45%；外地人与本地人各占一半的比例较高，超过了40%。为了分析朋友的类型，本文从新白领在沪居住时长和语言（是否听懂上海话和会讲上海话）角度分析了影响新白领的朋友中外地人与本地人的比例有差异的原因。

新白领的同事中的本地人与外地人。根据调查结果，新白领的同事中大部分是本地人的比例较低，为23%；而大部分是外地人的比例则较高，超过了30%；本地人与外地人各占一半的比例最高，超过了45%。可以看出，新白领的同事中外地人比本地人比例要高。本文同样从新白领在沪居住时长和语言的角度分析了影响同事类型的因素。

新白领的居住小区中的本地人与外地人。由调查结果可知，新白领居住的小区内大部分是本地人的比例最高，超过了50%，而大部分是外地人的比例则较低，比例在15%左右。本文从住房类型的角度分析了新白领居住小区中的本地人与外地人比例有差异的原因。

社会交往的方式中，首先是求助，在调查中，当新白领碰到困难时，选择家人亲戚和朋友提供的帮助最大的新白领最多，约占总人数的90%。其次是谈心，调查结果显示，当遇到心理沮丧时，超过九成的人还是或多或少的找人谈心，而经常找人谈心的人数占总人数的22%，从不找人和没有这种情况的新白领的比例较少，约占总人数的10%。本章还从性别的角度，分析了男女在找人谈心方面的差异。再次是找人玩，根据调查结果，闲暇时间中，95%的新白领都会找人玩，区别是找人玩的频度不同，其中经常找人玩的新白领占总人数的28%左右。关于去找哪些人玩，调查结果显示，找家人和外地人一起玩所占的比例最高，两者约占总人数的60%以上。本章从新白领自我心理状况评估的角度分析了新白领在"找人玩"方面的差异。并分析了"找人玩"与"就餐"之间的关系，结果表明，98%以上的新白领都有过请人在外就餐和被 请在外就餐的经历，"就餐"在新白领中已成为比较流行的交往方式。

第九章　身心健康

　　成功的人生从健康开始。没有人会拒绝健康，可是人们却把它放在不一样的位置上，叔本华说，人类所犯的最大错误就是用健康来换取其他身外之物！这说出了健康的重要性，全世界都对健康非常关注，世界卫生组织对健康的定义是：身体、心理及对社会适应的良好状态。并且，健康还有三个要素：①生理健康。它是健康的基础，指人体结构完整，生理功能正常，也就是无伤残，无病痛。②心理健康。它以生理健康为基础，并高于生理健康，主要指人的智力正常、情绪稳定、行为协调、积极向上、热爱生活、知足常乐、有良好的人际关系、有自知之明、心理特点与年龄相符合等。也就是说，在社会生活中有进取心、接纳心、宽容心。③社会适应健康。这是指每个人在不同时间、不同岗位上对各种角色都能良好地适应，能胜任各种社会和生活角色。符合健康三要素的人才能说是真的健康。

　　在中国，居民的身体健康也逐渐受到了重视，从 2009 年开始，建立居民健康档案成为一个良好的开始。党和政府一直呼吁构建和谐社会，关注生命，提高人民的健康水平。

　　的确，良好的健康状况既是社会经济发展的基础，也是社会经济发展的重要目标。人民健康水平是一个国家经济社会发展水平的综合反映，已经成为国际社会的共识。世界上许多国家，尤其是发达国家均定期开展国民健康状况调查，及时颁布调查结果，并据此制定和评价相应的社会发展政策，以改善国民健康状况，促进社会经济的协调发展。在党的十七大报告中，更是提出了"健康是人全面发展的基础""以健康促小康"的论断，实施"健康中国 2020"战略。"健康中国 2020"战略是以提高人民群众健康为目标，坚持预防为主、防治结合的方向，采用适宜技术，坚持中西医并重，以危害城乡居民健康的主要问题和健康危险因素为重点，通过健康促进和健康教育，坚持政府主导，动员全社会参与，努力促进人人享有基本的医疗卫生服务。

不可否认的是，虽然国家对人民健康越来越关注，但是仍不可避免的有被忽视的地方。新白领的工作环境优越，既没有重大的安全风险，也不需要高强度的体力劳动，看似并没有受到伤害的可能。但是，新白领所从事的工作，尤其是高级管理阶层的新白领从事的都是高强度的脑力劳动，他们的身心健康也是体现地区人民身体健康水平的一个重要方面。

在上海，新白领群体规模日益扩大，本报告旨在分析本次调查中所收集到的上海市新白领的健康信息，主要是反映新白领在工作和生活的双重压力下的身体、心理健康的基本情况，以期对这一群体有更深层次的了解，同时，通过这些分析来反映上海新白领普遍存在的身体、心理健康方面所存在的问题。

一　新白领的总体健康状况

2009 年 12 月，五大权威机构联合发布历年来规模最大的《中国城市人群健康白皮书》，其结果表明，新白领群体的健康状况普遍堪忧。很多新白领对自己的健康抱有自信，理由就是我没病，我从来不上医院。对于新白领来说，这个群体的总体健康情况还是比较乐观的，本报告对新白领群体的身心健康做出一些描述和简单分析。

（一）身心健康的主观评价

近年来，上海市新白领群体的健康状况有了较明显的改善，居民的主观健康评价度较高，本报告对于上海市新白领身体健康状况描述所采用的指标是"主观身体健康评价"，让新白领对自己的身体健康状况进行自我评估，从主观的角度来看待新白领的身体健康情况。

1. 身体健康

主观健康评价是指人们对自身健康状况的主观判断，这种判断反映出个体对健康内涵的理解以及对自己身体的客观状态的认知情况。从整体来看，上海市新白领群体对自己的健康状况评价较好的占被调查总体的 55%（包括主观评价"很好"和"较好"两项），而认为自己不属于健康范畴的有 45%（包括主观评价"一般""很差"和"较差"三项）（见图 9-1）。可以看出，上海市新白领群体对自身健康状况普遍呈较满意的状态，且分布较为均衡，没有出现两极分化的状况。

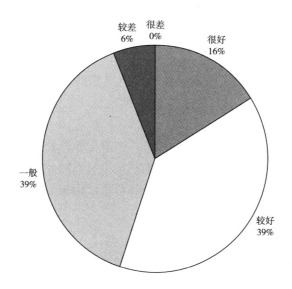

图 9 – 1　上海新白领群体的主观身体健康满意度
情况（$N = 1047$）

2. 心理健康

心理健康（又称精神卫生）是指具有较好的自控能力，且能保持心理上的平衡，能自尊、自爱、自信而且有自知之明。不过，从广义和狭义上来说，心理健康又有一定的区别。广义上讲，心理健康是指一种高效而满意的、持续的心理状态。从狭义上讲，心理健康是指人的基本心理活动的过程内容完整、协调一致，即认识、情感、意志、行为、人格完整和协调，能适应社会，与社会保持同步。也就是说，个体能够适应发展着的环境，具有完善的个性特征；且其认知，情绪反应，意志行为处于积极状态，并能保持正常的调控能力。生活实践中，能够正确认识自我，自觉控制自己，正确对待外界影响，使心理保持平衡协调，就已具备了心理健康的基本特征。

严重的心理健康问题会导致许多社会问题，其中最为严重的一项就是自杀。上海的第一份关于自杀者的调查①显示，突遭"生命难以承受之重"

---

① 2006 年上海市心理学会心理咨询与治疗专业委员会：《综合医院 121 例自杀急诊住院患者调查分析》。

而选择自杀的人群中，青壮年占了多数。例如，2011年4月，一名从事金融业的30多岁女白领，自杀身亡。4月28日，上海申银万国证券公司的一位33岁员工坠楼身亡。上海市一家外资公司的销售人员，因为一张300万元的订单没有谈成，开始觉得沮丧，时间一点点过去，"心境"越来越差，用她自己的话说"我好像觉得什么事情都提不起精神来，和男朋友相爱几年了，竟然突然觉得连对他的爱也减少了一大半"。于是，她开始前往医院接受"心身治疗"，并被确诊为患上抑郁症，并已产生自杀倾向。

种种事实都表明，心理健康问题所产生的后果往往会比身体健康问题更严重，所以这里对于新白领的心理健康状况也会做简要的描述和分析。对心理健康的评价在这里采用主观心理健康评价这项指标。

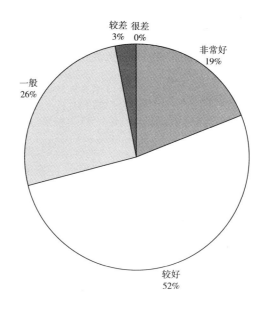

图9－2　新白领的主观心理健康满意度情况（N＝1047）

图9－2为新白领的主观心理健康评价，与对身体健康的满意度相比，新白领的自我心理健康评估情况总体来看十分乐观，超过70%的新白领认为自己心理健康，"较好"这一项就占了总体的一半以上，而认为自己的心理健康状况不乐观的只有3%（包括"较差"和"很差"两项）。可以看出，虽然新白领群体的工作十分忙碌，部分新白领的身体健康状况不

容乐观，但是在心理健康上，大部分人并不认为自己有心理健康上的问题。

（二）疾病和医疗情况

对于新白领身心健康的基本概述还包含了对于新白领群体常见疾病和医疗状况的描述，这些疾病主要包括5类，即运动系统问题、眼科问题、消化系统问题、神经系统问题和情绪困扰问题。

疾病是每个人都会面对的情况，新白领也不例外，最新的"知识分子健康调查"显示，知识分子的平均寿命较十年前有所下降，许多的相关调查和研究结果都认为新白领群体的健康状况并不理想，尤其是慢性病高发。新白领的"生理年龄"提前衰老，普遍存在亚健康、肥胖、长期运动不足等状况，尤其是运动系统、消化系统、神经系统疾病已经成为困扰新白领的三大健康杀手。[①]

新白领群体的健康状况参见表9-1。表9-1数据表明：上海市新白领群体最严重的健康问题是颈椎、腰椎、骨质增生等运动系统疾病，具有这类疾病的人数比例达33.6%，这与新白领的工作模式有关；第二是眼科疾病，患者比例为32.8%，新白领的工作性质大多用眼过度，所以会产生视力下降和视觉疲劳的问题；第三是抑郁、烦躁、疲倦等情绪问题，比例达30.6%；第四是失眠、头痛等神经系统的问题，24.3%的人都有这类困扰，情绪问题和神经紧张等问题可能均与高负荷的脑力劳动有关；第五是肠胃、肝脏等消化系统问题，这类患者的人数比例为24.0%，这与新白领的工作压力以及饮食不规律有关。除上述5类疾病外，一些新白领还患有其他疾病，例如呼吸系统疾病、长期疲劳、易感冒、血压高、厌食等[②]，患有这些疾病的新白领占总体的2.2%，虽然只是一小部分人群，但是应同样引起重视。

上海这座城市的快节奏生活使新白领格外忙碌，他们忙碌到失去了运动时间，忙碌到失去了休息机会，忙碌到失去了生活规律。但是，透支健康的最终后果，就是透支自己的生命，新白领群体需要警惕。

---

① 参见2009年MSN发布的白领健康报告。
② 这部分的调查情况被归为其他一类，但由于数据分类过于分散，无法做成表格具体描述，因此只以文字描述的形式来呈现。

表 9 - 1　新白领常见的疾病情况 （N = 1045）

常见疾病情况	是		否	
	人数	百分比	人数	百分比
颈椎、腰椎、骨质增生等	351	33.60	694	66.40
视力下降、视觉疲劳等眼科问题	343	32.80	702	67.20
失眠、头痛等神经系统问题	254	24.30	791	75.50
肠胃、肝脏等消化系统问题	251	24.00	794	76
抑郁、烦躁、疲倦等情绪问题	320	30.60	725	69.40

　　医疗状况是最能体现新白领身体健康状况的一项指标，它可以用来评价新白领的身体健康状况。对于医疗情况的测量采用的指标是过去 3 个月中新白领家庭平均医疗费用支出。医疗情况对新白领群体的身体健康评价，如表 9 - 2 所示，医疗的支出对新白领身体健康的影响非常显著 （p = 0.000）。医疗费用的支出范围是每月 0 ~ 800 元，表中将月平均医疗费用分为 4 组，分别为 0 ~ 10 元，10 ~ 200 元，200 ~ 800 元和 800 元以上。

表 9 - 2　新白领的医疗状况与其自我健康评价 （N = 1014）

自我身体健康评价	0 ~ 10 元/月		10 ~ 200 元/月		200 ~ 800 元/月		800 元/月以上	
	人数	有效百分比	人数	有效百分比	人数	有效百分比	人数	有效百分比
很好	114	19.6	35	13	14	10.7	2	6.7
较好	234	40.1	107	39.6	46	35.1	8	26.7
一般	207	35.5	110	40.7	62	47.3	13	43.3
较差	26	4.5	17	6.3	9	6.9	6	20
很差	2	0.3	1	0.4	0	0	1	3.3

　　从表 9 - 2 和图 9 - 3 中可以看到，医疗费用越低的新白领其身体健康的自我评价就越高，相似的，医疗费用越高的人，其对自身身体健康的评价就越差。在过去 3 个月平均月医疗费用 10 元以下的新白领占总体的 57%，花费 200 ~ 800 元的新白领占总体的 13%，而花费 800 元以上的新白领只占总体的 3%。

　　总体来看，在过去 3 个月里，新白领的身体总体很健康，并且，他们普遍认为医疗费用的负担较生活负担轻。平均只有不到 5% 的新白领认为医疗费用占总支出的很大比例。从医疗费用占总支出的比例来看，除去 56.5%

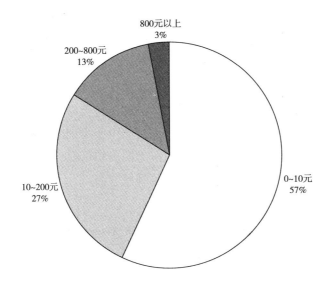

图 9 - 3　新白领月均医疗费用支出情况（N = 1016）

的新白领在过去 3 个月内没有花费任何医疗费用，其余的新白领中 19.9%
的人其医疗支出占总支出的 5% 以下，医疗支出占总支出 5% ~ 10% 的有
9.4%，医疗支出超过 10% 的新白领只有 4.2%（N = 1014）。

从年龄上看，医疗费用花费最多的是 50 岁以上的新白领，花费 800 元/月
以上的人有 25%，而其他年龄段的新白领都不超过 5%，确实，随着年龄的上
升，身体各方面的机能不断下降，医疗费用的支出自然就上升了。不花费任
何医疗费用的新白领，他们的年龄主要集中在 30 岁以下，不过，30 ~ 40 岁的
新白领要比 40 ~ 50 岁的新白领花费更多的医疗费用，从百分比上看，这类群
体的花费要比 40 ~ 50 岁的新白领高出 3.1%。

（三）心理压力

心理压力情况也是能够体现新白领心理健康情况的重要因素。心理压力
对人的影响往往体现在三个方面，第一个方面是生理反应，常常出现疲劳、
头疼、气闷、耳鸣，这是生理上的反应；第二个方面是心理上的反应，如焦
虑、紧张、情绪低落、注意力下降、记忆力下降、心理承受能力下降；第三
个方面是行为方面，会产生如爱发脾气、对子女教育不如以前关心等。

新白领心理压力的测量问题为"自我感觉的心理压力"，新白领群体从
主观的角度来判断自身受到的压力情况，反映到数据上就如表 9 - 3 所示，

上海市新白领群体的心理压力确实非常大。认为压力大的新白领占总体的35.9%（包括"压力很大"和"压力较大"两项），而认为基本无压力的只占总体的4%，尽管如此，仍有将近半数的新白领认为自己受到的心理压力一般，尚在可以承受的范围之内，但是很难保证这种压力会随时间变化而减少。事实常常是相反的，往往时间越长，心理压力会越大，这种经年累月的心理压力一旦爆发出来，就很可能会造成前文中所提到的种种社会问题。面对这种情况，要了解新白领群体的心理压力的确切情况，首先就要了解心理压力的来源，知道新白领的心理压力来自哪些方面。

表 9 – 3　新白领心理压力情况 （$N = 1046$）

心理压力	人数	有效百分比	心理压力	人数	有效百分比
压力很大	47	4.5	压力较小	135	12.9
压力较大	328	31.4	基本无压力	42	4
一　　般	494	47.2			

通过表9－4不难看出，新白领群体所受到的压力排名第一位的是收入压力，占总体压力的33.8%，第二位是房子带来的压力，第三位是生活成本的压力，分别占总体压力的24.2%和24.9%。从表9－4的结果可以看出，新白领的压力来源大都受到经济因素的影响，收入、房子和生活成本成为了新白领生活中的主要压力来源，而"身体健康""人际关系""家庭关系"所带来的压力要远比这些经济因素小得多。马克思说，经济基础决定上层建筑，经济对于生活的影响毋庸置疑，只有在保障了基本生活的前提下，新白领才会考虑其他的因素。新白领来到上海，虽然成为了新上海人，但是在新城市工作生活的压力不容小觑，收入的保障、住房的稳定和较小的生活压力才是他们关注的焦点。

最后，有压力就需要有处理压力的各种方式，本次调查对新白领遭受到压力后的处理方式也做了简要的描述，具体情况见表9－5。可以看到，新白领遇到压力后的排解方式主要还是靠自我调节和向朋友倾诉，很少会有人向专业人士咨询（这里指心理医生辅导）。其实，不只是新白领群体，整个白领阶层处理压力的方式都很类似，大多是自我调节或向熟悉的亲朋好友求助，但实际的结果可能并不尽如人意，这样就会导致心理上的压力逐渐累积，甚至会造成严重的后果。富士康"跳楼事件"就让我们看到了过大的

表 9 - 4　排名前三位的心理压力列表

	第一压力 (N = 1034)		第二压力 (N = 1009)		第三压力 (N = 996)	
	人数	有效百分比	人数	有效百分比	人数	有效百分比
收　　入	349	33.8	190	18.8	156	15.7
房　　子	340	32.9	244	24.2	63	6.3
生活成本	92	8.9	209	20.7	248	24.9
子　　女	48	4.6	70	6.9	47	4.7
赡养老人	21	2	53	5.3	77	7.7
家庭关系	19	1.8	18	1.8	37	3.7
工　　作	106	10.3	126	12.5	175	17.6
人际关系	12	1.2	47	4.7	70	7
身体健康	29	2.8	48	4.8	115	11.5
其　　他	18	1.7	4	0.4	8	0.8

表 9 - 5　处理压力的各种方式 (N = 1035)

处理压力的方式	人数	有效百分比	处理压力的方式	人数	有效百分比
自我调节	555	53.6	外出旅游	67	6.5
购物/逛街	75	7.2	去歌厅/酒吧等娱乐场所解忧	16	1.5
找朋友帮忙/倾诉	160	15.5	心理医生/辅导	1	0.1
找家人/亲戚/恋人倾诉	95	9.2	到宗教场所	3	0.3
利用网络、游戏等排解	34	3.3	其他	29	2.8

心理压力给人带来的致命危险，如果一个人的心理压力已经达到了重度的标准，那么简单的自我减压方法已经不能解决问题了，富士康"跳楼事件"应该引起我们对心理压力这个问题的关注，心理上的问题不仅仅是依靠自己或是朋友就能解决的，专业人士的引导也许才是解决问题的途径。而本报告的结果显示，寻求心理医生的辅导所占的比重是最小的，除了自我调节和找亲友倾诉以外，就是外出旅游或是去娱乐场所、网吧或宗教场所等。

　　此外，还有一些被访者会通过体育锻炼，例如跑步①，从运动中来释放压力，这也是一个有效的途径。当行动被阻止，能量就被抑制在体内，造成紧张和其他有害影响。体育锻炼有助于释放这种能量，有助于头脑转向其他事情从而忘掉失意和压抑。

————————————

　　① 体育锻炼因为选择人数很少，所以被归在其他一类，这里没有列出选项"其他"所包含的类别。

二 影响身心健康的综合因素分析

对新白领身心健康的基本情况有了一个直观的了解之后，我们要关注在这种情况之下是否会产生差异，并且分析这些差异为什么会产生。对于身心健康的综合分析主要包括对新白领身体健康和心理健康都产生影响的一些因素，主要有生理因素、职业因素以及身心健康的相互影响三个部分。

（一）生理因素

生理是指生物的生命活动和体内各器官的机能，这里的生理因素主要是指先赋性因素，如性别、年龄。

1. 性别

性别作为生理因素，是先天形成的，在对新白领阶层的分析中，性别是一个重要的分析变量，不同的性别会对社会生活和各种压力有不一样的承受能力，也对新白领的身心健康有一定的影响。

根据表9-6，男性与女性新白领对自己身体健康状况的判断并没有很大的差异，只有5.3%的男性认为自己的健康状况并不乐观（包括"较差"和"很差"两项），而女性有6.7%。可见，性别并不影响新白领对自身健康状况的评价，尤其是女性新白领，她们认为自身健康状况较好的比重甚至要高于男性，这也从侧面反映了女性新白领从心理上认为自己与男性能够承担相同的职业压力。

表9-6 新白领男性与女性的主观健康状况评价情况 （$N = 1044$）

	主观健康状况评价					
	很好	较好	一般	较差	很差	合计
男（人数）	89	191	202	23	4	509
百分比	17.5	37.5	39.7	4.5	0.8	100
女（人数）	77	216	206	35	1	535
百分比	14.4	40.4	38.5	6.5	0.2	100
合计（人数）	166	407	408	58	5	1044
百分比	15.9	39.0	39.1	5.6	0.5	100

虽然女性对自己的健康状况很有信心，但是实际情况却与主观的评价不同，参见图9-4。从图中我们可以看到，与运动系统有关的疾病女性要比男性高出12.2%，性别对于运动系统的问题有显著的影响（p＝0），这与女性新白领长时间坐着工作，不爱运动等原因有关；对于视力下降、视觉疲劳等眼科问题来说，也是女性比男性突出，相似的还有情绪困扰问题和神经系统问题。唯一与性别无关的疾病就是消化系统疾病，男性与女性同样有着肠胃、肝脏等疾病困扰。

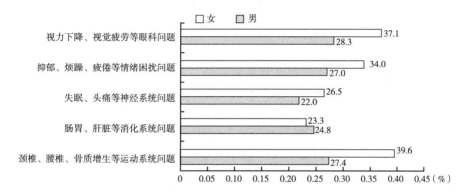

图9-4　新白领疾病状况的性别差异（$N＝1044$）

实际上，疾病情况与性别存在很大程度的相关（总体p＝0），女性由于先天的生理因素，在体能上就不如男性，此外，女性也易受到情绪的困扰。《第二性》的作者，法国女作家西蒙娜·德·波伏瓦曾经说过："女人并非生来就是女人，而是后天塑造而成的。"男女各有"性别疾病"，比方说，成年女性患抑郁症的几率是男性的两倍。一些研究结果显示，人体在遭遇压力时大脑会释放出更多的压力荷尔蒙，对身体造成伤害，美国密歇根大学的心理学家苏姗·亨克塞玛认为，女人的生理机制使得她们更容易放大生活中的负面因素。"女人更倾向于患得患失，瞻前顾后，她们更容易变得悲观失望。"很显然，图9-4中的结果支持了这一论断，女性易受情绪困扰影响，有神经系统的问题，并且受先天影响，她们的运动能力要弱于男性，容易产生运动系统问题。

性别对心理压力来说有很显著的影响（p＝0.001）。男性的心理压力明显高于女性，压力较大的男性有41.1%，而女性只有31%，女性新白领所承受的心理压力基本较小，或者基本无压力（4.3%），女性认为心理压力较小的要比男性高7.2%。从总体上看，新白领阶层的男性要承受比女性更大的压力，这种压力的来源首先是工作压力过大，其次是家庭负担加重，这与我们的一般观念相符，在生存竞争的压力上，男性远远超过女性，并且，男女的心理压力来源不同。对于男性来说，收入和房子是心理压力的主要来源，而女性更多的关注子女、生活成本和身体健康。其中，差异最大的心理压力来源是房子，男性比女性高出7.7%。现实生活中，房子问题确实已经成为了人们的主要心理压力，尤其是男性，房子的压力要远远大于女性，由于房子是刚性需求，面临结婚问题的男女都需要房子，所以房子已经成为大多数男性新白领最大的心理压力。

2. 年龄

年龄对身体健康来说有着决定性的作用（p = 0.000），并且，与主观心理健康评价也有一定的相关。对于不同年龄阶段的人来说，他们对于自身健康的主观评价情况会随着年龄的增长呈现类似正态分布的规模，见表9 - 7。表中所描述的新白领年龄从19～68岁，30岁以下的新白领占总人数的69.1%，31～40岁的新白领占总人数26.6%，41岁以上的新白领占总人数的4.3%。

表 9 - 7　不同年龄段对主观健康状况的评价（N = 1045）

年龄	主观健康状况评价				
	很好	较好	一般	较差	很差
19～30岁	129	275	276	39	3
有效百分比	17.90	38.10	38.20	5.40	0.40
31～40岁	32	113	114	18	1
有效百分比	11.50	40.60	41.00	6.50	0.40
41～50岁	4	18	14	1	0
有效百分比	10.80	48.60	37.80	2.70	0
51岁以上	1	1	5	0	1
有效百分比	12.50	12.50	62.50	0	12.50

从表9 - 7来看，由于本次调查的群体为新白领，本报告中的新白领年龄多数处在21岁至33岁之间，平均年龄为28岁，可以说，新白领群体的年龄有年轻化的趋势。虽然年轻人的身体健康状况按常理来说要比中老年人的情况要好得多，但是从表9 - 7中可以看出，30岁以下的新白领对于自身

健康的评价与其他年龄段的新白领的情况相似①，认为自身健康状况很好的新白领不论是那个年龄段都只占少数，并且，25～35岁的新白领群体健康问题最为严重。随着年龄的上升，人们身体健康情况普遍下降，但是在41～50岁会有所上升，这也与新白领的经济状况、职业地位等因素相关，在下文中会有详细分析。到51岁以后主观健康状况评价再次下降。总体来说，随着年龄的增加，主观的身体健康评价的确会不断下降，这与我们的普遍观念相符②。

同样的，年龄对于心理压力的承受能力也有着举足轻重的作用（p=0.042），如图9-5所示，与身体健康一样，年龄与心理压力强弱有显著的相关性。处于25～35岁的新白领明显承受了巨大的心理压力，尤其是在30岁之前，30岁之后，这种心理压力逐渐减轻，到40岁之后，新白领就会有更好的心态来面对心理压力。

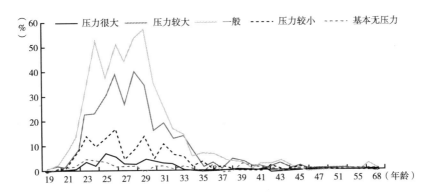

图9-5 年龄与心理压力（N=1046）

对于心理健康评价来说，年龄对心理健康也有一定的影响。图9-6是年龄对心理健康评价的影响，19～30岁和31～40岁的新白领主观心理健康评价基本一致，但是认为自己的心理状况很好的人数前者多于后者，到40岁之后，总体上认为自己的心理很健康的新白领人数反而有所上升，到50岁之后再次下降。总体来看，年龄对心理健康的影响呈"倒U型"。

---

① 除51岁以上这个年龄段，由于51岁以上的新白领样本只有8个，统计结果可能有偏差，但是为保持分析过程中的完整性，这里并没有将其删除。

② 新白领的年龄对身心健康的影响状况与年龄对医疗支出的影响情况一致，这样也能从侧面看出，对"年龄和身心健康的影响是呈倒U型的"这一结论是正确的。

这种趋势可以表明，刚工作的年轻新白领有良好的心态，但是在一段时间之后，这种良好的心理状态会因为种种生活和工作中的烦恼而下降，在40岁之后，进入"不惑"之年的新白领对许多事情都有了自己的看法，能够坚定且不疑，50岁以后，随着年龄的上升，对心理健康的看法和观念也会改变，从而再次产生波动，呈现出一种"倒U型"的趋势。总之，在人生的每个阶段对心理健康的定义和看法都会有不同，不同年龄的新白领会有不同的疑问和困惑，心理健康水平也会随之变动，有起有伏。

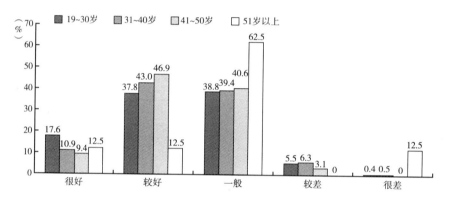

图 9 - 6　年龄与心理健康评价（*N* = 1045）

（二）职业因素

1. 企业性质

新白领的身体状况与职业性质是否存在关系？图 9 - 7 表明，运动系统、情绪困扰和神经系统三类疾病的发生都与新白领工作单位的职业性质有关。颈椎、腰椎、骨质增生等运动系统问题主要发生在"党政机关"和"国有事业"单位工作的新白领身上，其比例分别高达 50.0% 和 40.0%；失眠、头疼等神经系统问题最易发生在"国有事业"单位和"股份制公司"工作的新白领身上，发生比例分别为 33.3% 和 31.1%；而抑郁、烦躁、疲倦等情绪困扰问题则更多发生在"国有事业"单位和"非营利组织"的新白领身上，分别 45.0% 和 42.9%。在三类疾病最易发生的职业单位中，"国有事业"单位皆"榜上有名"，结合图 9 - 7 中柱状的高度，可以认为在国有事业单位工作的新白领，相比于在其他性质的单位工作的新白领，身体状况更不容乐观。

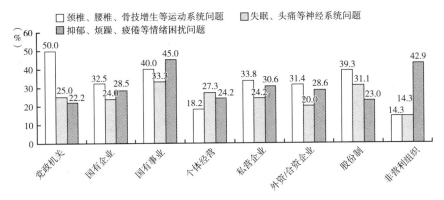

图 9 - 7 疾病与职业性质的关系 （$N = 1031$）

职业性质对新白领的心理健康同样造成了影响。图 9 - 8 表明，职业性质不同，新白领心理健康的自我评价也不同。"个体经营"的新白领的心理健康自我评价最好，认为自己心理健康状况"非常好"和"较好"的比例合计为 78.7%；"党政机关"其次，选择这两项的比例为 75.0%；心理健康自我评价最差的是在"非营利组织"工作的新白领，有 14.3% 的人认为自己的心理健康为"较差"。

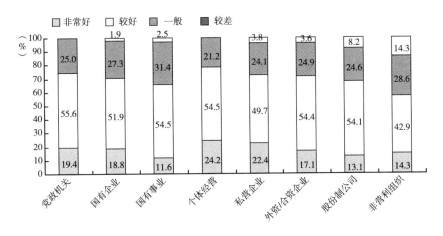

图 9 - 8 职业性质与新白领心理健康自我评价的关系 （$N = 1031$）

2. 工作压力

分析了企业性质与新白领疾病情况的关系，这里我们要看的是工作压力对身体健康的影响。工作压力是影响新白领身体健康最主要的因素之一，新白领就是从职业上划分而得到的。近年来的科学研究结果均表明，行业压力大会导致各种疾病的发生，最近的《英国医学杂志》发表报告说，研究人员有证据可以证明压力对人体健康损害的生理学上的联系，根据这项为期14年的调查，研究者发现，那些声称自己常常受到压力所困的人，都容易引发各种各样的疾病，尤其是高血压、心脏病等新陈代谢综合征；而芬兰的科学家对1020名年轻人的健康进行了调查，认为与行业压力不大的年轻人相比，工作压力大的年轻人更容易导致中风或心肌梗死的发生。从这些报道中，我们不难发现工作压力对身体健康所造成的严重危害。

在竞争日益激烈的现代社会中，人们承受的压力过大，而抗压能力却有限，持续、过度的工作不仅会给个人的心理带来许多不良后果，还会导致许多生理疾病。

对于工作压力的测量，主要选用的是两个指标，即每天工作时长和一周的加班次数，这两个指标能够从侧面反映出新白领群体的工作周期和工作强度。工作压力与身体健康息息相关，并且工作时长、一周加班次数对于身体健康的影响很显著（p值分别是0.06和0.01）。

（1）工作时长

图9-9表示的是工作时长对身体健康状况的影响，平均每天工作时长0～16小时，主观健康状况评价分为5项。很明显，工作时长对于身体健康有着显著的影响（p=0.002），当工作时间低于5小时，新白领认为自己的身体比较健康（包含"很好"和"较好"两项），而随着工作时间的不断延长，主观身体健康评价就开始下降，当超过13小时，这种评价就开始向倾向于较差这一指标。由此可见，工作时长对于新白领评价自身的身体健康有着显著的影响。

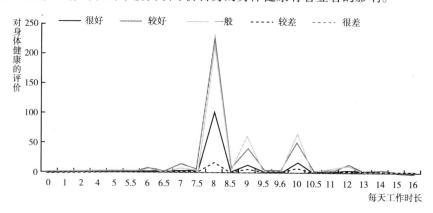

图9-9　每天工作时长对身体健康评价的影响　（N = 1042）

对于心理健康来说，每天工作时间介于 7.5～8.5 小时时，新白领群体的接受程度很高，如果超过了 8.5 个小时，那么心理压力就开始增加，从图 9－10 中就表现为折线的高度不断下降。相似的，如果平均每天的工作时间小于 6 小时，那么新白领的心理压力也会增加，这种情况的产生有可能就是新白领面临失业的情况。

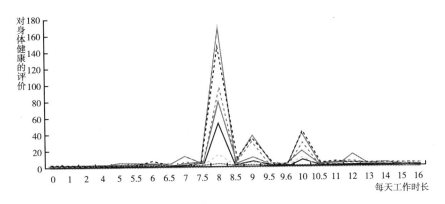

图 9－10　每天工作时长对心理健康评价的影响（$N = 1040$）

从总体来看，新白领群体受到较大的职业压力，工作是经济收入的主要来源，一份好的工作是新白领群体生活上的保障。在平均每天的工作时长对身心健康的影响上，我们能够得出的结论是：新白领群体每天工作 7.8～8.5 小时，他们对于健康的评价最好，超出这段时间或是远远小于 8 小时会对新白领群体的身体、心理健康造成危害。工作时间过长会造成身体健康的损耗和巨大的精神压力，工作间过短则会引起心理上的问题，所以，适当的工作时间对于新白领群体才最有利。

（2）加班情况

表 9－8　每周加班次数对健康评价的影响（$N = 1040$）

单位：%

健康状况评价	不加班	1－2 次	3－4 次	5 次以上
好	65.5	51.0	49.7	46.0
一般	30.5	43.4	43.0	40.2
差	4.0	5.6	7.3	13.8
合计（人数）	100.0(321)	100.0(481)	100.0(151)	100.0(87)

注："好"是调查中"很好"与"较好"两项的合并，"差"是"较差"与"很差"两项的合并。

每周加班次数与健康状况的自我评价同样存在相关。表 9 – 8 表明，每周加班次数越多，认为身体"好"者越少，而认为"差"者则越多。从"不加班"至每周加班"1 – 2 次""3 – 4 次"和"5 次以上"，认为身体健康状况"好"者的比例依次递减，分别为 65.5%、51.0%、49.7% 和 46.0%，而认为"差"者则依次递增，分别为 4.0%、5.6%、7.3% 和 13.8%，说明新白领对身体健康的自我评价与每周加班次数具有关系，这一关系表明加班次数导致身体状况变差，也即工作强度导致身体状况变差。需要指出的是，这里的身体健康是调查对象对健康状况的自我评价或自我感觉，不是医学意义上的身体健康，因此，我们的结论是工作强度导致新白领对身体健康的自我评价或自信心降低。

（三） 身心健康的相互影响

英国著名教育家洛克有一句名言："健康的心理寓于健全的身体。"健康、完美的人生包含了身体健全和心理健康，人不仅仅是一个生物体，还有复杂的心理活动。生活在一定社会环境中的人，他只有身体、心理和社会适应都处于完满状态，才算是真正的健康。人的生理健康与心理健康是辩证统一的，身体健康是心理健康的基础，心理健康在某些情况下也能促进身体健康。

表 9 – 9 是身心健康的交互分析，身体健康对心理健康有着显著的影响，并且心理健康反过来也会影响身体健康状况，这两种影响都呈正相关（p = 0）。从表中可以看到，身体健康程度很好的新白领其心理健康评价也是非常好的，这一群体占总体的半数以上，达到了 52.4%，相似的，身体健康状况较差的新白领群体对自身的心理健康评价也较差，总体来说，身心健康是相互影响的。

表 9 – 9　主观身体健康评价对心理健康的影响（N = 1045）

主观身体健康评价	心理健康的评价									
	很好		较好		一般		较差		很差	
	人数	百分比	人数	百分比	人数	百分比	人数	百分比	人数	百分比
非常好	87	52.4	68	16.7	33	8.1	6	10.3	0	0
较 好	66	39.8	269	66.1	193	47.2	18	31	1	20
一 般	11	6.6	64	15.7	166	40.6	25	43.1	2	40
较 差	2	1.2	6	1.5	16	3.9	9	15.5	2	40
很 差	0	0	0	0	1	0.2	0	0	0	0

很多人认为心理状态对身体健康并没有什么影响，实则不然，医学专家研究结果表明：70%以上的疾病都是心理性的，也就是说，很多疾病的发作与我们的心理状态有关。许多不愉快或者紧张情绪会导致精神压力过大，同时个人应付紧张压力的态度和能力是有限的，这种长期被压抑而得不到发泄的愤怒、委屈、受侮辱情绪，是促使人体机体免疫能力降低，容易患癌症的重要因素。国外有研究表明，性格克制、压抑情绪、好生闷气，焦虑、抑郁的人容易患各种癌症，而患病后情绪恐惧是病情恶化最强烈的心理因素。

心态和健康之间的关系，我们自己是可以感受到的。当一个人郁闷和愤怒的时候，就会伴有心跳加快、浑身颤抖、脸色苍白、青筋暴露等生理状态。如果情绪不稳定，就会导致人身体的生理反应，而生理这种应激反应，就会破坏一个人的身体健康。反过来生理不健康，也会有沉重负担，心理无法承受，进一步怀疑自己的力量，失去自信心。

三 身心健康的"单独"影响因素

除了上述的许多因素会对新白领的身心健康产生影响外，还有其他一些因素同样也会有作用，但是这些因素并不会对身体和心理两个方面都产生作用，也有可能只对身体或心理健康的一方面起到影响，这里我们将这种因素称为"单独因素"。下面我们将这些对新白领身心健康的影响因素分为两个方面来分析，即身体健康的单独因素分析和心理健康的单独因素分析。

（一）身体健康的单独因素分析

身体健康状况包括的指标是两个，即主观身体健康评价和新白领的疾病情况。而影响身体健康的因素除了上述的生理、职业、心理健康因素以外，还包括婚姻和家庭状况，居住环境。

1. 婚姻和子女

（1）婚姻状况

随着年龄的上升，新白领的婚姻状况也发生了变化，已婚人数明显上升。而婚姻状况对身体健康有着显著的影响（$p = 0.024$）。表 9 - 10 为婚姻状况与身体健康的分析，婚姻状况分为已婚和未婚两项①，而身体健康的评价选用"主观身体健康评估"这个指标，从表中可以看出，已婚新白领的身体健康明显低于未婚的新白领，认为身体健康状况很好的已婚新白领要比未婚新白领的比例低 7.6%，认为身体健康状况较差的已婚新白领比未婚新白领的比例高 0.8%，而认为身体健康状况较好和一般的也很明显是未婚的新白领的比例较大。

表 9 – 10　婚姻状况对身体健康的影响＊（$N=1045$）

身体健康评价	婚姻状况			
	未婚		已婚	
	人数	百分比	人数	百分比
很　好	119	18.9	47	11.3
较　好	242	38.4	165	39.8
一　般	233	37.0	176	42.4
较　差	33	5.2	25	6.0
很　差	3	0.5	2	0.5

＊ 婚姻状况对身体健康的影响分析中，婚姻状况的变化会造成心理上的改变，虽然从表中得到的直接结果是婚姻状况对身体健康有影响，但是实际生活中，心理原因也是不可忽视的。

　　通过分析得知，婚姻状况对新白领群体的身体健康影响有较显著的影响，但是这种影响是通过心理状态起作用的，婚姻状况与心理状态有一定的相关，婚姻状况的变化，使已婚新白领的家庭负担增加，原有的工作和生活压力、经济压力增大，导致身体健康状况的下降。

　　婚姻对疾病情况也有一定的影响，婚姻状况影响最大的就是运动系统疾病和消化系统疾病（卡方检验的值 p 分别是 0.003 和 0.087）。30.1% 的未婚新白领和 38.9% 的已婚新白领患有运动系统疾病，患有消化系统疾病的未婚新白领的占总体的 22.2%，已婚的占总体的 26.8%。据此可知，已婚的新白领更易患上颈椎、腰椎等运动系统疾病患，已婚新白领的百分比要比未婚的高出了 8.8%，另外，已婚的新白领还容易患消化系统方面的疾病，如胃病。婚姻状况对新白领群体的影响就是家庭压力增加，尤其是有孩子的新白领。

---

① 原调查问卷中婚姻状况还有离婚、丧偶和同居三个选项，由于这三个选项的人数偏少，并且其中丧偶的人数为 0，所以将离婚和同居一起并入已婚选项中，在本章中不做区分，婚姻情况共分为已婚和未婚两项。

（2）子女与身体健康

对有孩子的新白领来说，子女是家庭生活的一部分，婚姻状况与新白领的身体健康有显著的相关，子女对于身体健康会不会有影响呢？本章中对子女的分析采用"是否有子女"这一变量进行分析。

从表9-11可以得出结果，是否有子女对新白领的身体健康有很显著的影响（p=0.027）。没有子女的新白领身体健康状况会比有子女的新白领更好一些，认为身体健康状况很好的没有子女的新白领比有子女的新白领高出7.8%，但是对于评价"较好"的这一项来说，有子女的新白领觉得自己更健康一些。从总体来看，子女对新白领身体健康的主观评价的影响呈正相关。

表 9-11　是否有子女对身体健康评价的影响（$N=1013$）

对身体健康的评价	有子女		没有子女	
	人数	有效百分比	人数	有效百分比
很　好	21	9.7	139	17.5
较　好	91	41.9	307	38.6
一　般	96	44.2	298	37.4
较　差	8	3.7	49	6.2
很　差	1	0.5	3	0.4

有子女的新白领会认为家庭更完整，生活满意度也会更高一些，在照顾子女的过程中，新白领不可能久坐在电脑前，取而代之的是会进行一些运动，并且，每一个做父母的，都希望自己的孩子有一个健康的身体，学习健康知识方便照顾子女，这样的结果就是在照顾子女的时候也对自身的健康更加关注，责任感更强，从而对身体健康更加关注。

2. 居住环境

在经济发展的今天，我们的生活环境越来越受到国际社会和政府部门的高度重视和广泛关注，尤其是人们的居住环境。世界卫生组织不久前发布的《健康环境与疾病报告》中说，世界上20%的疾病由环境造成，环境改善后可以每年挽救400万人的生命。

人的一生大约有2/3的时间是在住房内度过的，居住水平和居住环境质量更是衡量一个国家或地区人民生活水平的指标之一，它直接影响着人们的身体健康。对于住房也有一定的标准，居室是家庭最小的活动单位。从卫生学和建筑学等各种因素来看，人均居住面积$9m^2$较合适。并且，对于住房也要有一定的要求，因为房屋内的小气候、辐射、噪音等都会对人的身体健康状况产生负面影响。

在新白领的调查中，住房类型对身体健康的影响并不大，住房来源不论是商品房还是租住的单位公房对身体健康都没有显著的影响，但从对居住环境与身体健康的分析中可以发现，住房面积对新白领的身体健康有较显著的影响（p = 0.052）。

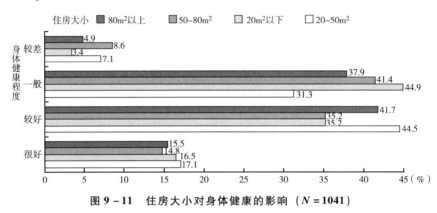

图 9 - 11 住房大小对身体健康的影响（$N = 1041$）

从图 9 - 11 中可以看到，住房面积在 $20m^2$ 以下和 $80m^2$ 以上的新白领身体健康状况两极分化很大，认为身体健康较差的分别占总体的 7.1% 和 4.8%，而认为身体健康情况好的包括"较好"和"很好"的分别有 61.6% 和 57.2%，而与之相反的情况是，居住在 $20 \sim 80m^2$ 住房内的新白领总体上的身体健康评价分布较均匀，超过半数的新白领认为自己的身体很健康。由此可见，新白领对住房的具体要求并不算高，但是居住在过大和过小的住房里对身体健康都有一定的影响。过小的住房没有适当的空间，会显得狭小，给人造成不适感，也会产生各种负面影响，例如通风不畅、细菌滋生、采光不足等，同样，过大的住房也会有一系列的问题，空间越大，需要消耗的能量就越大。比如，在一间 $10m^2$ 的房子里，安上一台空调，半个小时后房间就凉快下来了，空调也可以停止制冷一段时间，因为空间小，能量很快就饱和了，也就是说，空间越小，需要的能量就越少。可是如果把这台空调安在一个 $100m^2$ 的大房子里面，它就显得无能为力。同样，人也是一个能量体，会发光发热。如果用人来代替这台空调的话，越大的房子，当然就会消耗人体越多的能量。当一个人用了那么多的能量去填充一个大房子的空间时，它对于身体的损害是可想而知的。身体能量消耗多了，自然体质变弱了。

（二）心理健康的单因素分析

对心理健康问题的研究早在古希腊时代就受到了关注，中外历史上的不同时期都对心理健康问题有所关注。从 20 世纪开始，心理健康的研究系统地开展了起来。1930 年，在美国召开第一届国际心理卫生大会，1999 年，世界卫生组织宣布了世界上前十种致残或使人失去劳动能力的主要疾病，其中五种是精神疾病，2001 年的《心理健康：新理解，新希望》的报告再次强调要正确看待心理健康问题。

据预测，进入 21 世纪后中国各类精神卫生问题将更加突出。在 2020 年的疾病总负担预测值中，精神卫生问题仍将排名第一。近年来，中国对心理健康问题的研究迅猛发展，医学类杂志也开设了专门的心理版，各级政府对心理健康问题越来越重视，并系统地开展了专业从业人员的培养，填补了原先对心理健康研究和专业人员的不足。

1. 生活满意度

心理健康在很大程度上是由于心理因素形成的，就像上文中的家庭关系一样，人的心理会释放出强大的能量，从而影响我们的生活态度和处世心态。生活满意度包括三个方面，即家庭满意度、收入满意度和工作满意度，这三个方面都对新白领的心理健康起作用，如果新白领对这三个方面都很满意，那么他们在生活和工作中就会有良好的心态，事事满意自然就不会有心理问题了。

生活满意度的三个方面，家庭满意度、收入满意度和工作满意度都分别赋值 1～5 分，这里 1 分表示非常满意，5 分是非常不满意。三项相加组成了生活满意度指数，分值从 3～15 分。3 分是生活满意度非常高，15 分则最低（见表 9－12）。

表 9－12　生活满意度指数 （$N = 1047$）

生活满意度指数	人数	百分比	生活满意度指数	人数	百分比
3	3	0.3	10	91	8.7
4	13	1.2	11	30	2.9
5	65	6.2	12	16	1.5
6	158	15.1	13	7	0.7
7	244	23.3	14	1	0.1
8	251	24	15	1	0.1
9	167	16			

从表 9 – 12 中可以看到，新白领群体的生活满意度指数基本在 6~10 分之间，也就是他们对生活的满意度并不高，而是处于一般这个水平上。生活满意度对心理健康有显著影响（p = 0），且两者之间呈正相关，而对心理压力呈负相关（p = 0）。

通过回归模型的分析，我们可以说，在其他变量不变的情况下，新白领的生活满意度变高，那么心理健康评价也会增加，而心理压力会减小。

表 9 – 13　生活满意度对心理健康的分析

	心理健康状况	心理压力
生活满意度	0. 133 ***	– 0. 144 ***
	[0. 013]	[0. 015]
常　　数	1. 110 ***	3. 919 ***
	[0. 104]	[0. 120]
样本数	1047	1046
R^2	0. 09	0. 079

注：方括号内为标准差（standard error），*** $p < 0.01$，** $p < 0.05$，* $p < 0.1$。

从表 9 – 13 中可以看到生活满意度对心理健康评价和心理压力都有显著的影响，对生活越满意的新白领，他们对自己的心理健康状况就越有信心，认为自己没有心理问题，并且这类新白领的心理压力较小；反之，对生活越不满意，心理健康状况自然就会下降，也会承受比别人更大的心理压力。

2. 家庭关系

我国传统的家庭结构是以血缘为基础的三四代人的大家庭，现代这种大家庭虽然也可以看到，但随着经济解放、工业化和全球化的发展，家庭结构发生了深刻的转变，从传统的大家庭转变为核心家庭，由一对配偶与未婚子女共同居住。家庭结构向小型化发展，但是亲密关系并不会改变。家庭结构对心理健康有着很大影响，也可以对许多心理问题起到预防的作用。对于新白领来说，他们的家庭关系很大程度上影响着心理状况，许多心理疾病和心理问题都是因为家庭因素才会产生，所以对家庭关系的分析是有意义的。

对于家庭关系采用与家庭成员的关系来表示。本报告中，新白领与配偶居住的有 34%，与子女一起居住的有 15.7%，与父母（包括岳父母）居住的有 17.1%。从家庭关系与心理健康的分析中可以看出，家庭关系对新白领的心理压力状况有显著影响，家庭关系分为 4 项，分别是与配偶的关系、与子女的关系、与父母的关系和与公婆/岳父母的关系，这 4 项分别与心理健康做交互分析，得到的结果见图 9 - 12 至图 9 - 14。

图 9 - 12 是新白领与配偶关系对心理健康的影响。和配偶的关系如何对新白领的心理健康有很显著的影响（p = 0）。心理健康状况较好的新白领与配偶的关系基本都较好，尤其是与配偶关系非常好的新白领，他们的心理健康状况没有很差的，都认为自己的心理健康情况较好，占总体的 74.7%，反之亦然，与配偶关系不太好的新白领觉得自己的心理状况较差（占总体的 50%）。

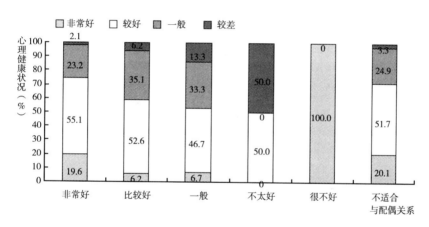

图 9 - 12　与配偶的关系对心理健康状况的影响（N = 456）

与子女的关系对心理健康的影响并不显著。新白领与子女的关系如何并不会对他们的心理产生影响。

与父母和公婆/岳父母的关系也是影响心理健康状况的一大因素，且两者的影响都呈正相关（p = 0）。图 9 - 13 和图 9 - 14 分别是与父母的关系和与公婆/岳父母的关系对新白领自身心理健康状况评价的影响。

与父母的关系和与公婆/岳父母的关系对心理健康的影响很相似，21.3% 的新白领与父母的关系非常好，与岳父母的关系非常好的新白领有23.3%，而他们的心理健康状况总体都非常好，总体来看，超过 90% 的新白领与父母（公婆/岳父母）有良好的关系并且心理健康状况也自认为很好，而与父母（公婆/岳父母）关系不太好的群体则心理健康状况较差，这种情况分别占总体的 33.3%（50%）。

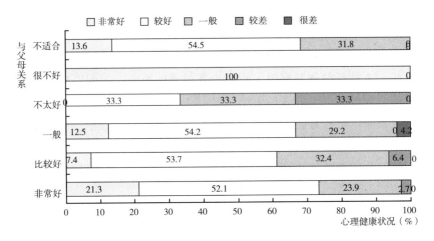

图 9-13　与父母的关系对心理健康状况的影响（N=1024）

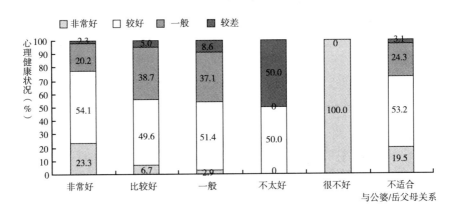

图 9-14　与公婆/岳父母的关系对心理健康的影响（N=414）

3. 人际交往

人是属于社会性的动物，人之所以成为人，就是因为人具有社会性。而社会性就要求人要进行交往，因此人际关系对人来说，是非常重要的。人际关系对人心理健康的影响有：良好的人际关系，拥有朋友多，人际关系和谐，因此人们之间可以互相关心、互相爱护、互相帮助，这样就可以降低心理压力，化解心理问题，有利于心理健康；不良的人际关系则人际关系恶劣，缺乏知心密友，有话不想说，也不能说，只有把所有的问题都压抑在心中，这样，产生的问题不能得到有效的化解，因此，很容易把负面情绪积蓄和放大起来，这样就很容易产生心理问题。

现代社会节奏快，人们的闲暇时间比较少，人与人之间的交流少了，工作和生活压力却越来越大，产生的心理压力也越来越大、越来越多，但是因为时间少，与别人交流的机会减少，因此，产生的负面情绪不能得到及时的化解，而是越积越多，也就很容易产生心理问题。

对于人际交往的分析采用两个指标，是否参加聚会和闲暇时间是否和别人一起玩。这两个指标相加由此得到人际交往指数（见表9-14）。是否参加聚会共分为4类，分别为经常、一般、较少和几乎没有，闲暇时间也分为4类，分别是经常、有时、偶尔和从不，分值依次从4分到1分。人际交往指数分值从2~8分，2分为闲暇时基本不交往，8分为交往频繁。大部分新白领的人际交往分值在4~6分之间，人际交往情况一般。

表9-14　人际交往指数（$N = 1046$）

人性交往指数	人数	有效百分比	人性交往指数	人数	百分比
2	30	2.9	6	180	17.2
3	133	12.7	7	118	11.3
4	261	25	8	81	7.7
5	243	23.2			

表9-14显示上海新白领的人际交往大致呈"两头低、中间高"的正态分布状况：处于交往程度"中间状况"的4分、5分和6分的人数合计占到总体的65.4%，处于"两端"的2分和8分，即很少与人交往和交往非常频繁的新白领分别只占总体的2.9%和7.7%。这一结果表明：除少数新白领在人际交往方面表现出与他人或是不交往、或是交往过密的较为极端的特征外，多数新白领的人际交往呈现为"适度"的中间状态，与他人有一定交往，但交往并不非常频繁。

人际交往状况是否影响心理健康？对上述人际关系指数与新白领对自己心理健康的评价做交互分析，得到图9-15。从图9-15中可以看到，从2分到8分，每一"柱状"中"非常好"与"较好"两段柱状的合计长度（即合计百分比）均相差不大，如果说有差异，反而是处于交往程度两端的2分和8分的合计百分比最高，也就是说，与他人不交往或交往过密这两种状态没有对新白领心理健康的评价造成不利影响，"适度"的交往也没有带来有利的影响。在此意义上可以认为，新白领人际交往的程度不影响他们对自己心理健康的评价。

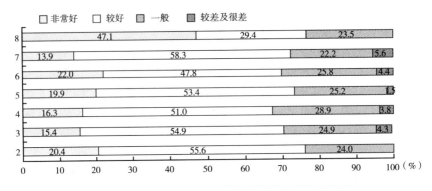

图 9 – 15　人际交往对心理健康的影响（$N = 1046$）

4. 社会经济地位

影响心理健康的因素不只是上述的那些，还有经济环境和社会变革。社会经济地位（Social Economic Status）对于新白领的心理健康情况有重要的影响，对于心理健康来说社会经济地位是影响生活心态最重要的因素。社会经济地位量表用来测量社会地位的综合状况，它以经济收入地位、社会教育地位和职业地位的综合值为指标，反映社会成员社会地位的高低。

本报告中对于社会经济地位的测量选用经济收入、受教育程度和管理级别三个变量，经济收入分值从 1~4 分，分别为月收入 2000 元以下，2000~4000 元，4000~8000 元和 8000 元以上。经济收入分值大多是在 3 分，也就是月均经济收入在 4000~8000 元，这类群体占总体的 45.2%。受教育程度分值为 1~3 分，分别是大专/高职、大学本科和研究生及以上，其中，大学本科的新白领占多数，为 50.7%。管理级别分值为 1~4 分，分值从小到大依次为不从事管理工作、一般管理人员、中级管理人员和高级管理人员，52.5% 的新白领不从事任何管理工作。

对于社会经济地位在这里默认为分值越高，社会经济地位越高，反之亦然。新白领社会经济地位分值基本上在 5~8 分，即经济收入、受教育程度和管理级别都较为平均（见表 9 – 15）。

表 9 - 15　社会经济地位指数 (N = 1020)

分值	社会经济地位指数		分值	社会经济地位指数	
	人数	有效百分比		人数	有效百分比
3	19	1.9	8	140	13.7
4	84	8.2	9	51	5
5	206	20.2	10	21	2.1
6	242	23.7	11	3	0.3
7	254	24.9			

社会经济地位对新白领的心理健康有一定的影响 (p = 0.089),虽然社会经济地位对心理健康的影响并不是最主要的,但是这个指标对于新白领群体来说却很有意义。新白领作为一个群体在社会中没有强烈的社会归属感,新白领阶层中的大部分人在社会经济地位上处于依附地位,他们要依附于地位更高的阶层,甚至会产生身份焦虑感,所以从社会经济地位角度了解新白领的心理健康状况有重要意义。

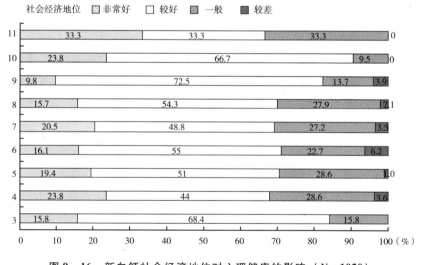

图 9 - 16　新白领社会经济地位对心理健康的影响 (N = 1020)

从图 9 - 16 可以看到,社会经济地位较高的新白领(分值为 11)有 33.3% 的人认为自己的心理状况非常好,是所有新白领群体中最高的,而社会经济地位较低的新白领群体生活和工作压力都较轻,他们的心理状况也很好,这一类的新白领有超过 80% 的人认为自己心理健康且心理压力也很轻。随着社会经济地位的上升，从总体来看，新白领的心理压力不断增加，心理状况也有所下降，认为自己心理非常健康的新白领从23.8%下降到了9.8%，而到了中上层的社会经济地位时（10~11），原先下降的状况又有所回升。

四 亚健康的特殊情况——过劳死/猝死

亚健康是介于健康与疾病之间的一种生理机能低下的状态，世界卫生组织称其为"第三状态"，也就是我们常说的"亚健康"状态。处于这种状态的人群数量是相当多的，世界卫生组织最近一项全球性调查结果表明，全世界真正健康的人仅占5%，患病者也只占20%，而75%的人处于亚健康状态，这大多是压力惹的祸。并且，亚健康可以划分为四个方面，即身体亚健康、心理亚健康、社会适应性亚健康以及道德方面的亚健康。

亚健康是健康和疾病的临界点，它的症状在医学诊断上没有任何与其相吻合的品质性改变，是通过适当的休息和身心调理就可以恢复的状态。所以，"亚健康状态"又被称为慢性疲劳综合征。处于亚健康状态的人，除了疲劳和不适，不会有生命危险，但如果碰到高度刺激，如在熬夜、发脾气等应激状态下，亚健康的突然爆发，很容易出现猝死，也就是我们通常所说的"过劳死"。

（一）过劳死和猝死的定义

什么是过劳死？"过劳死"最简单的解释就是超过劳动强度而致死，是指在非生理的劳动过程中，劳动者的正常工作规律和生活规律遭到破坏，体内疲劳蓄积并向过劳状态转移，使血压升高、动脉硬化加剧，进而出现致命的状态。2002年1月17日，"过劳死"（Karoshi）一词在英语权威词典《牛津英语词典电子版》（*Oxford English Dictionary Online*）正式登堂入室，以配合21世纪的需要和最新真实面貌。

Karoshi源自日语，意指因过度劳累工作而导致的死亡。通常理解为，"过劳死"是因为工作时间长，劳动强度加重，心理压力大，存在精疲力竭的亚健康状态，由于积重难返，将突然引发身体潜在的疾病急性恶化，救治不及时而危及生命。据报道，日本每年约有1万人因过劳而猝死。根据世界卫生组织调查统计，在美国、英国、日本、澳大利亚等地都有过劳死流行率记载，而"过劳死"一词是近 15 年来才被医学界正式命名。

该词最早出现于 20 世纪七八十年代日本经济繁荣时期。过劳死并不是临床医学病名，而是属于社会医学范畴。人体就像一个弹簧，劳累就是外力。当劳累超过极限或持续时间过长时，身体这个弹簧就会发生永久变形，免疫力大大下降，导致老化、衰竭甚至死亡。

所有"过劳死"的共同特点都是由于工作时间过长、劳动强度加重，以致精疲力竭，突然引发身体潜藏的疾病急速恶化，救治不及而丧命。"亚健康"又可视作一种疾病过程或身体非正常状态。主要表现有：经常出现身体乏力、睡眠不稳、记忆减退、头痛头昏、腰痛背酸、食欲不振、视觉紊乱等疲劳症状。但到医院检查，却又没有明显的病症。

那什么是猝死呢？猝死是指突然发生而非人为因素所致的死亡，死者生前可能是健康人，或者患有某种疾病，但病情一般较稳定，或者正在康复之中。猝死在医学上，归类于冠状动脉粥样硬化性心脏病。发生原因是由于心脏局部发生电生理紊乱，引起严重心律失常而导致的死亡。

"过劳死"一般与猝死几乎没什么不同，但其特点是隐蔽性较强，先兆不明显，这点很容易为一般人所忽视。"过劳死"最常见的直接死因有：冠心病、脑出血（高血压）、心瓣膜病、心肌炎和糖尿病并发症等。但是两者又有一定的区别。

有人认为过劳死和猝死是一回事。因为，过劳死的直接死因，也是冠心病、心瓣膜病、心肌炎、主动脉瘤、脑血管病等。但两者还是有些区别。有的过劳死是骤然发生，也有的是缓慢、渐进过程。从这个意义上讲，过劳死与猝死又不完全是一回事。不过，在本调查报告中，由于对过劳死和猝死很难能够区分清楚，所以将它们归为一类，默认为没有区别。

（二）基本情况

本调查中问及新白领是否认为自己有可能过劳死或是猝死时，结果如表 9 - 16 所示。超过半数的新白领认为自己不太有可能会过劳死或是猝死，但是仍有 12.5% 的新白领觉得过劳死或猝死很有可能发生在自己身上，这样看来，压力负荷过大的新白领并不在少数。

表 9 - 16　过劳死/猝死的可能情况 （ $N = 1046$ ）

是否认为自己有过劳死/猝死的可能性	人数	有效百分比
完全没有可能	406	38.8
可能性很小	402	38.4
一　般	107	10.2
有　可　能	113	10.8
可能性很大	18	1.7
合　计	1046	99.9

　　自己是否会过劳死或猝死，与判断者的性别无关，但与年龄有关。由于职业的性质大致相同，承受的压力基本相似，男性新白领和女性新白领在对自己是否会过劳死或猝死这一问题的判断上不存在差异；而对这一问题的判断却存在明显的年龄差异。图 9 - 17 表明：从"30 岁以下"到 50 岁，随着年龄的增长，新白领对自己过劳死或猝死的可能性判断也增大了，年龄在"30 岁以下"的新白领认为自己"很有可能"过劳死或猝死的百分比为12.2%，"13 - 40 岁"新白领的这一百分比上升到13.6%，"40 - 50 岁"则进一步上升到15.5%，然而，这一上升趋势到"51 岁以上"却戛然而止，年龄在 51 岁以上的新白领不仅在"很有可能"过劳死/猝死选项上的百分比为 0，而且在可能性"一般"的选项上也为 0。也就是说，对自己是否会劳死或猝死的判断或担忧，没有发生在身体状况逐渐趋弱的年龄较大者身上，却发生在 50 岁以下的中青年新白领身上，而中青年是工作、家庭生活中的主要骨干，因此，对自己过劳死或猝死可能性的判断与判断者的年龄存在相关，反映的是中青年新白领承受了更大的工作压力和生活压力。

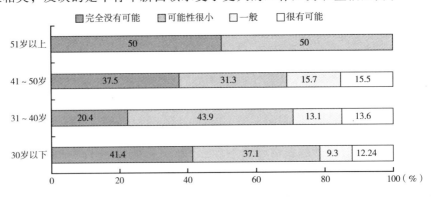

图 9 - 17　年龄对过劳死/猝死的影响 （ $N = 1046$ ）

（三）行业与过劳死/猝死

一般说来，产生过劳死或猝死的想法往往与工作压力过大有关，而工作压力则可能于从事的职业有关。那么，上海新白领的过劳死或猝死的想法与他们的职业或行业是否存在关联？表9-17显示了不同行业的新白领与过劳死/猝死可能性判断之间的关系。其中，行业分为农林牧渔业及其他、工业制造业、商业服务业、房地产金融业和公共机关、管理事业5个大类[①]。在这些行业的新白领中，从事"商业服务业"的且认为自己过劳死或猝死"可能性很大"的人数占该行业新白领人数的百分比为14.3%，排名第一；名列第二的为从事"公共机关与管理事业"的新白领群体，占13.9%；"工业制造业"和"房地产金融业"则位居第三和第四，百分比分别为12.4%和10.3%；"农林牧渔业及其他"排名最后，为7.8%。

表9-17　行业对过劳死/猝死评价的影响　(N = 1046)

单位：%

行业	是否有可能过功死/猝死				
	可能性很大	可能性一般	可能性很小	没有可能	合计(人数)
农林牧渔业及其他	7.8	11.8	33.3	47.1	100.0(51)
工业制造业	12.4	8.1	38.4	41.1	100.0(185)
商业服务业	14.3	10.3	38.4	37.0	100.0(203)
房地产金融业	10.3	12.2	35.1	42.4	100.0(262)
公共机关、管理事业	13.9	9.6	41.7	34.8	100.0(345)

这些百分比数据都很接近，除"农林牧渔业及其他"外，其他行业相差最大为4个百分点，最小不到1个百分点，据此得到的比例排名顺序具有一定的偶然性，也就是说，除"农林牧渔业及其他"外的4个行业之间，新白领

[①] 对于新白领职业类型的分类，本报告主要参考了《中华人民共和国职业分类大典》（中国劳动社会保障出版社，2007）并根据获得数据的实际情况，将新白领的职业类型划分为五大类。其中，"农林牧渔业及其他"包括农林牧渔业及其他行业；"工业制造业"包括采矿业、制造业、电力、煤气及水的生产和供应业；"商业服务业"包括交通运输、仓储和邮政业、租赁和商务服务业，住宿和餐饮业，信息传输、计算机服务和软件业；"房地产金融业"包括房地产业、金融业、建筑业和批发、零售业；"公共机关、管理事业"则包括了教育、居民服务和其他服务，水利、环境和公共设施管理业、文化、体育和娱乐业、卫生、社会保障和社会福利业，公共管理与社会组织，科学研究、技术服务和地质勘查业，以及国际组织。

"过劳死或猝死"的想法不存在明显的差别，如果说过大的工作压力导致新白领产生"过劳死或猝死"的想法，那么，这一调查结果只是说明这4个行业的工作压力差别不大，但不能说明这些行业的工作压力不大，这些行业均有10%以上的新白领具有"很可能"过劳死或猝死的念头，足以反映这些行业过大的工作压力。

五　小结

通过上述内容的分析，我们对新白领的身心健康有一个总体的了解，并得出一些结论。

1. 新白领对自己身心健康的评价普遍较好，有超过50%的新白领认为自己身体健康，而超过70%的新白领认为自己的心理很健康（$N = 1047$）。总体来看，大部分新白领对自己的身心健康状况持乐观态度，但其心理健康状况要优于身体健康状况。

2. 虽然新白领对自身身心健康持乐观态度，但实际上，超过3成的新白领会受到疾病困扰（$N = 1045$），常见疾病主要是运动系统、眼科和情绪困扰三种问题。不过虽然受到这些问题的困扰，但是大多数新白领并不把这些问题当成疾病看待，不会去医院治疗（超过5成的新白领过去3个月没有花费任何医疗费用），总体来看，新白领对于疾病较为理性。

3. 新白领有很强的心理压力，36.9%的人表示压力很大，压力的来源主要是收入、房子和生活成本，并且，超过5成的新白领排解压力的方式是自我调节。

4. 影响身心健康的因素有生理因素（性别、年龄），职业（企业性质、工作压力），婚姻和家庭（婚姻情况、子女、居住环境、家庭关系），社会因素（生活满意度、人际关系、社会经济地位），这些因素中，职业的影响占首位，并且身心健康也是相互影响的。

5. 就职业影响来说，新白领的身心健康状况与企业性质和工作压力有很大关系，并且，年龄越大，身体健康情况越差，而心理健康状况确实有起有伏，总体呈"倒U型"，且男性新白领的心理压力远远高于女性新白领。

6. 心理健康状况在很大程度上还受到经济因素和社会地位的影响，新白领阶层的总体社会经济地位偏低。

7. 30 岁以下的新白领总体健康状况较差，女性新白领的身体健康状况明显低于男性。

8. 新白领的生活满意度总体偏低，只有不到 5% 的人对自己现在的生活较为满意。

9. 新白领群体中出现了过劳死/猝死的特殊情况，12.5% 的人认为自己很有可能会过劳死/猝死，而有这种想法也是受到工作和生活压力的影响。

第十章　新白领的社会认同

　　当人们从一个国家迁移到另一个国家，从一个地区迁移到另一个地区，伴随着物理空间的迁移，他们面临着居住空间、职业机会、生活方式以及社会地位等能被直接觉察的具体社会现实的变化，但这并不代表他们也会自然地实现社会认同的转换，迅速地形成新的社会认同。实际上许多迁移者在迁入新住地许多年后仍然将自己的社会认同指向原住地社会，这种社会归属的现实错位问题会促使迁移者不断思考自我的社会归属问题。换句话说，迁移者并未面临社会认同缺乏的问题，而是面临社会认同的转换选择问题①。

　　新白领作为特殊的迁移群体：一般拥有较高的受教育水平，大多从事脑力劳动，他们的工作环境较农民工而言更加体面舒适，收入也处于社会的中上水平。怀揣着梦想的他们来到上海打拼，上海对于他们而言既是淘金的国际大都市，也是语言、风俗习惯、饮食文化完全陌生的第二故乡。一方面他们能享受到上海便利的交通设施、多元的工作机会、健全的社会保障待遇、优厚的工资待遇；另一方面他们也不得不承受上海高额的房价，由于户籍限制而带来的子女教育困难、不能享受与本地居民同等的福利待遇等尴尬问题。在日常的影视资料中我们发现上海较其他城市更加排外，常有上海本地人称外地人为"乡下人"，因此外地人或多或少会遇到上海本地人的歧视和嘲讽。此外受语言交流、社会网络的限制，新白领在迁移过程中极易缺乏归属感。新白领真正融入上海本地人的社交网络，认同上海当地的风俗习惯以及饮食文化、建立起与上海本地人的社交网络、掌握当地的社交语言是他们选择是否留在上海的关键因素，也是他们真正接纳上海这座城市、适应这里生活的必不可少的条件。新白领是像农民工和资本移民那样把自己当作这个

---

①　张文宏、雷开春：《城市新移民社会认同的结构模型》，《社会学研究》2009 年第 4 期。

城市的匆匆"过客"，还是会将迁入地城市设定为永久居住地呢？他们是否会认同自己在上海的生活，认同的程度又如何？这将是本章重点要讨论的内容。为了深入分析新白领的社会认同问题我们将围绕以下几个问题展开讨论：一是群体认同，二是文化认同，三是地域认同，四是社会网络认同。并且依次分析户籍类型、来沪时间以及受教育程度对新白领社会认同的影响。

一　群体认同

（一）基本状况

群体认同，即群体身份认同，是对"我归属于哪个群体"的回答。新白领相对于迁入地的居民来说更倾向于认为自己是上海人还是外地人是其社会认同的重要表现。何为上海人没有一个一致的定义，问卷中我们问到您认为什么样的人可以称为上海人？从结果分析来看，有46.1%的人认为有上海户籍的人是上海人，有27.6%的人认为在上海有稳定的职业是上海人，有40.7%的人认为出生/祖籍在上海的人就是上海人，有29.4%的人认为在上海有房子的人是上海人，此外还有一些人认为认同上海的文化习俗和生活方式、在上海有固定的生活圈和交往圈、会说上海话、喜欢上海想在上海发展、自我认同自己为上海人的人就是上海人。由此可以看出，大多数新白领认为户籍、祖籍以及对上海文化和生活方式的认同是上海人的重要标准。从图10-1中可以看出，有24.4%的新白领认为自己既是上海人也是外地人，有9.4%的人认为自己既非上海人也非外地人，另有8%的人对于自己的身份说不清楚。由此可以看出很多新白领的自我群体认同是趋于模糊的。一方面在上海的工作生活经历让他们接触上海的文化和生活方式，在思想观念上已经潜移默化地受到上海这座城市的影响；另一方面由于户籍制度的存在，以及迁移者的身份，新白领在很大程度上对自己的第一故乡仍怀有很强的认同感和归属感。与此同时我们也可以看出，另有19.7%的人认为自己是新上海人，这一部分人群实际上已经了解并且完全认同了上海的文化和生活方式。此外我们也可以看出，有高达33.2%的新白领认为自己属于外地人，仅有5.4%的人认为自己属于上海人，也就是说由于受户籍、住房、语言风俗习惯等多方面的影响，有很大一部分新白领没有完全形成上海人的群体认同。

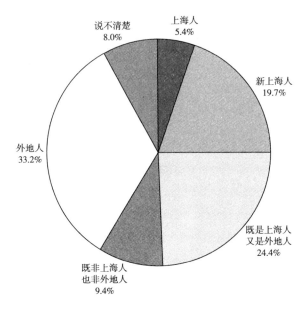

图 10 - 1 新白领的群体认同

（二） 影响因素

为了深入分析新白领的群体认同，我们引入户口类型、来沪年龄以及受教育程度三个变量，分析这三个因素对新白领群体认同是否存在显著影响。

1. 户籍

首先我们分析户口类型对新白领群体认同的影响。从图 10 - 2 可以看出，认同自己是上海人的新白领当中有 15.5% 的人拥有本市户口，有 0.3% 的人有居住证，有 1.2% 的人属于户口的其他类型；认同自己是新上海人的新白领当中有 36% 的人有本市户口，有 16.6% 的人有居住证，有 7.7% 的人属于户口的其他类型；认同自己既是上海人又是外地人的新白领当中有 30.4% 的人拥有本市户口，有 22.8% 的人有居住证，有 20.2% 的人属于户口的其他类型；认同自己既非上海人也非外地人的新白领当中有 5.6% 的人拥有本市户口，有 13.2% 的人有居住证，有 8.6% 的人属于户口的其他类型；认同自己是外地人的新白领当中有 7.1% 的人拥有本市户口，有 38.3% 的人有居住证，有 52.4% 的人属于户口的其他类型。由此我们可以看出，拥有本市户口的新白领大多倾向于认同自己是上海人或者新上海人，拥有居住证或者户口的其他类型的新白领更倾向于认同自己为外地人或者既非上海

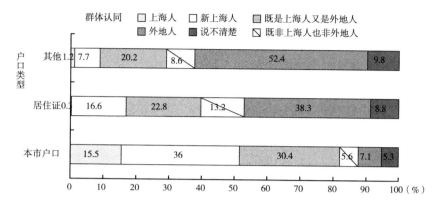

图 10 - 2　户口类型对新白领群体认同的影响

人也非外地人。户口对于新白领的群体认同具有显著影响。

2. 来沪年龄

其次我们分析来沪年龄对新白领群体认同的影响。从图 10 - 3 中发现，认同自己是上海人的新白领中来沪年龄为 20~30 岁所占的比例最高，达到 16.1%；认同自己是新上海人的新白领中来沪年龄为 30 岁以上的人所占的比例最高，达到 29.8%；认同自己既是上海人又是外地人的新白领中来沪年龄为 20 岁以下的人所占的比例最高，达到 29.4%；认同自己既非上海人也非外地人的新白领中来沪年龄为 30 岁以上的人所占的比例最高，达到 10.6%；认同自己是外地人的新白领中来沪年龄为 20~30 岁所占的比例最高，达到 39.7%。由此可以看出，来沪年龄越大，其身份认同越强，20 岁以下的新白领其身份认同大多处于模糊状态，20~30 岁的新白领大多认为自己属于外地人，30 岁以上的新白领大多认为自己属于新上海人。究其原因，主要是年龄较小的新白领其身份认同尚处于形成阶段，没有稳定的身份认同；而 20~30 岁的新白领其身份认同已经形成，根据其来沪年龄我们可以推测其中的大部分或者毕业时间较短，或者工作时间较短，在上海没有稳定的状态，尚处于奋斗期，因此大多认同自己为外地人；而 30 岁以上来沪的新白领很有可能在上海有比较稳定优越的工作，或者未来有更大的可能性留在上海发展，因此他们的群体认同感最强。

3. 受教育程度

最后我们分析受教育程度对新白领群体认同的影响。从图 10 - 4 中可以看出，认同自己是上海人的新白领中有 7.8% 的人其受教育程度为大专/高

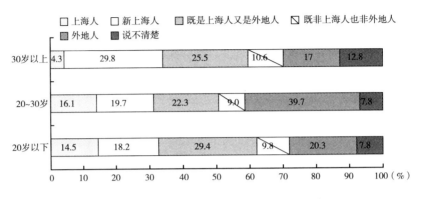

图 10-3 来沪年龄对新白领群体认同的影响

职，有 5.5% 的人其受教育程度为大学本科，有 2.9% 的人其受教育程度为研究生及以上；认同自己是新上海人的新白领中有 12.3% 的人其受教育程度为大专/高职，有 17% 的人其受教育程度为大学本科，有 31.6% 的人其受教育程度为研究生及以上；认同自己既是上海人又是外地人的新白领中有 21.7% 的人其受教育程度为大专/高职，有 22.1% 的人其受教育程度为大学本科，有 31.3% 的人其受教育程度为研究生及以上；认同自己既非上海人也非外地人的新白领中有 11.1% 的人其受教育程度为大专/高职，有 8.1% 的人其受教育程度为大学本科，有 10.3% 的人其受教育程度为研究生及以上；认同自己是外地人的新白领中受有 39.3% 的人其受教育程度为大专/高职，有 38.1% 的人其受教育程度为大学本科，仅有 18% 的人其受教育程度为研究生及以上。由此可以看出，受教育程度为研究生及以上的新白领更倾

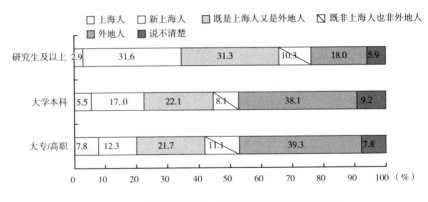

图 10-4 受教育程度对新白领群体认同的影响

向于认同自己是新上海人，受教育程度为大学本科及大专/高职的新白领更倾向于认为自己是外地人。受教育程度对群体认同有重要影响。

二　文化认同

文化认同（culture identification），即文化身份认同，是对"我应该采用哪一种文化模式"的回答。文化认同体现在穿戴的服装、吃的食物、交往的人群、坚持的价值观以及用来适应新文化与当地人的策略等方面。文化认同很难直接测量，本研究设计了3项间接测量本地文化认同的指标。包括①学习语言，指主动学习本地语言的状况，操作化为"您能讲上海话吗"以及"您能听得懂上海话吗"；②熟悉风俗，操作化为"您是否熟悉上海特有的风俗习惯"；③接受价值，即"在日常生活中，您会按照上海的风俗习惯办事吗"。

（一）学习语言

语言是沟通的桥梁，也是社交的工具。懂得当地的语言可以更好地了解当地的文化，融入当地人的日常交往。在我们的问卷调查中很大一部分新白领把会说上海话作为上海人的评判标准之一。从图10－5中可以看出，有13.8%的新白领完全听不懂上海话，有33.8%的新白领全能听懂上海话，有52.3%的新白领能听懂一些上海话。下文我们将依次分析户口类型、在

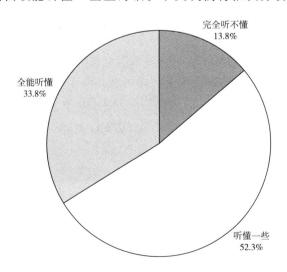

图10－5　新白领能否听得懂上海话

沪时间以及受教育程度对新白领学习语言的影响。

首先我们分析户口类型对学习语言的影响。从图 10－6 中可以看出，全能听懂上海话的新白领中有 51.9% 的人是本市户口，有 32.4% 的人是居住证，有 17.8% 的人是其他；能听懂一些上海话的新白领中有 40.7% 的人是本市户口，有 55.7% 的人是居住证，有 59.9% 的人是其他；完全听不懂上海话的新白领中有 7.5% 的人是本市户口，有 11.9% 的人是居住证，有 22.3% 的人是其他。由此我们认为户口类型影响个人语言学习。拥有本市户口的人对上海话的掌握的平均水平要高于别的户口类型的人。

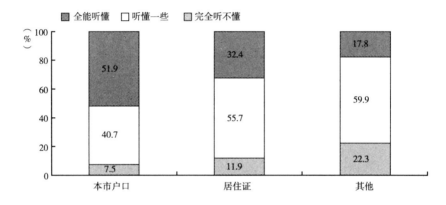

图 10－6　户口类型对学习语言的影响

其次我们分析来沪年龄对学习语言的影响。从图 10－7 中可以看出，全能听懂上海话的新白领中有 51.7% 的人来沪年龄为 20 岁以下，有 31.9% 的人来沪年龄在 30 岁以上，有 26.4% 的人来沪年龄为 20～30 岁；能听懂一些上海话的新白领中，有 56% 的人来沪年龄在 20～30 岁，有 48.9% 的人来沪年龄在 30 岁以上，有 44.6% 的人来沪年龄在 20 岁以下；完全听不懂上海话的新白领中有 19.1% 的人来沪年龄在 30 岁以上，有 17.7% 的人来沪年龄为 20～30 岁，有 3.7% 的人来沪年龄为 20 岁以下。由此可以看出，来沪年龄在 20 岁以下的新白领对上海话的掌握能力最强。语言作为一项特殊的技能，年龄越小其学习能力越强，年龄越大受本土语言的限制就越大，因此掌握一门新语言的难度也越大。

最后我们分析受教育程度对学习语言的影响。从图 10－8 中可以看出，全能听懂上海话的新白领中受教育程度为大学本科所占的比例最高，达到 37.5%；能听懂一些上海话的新白领中受教育程度为研究生及以上所占的比

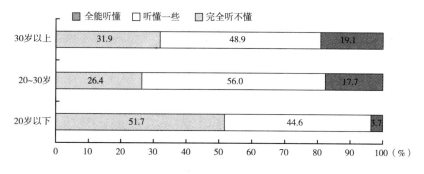

图 10 - 7　来沪年龄对学习语言的影响

例最高，达到 55.5%；在完全听不懂上海话的新白领中受教育程度为研究生及以上所占的比例最高，达到 17.6%。由此可以看出，受教育程度对学习语言并没有显著的影响。

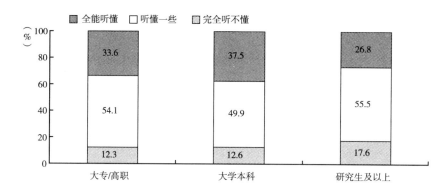

图 10 - 8　受教育程度对学习语言的影响

　　听懂上海话只是学习上海话的一个方面，会不会用上海话来交流也是一个重要的方面。从图 10 - 9 中可以看出，有接近一半的新白领完全不能讲上海话，仅有 12.3% 的新白领完全能讲上海话，有四成的新白领仅能讲一点上海话。

　　首先我们分析户口类型对讲上海话的影响。从图 10 - 10 中可以看出，完全能讲上海话的新白领中拥有本市户口的人所占的比例最高，达到 27.3%；能讲一点上海话的新白领中拥有居住证的人所占的比例最高，达到 50.8%；完全不能讲上海话的新白领中拥有户口的其他类型的人所占的比例最高，达到 59.3%。由此可以看出，户口类型对讲上海话有重要影响，越是本市户口，对上海话的认同也越强，越趋向于学习和使用上海话交流。

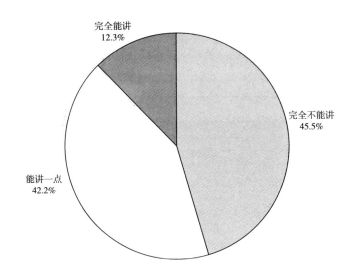

图 10 - 9　新白领是否会讲上海话的情况

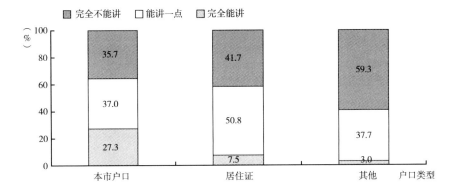

图 10 - 10　户口类型与能否讲上海话之间的关系

其次我们分析来沪年龄对讲上海话的影响。从图 10 - 11 中可以看出，完全能讲上海话的新白领中来沪年龄在 20 岁以下的人所占的比例最高，达到 29.7%；能讲一点上海话的新白领中来沪年龄在 20 岁以下的人所占的比例最高，达到 44.9%；完全不能讲上海话的新白领中来沪年龄在 30 岁以上的人所占的比例最高，达到 55.3%。由此可以看出，来沪年龄越小，越有可能会讲上海话。

最后我们分析受教育程度对学习语言的影响。从图 10 - 12 中可以看出，完全能讲上海话的新白领中受教育程度为大专/高职所占的比例最大，达到

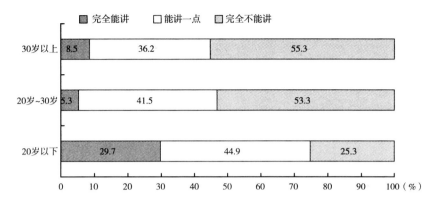

图 10 - 11　来沪年龄与能否讲上海话之间的关系

19.7%；能讲一点上海话的新白领中受教育程度为大学本科所占的比例最大，达到43.3%；完全不能讲上海话的新白领中受教育程度为研究生及以上所占的比例最大，达到54.8%。由此可以看出，学历高低对能否讲上海话没有直接影响。

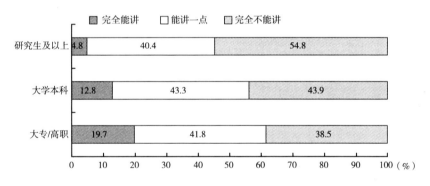

图 10 - 12　受教育程度与能否讲上海话之间的关系

（二）熟悉风俗

熟悉迁入地的风俗习惯是迁移者了解并且适应迁入地的生活方式的手段之一，这有助于迁移者更好地与当地的居民沟通和交流，改变自己以往的生活方式，逐步适应并且形成新的生活方式。从图 10 - 13 中可以看出有高达54%的新白领只熟悉上海的一些风俗习惯，仅有4.9%的人对上海的风俗习惯十分熟悉，另有23.7%的人对上海的风俗习惯几乎不熟悉。由此可以看出，新白领作为城市新移民，不可能完全认同当地的风俗习惯。迁移之前的生活经验已经成为他们生命中的一部分，对于迁入地的风俗习惯，在没有任何外部压力的情况下大部分人不会主动去了解或者熟悉，这只能是他们长期在迁入地生活耳濡目染、潜移默化、逐步吸收的过程。新移民不一定要完全熟悉上海的风俗习惯，但是熟悉上海的风俗习惯却是他们认同当地文化及生活方式的一种反映。

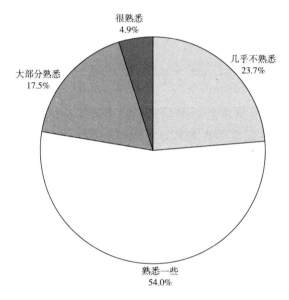

图 10－13　新白领熟悉上海风俗习惯的情况

首先我们分析户口类型对熟悉上海风俗习惯的影响。从图 10－14 中可以看出，很熟悉上海本地的风俗习惯的新白领当中本市户口所占的比例最高，达到 9%；大部分熟悉上海本地的风俗习惯的新白领当中本市户口所占的比例最高，达到 23.9%；熟悉一些上海本地的风俗习惯的新白领当中其他户口类型所占的比例最大，达到 57.3%，但是与持有居住证的人相差不大；几乎不熟悉上海本地的风俗习惯的新白领当中其他户口类型所占的比例最大，达到 30.3%。由此可以看出，持有上海户口的人对上海本地的风俗习惯了解得更多，而持有其他户口类型的人对上海风俗习惯的了解程度最低。这充分说明是否拥有上海户口会影响人们对上海文化的认同和了解过程，持有上海户口的人可能与上海本地居民的接触较多，因此对上海的风俗习惯了解更多。

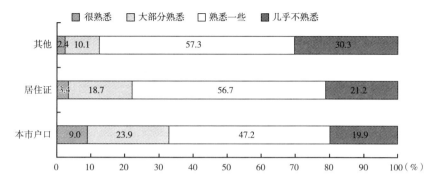

图 10 – 14　户口类型与熟悉上海风俗习惯之间的关系

其次我们分析来沪年龄对熟悉上海风俗习惯的影响。从图 10 – 15 中可以看出很熟悉上海本地的风俗习惯的新白领当中来沪年龄在 20 岁以下所占的比例最高，达到 10.1%；大部分熟悉上海本地的风俗习惯的新白领当中来沪年龄在 20 岁以下所占的比例最高，达到 27.4%；熟悉一些上海本地的风俗习惯的新白领当中来沪年龄在 20 ~ 30 岁的人所占的比例最大，达到 56.6%；几乎不熟悉上海本地的风俗习惯的新白领当中来沪年龄在 30 岁以上的人所占的比例最大，达到 31.9%。由此可以发现，来沪年龄越小，越熟悉上海本地的风俗习惯。

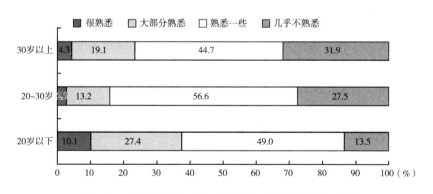

图 10 – 15　来沪年龄与熟悉上海风俗习惯之间的关系

最后我们分析受教育程度对熟悉上海风俗习惯的影响。从图 10 – 16 中可以看出，很熟悉上海本地的风俗习惯的新白领当中受教育程度为大专/高职的人所占的比例最高，达到 6.6%；大部分熟悉上海本地的风俗习惯的新白领当中受教育程度为大专/高职的人所占的比例最高，达到 18.9%；熟悉一些上海本地的风俗习惯的新白领当中受教育程度为大学本科的人所占的比例最大，达到55.7%；几乎不熟悉上海本地的风俗习惯的新白领当中受教育程度为研究生及以上的人所占的比例最大，达到30.9%。由此可以看出，受教育程度对熟悉上海本地的风俗习惯没有显著影响。

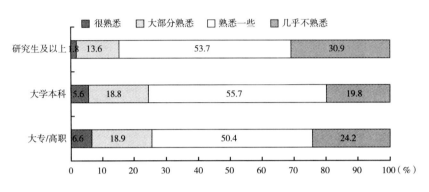

图 10 – 16　受教育程度与熟悉上海风俗习惯之间的关系

（三）接受价值

我们把是否按照上海本地的风俗习惯办事作为测量是否认同上海本地价值观的因素之一。迁移者迁移到陌生的城市不仅会面临陌生的生活环境，也会面临与原住地完全不同甚至相反的价值观念以及待人接物的方式方法。社会学中把这种现象叫做文化震惊，它指的是生活中某一种文化中的人初次接触到另一种文化模式时所产生的思想上的混乱与心理上的压力。新白领只有从思想观念上接受当地的文化价值才能更好地融入当地的日常生活及工作。从图 10 – 17 中可以看出，对于上海本地的风俗习惯超过六成的人遵守其中一些，仅有7.6%的人完全遵守，有12.3%的人从不遵守。这说明新白领并不是全盘接受也不是完全排斥上海的风俗习惯，大部分人采取一种折中的态度，只遵守其中一些。

首先我们分析户口类型对是否按照上海本地的风俗习惯办事的影响。从图 10 – 18 中可以看出完全遵守上海本地的风俗习惯的新白领当中本市户口所占的比例最高，达到 11.5%；遵守其中一些上海本地的风俗习惯的新白领当中持有居住证的人所占的比例最高，达到 64.8%，但是与持有上海本市户口的人差别不大；从不遵守上海本地的风俗习惯的新白领当中持有居住证的人所占的比例最高，达到 14.8%；完全不知道上海本地的风俗习惯的

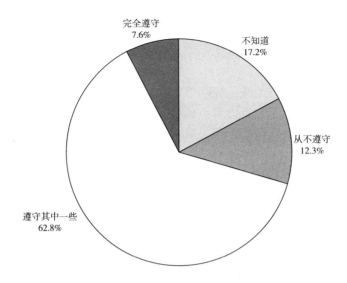

图 10 - 17　新白领是否按照上海本地的风俗习惯办事

新白领中持有户口的其他类型的人所占的比例最高，达到 23.4%。由此可以看出，新白领是否持有上海本市户口对于是否按照上海本地的风俗习惯办事具有重要影响。

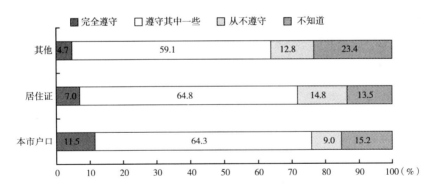

图 10 - 18　户口类型与是否按照上海本地风俗习惯办事的关系

其次我们分析来沪年龄对是否按照上海本地的风俗习惯办事的影响。从图 10 - 19 中可以看出，完全遵守上海本地的风俗习惯的新白领当中来沪年龄在 20 岁以下的人所占的比例最高，达到 10.5%；遵守其中一些上海本地的风俗习惯的新白领当中来沪年龄在 20 岁以下的人所占的比例最高，达到 65.9%；从不遵守上海本地的风俗习惯的新白领当中来沪年龄在 20~30 岁

的人所占的比例最高，达到 14%；完全不知道上海本地的风俗习惯的新白
领中来沪年龄在 30 岁以上的人所占的比例最高，达到 21.3%。由此可以看
出，来沪年龄越小，越有可能按照上海本地的风俗习惯办事。究其原因，主
要是风俗习惯作为一种文化，一旦被个体认同以至于内化就很难改变，年龄
越大习得的文化越成为一种内在的品质，一方面很难从心底认同新接触的文
化，另一方面很难改变已经形成的文化认同。

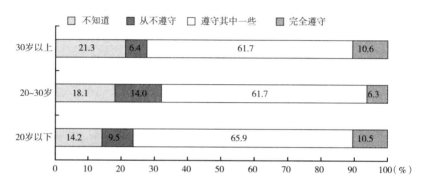

图 10 - 19　来沪年龄与是否按照上海本地风俗习惯办事的关系

　　最后我们分析受教育程度对是否按照上海本地的风俗习惯办事的影响。
从图 10 - 20 中可以看出，完全遵守上海本地风俗习惯的新白领当中受教育
程度为大学本科的人所占的比例最高，达到 8.3%；遵守其中一些上海本地
的风俗习惯的新白领当中受教育程度为大学本科的人所占的比例最高，达到
65.9%；从不遵守上海本地的风俗习惯的新白领当中受教育程度为大专/高
职学历的人所占的比例最高，达到 14.8%；完全不知道上海本地的风俗习

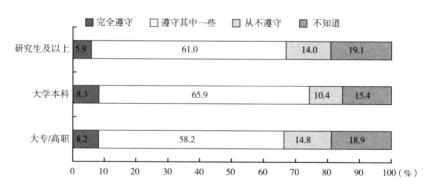

图 10 - 20　受教育程度与是否按照上海本地风俗习惯办事的关系

惯的新白领中受教育程度为研究生及以上的人所占的比例最高，达到19.1%。由此可以发现，受教育程度对是否熟悉上海本地的风俗习惯没有直接的影响，并不是受教育程度越高，越有可能改变自己原有的办事规则来顺应上海本地的风俗习惯。

三　地域认同

地域认同，即地域身份认同，是为"我将归属在哪里"的问题提供答案，指群体与固定地区之间关系的自我认同。在地理学中，地域认同经常被表述为对某个地方的感觉和归属，因此地域认同对人们有重要意义。随着中国城市化进程的不断推进，人口大规模迁移成为一种不可逆转的趋势。迁移者为了获取更多的工作机会，改善家庭的经济状况，或者开阔自己的眼界，增长自己的见识，离开自己的第一故乡，转身进入一个与先前不同的生活环境。我将归属于哪里并不与迁移者本身的生活工作居住地必然联系，而是一种发自内心的对于曾经生活过的地方的留恋和热爱。当然，地域认同作为一个主观的心理感受的变量很难直接测量，本文中我们将通过两个间接的指标来加以测量：①定居打算，具体操作化为"您认为您将来退休之后，会不会留在上海养老"；②留沪意愿，具体操作化为"一些白领面对生存压力选择了离开上海，对此您本人的态度如何"。毋庸置疑，定居打算与留沪意愿必然受到多重因素的制约，但是它们无疑反映了一种对居住地的认同感和归属感。

（一）定居打算

上海作为国际大都市，和其他城市相比具有无可比拟的优越性，与此同时，生活在这座城市也承受着更多的生活压力和生存焦虑。是否在上海养老似乎成为很多新白领从迈入上海这座城市起就要考虑的问题。养老与找工作不同，对于找工作来说人们一定会倾向于选择一个工作机会丰富，人才待遇优惠的城市；而对于养老来说经济上的满足只是其中一个因素，更重要的是要选择一个适宜安居，可以享受晚年生活的心灵归属之地。从图10-21中可以看出，新白领中有36.6%的人选择回老家养老，有22.5%的人选择留在上海养老，有20.9%的人选择去国内其他城市养老，有7.4%的人选择去国外养老。由此可以看出，新白领中超过一半的人倾向于不在上海养老，但不可忽视的是仍有两成的人选择在上海养老。以往许多关于农民工的研究都指出对于大多数第一代农民工而言，无论是长期的农村生活经历，还是迫于某种无奈使得他们怀有较强的"乡土认同"，他们知道自己的根在农村，最终还是要回到农村生活。可是对于新白领这些城市新移民，尽管其在经济、文化等方面遭受种种排斥，但他们始终对未来充满信心和热情，与第一代农民工相比更趋向于留在城市养老。

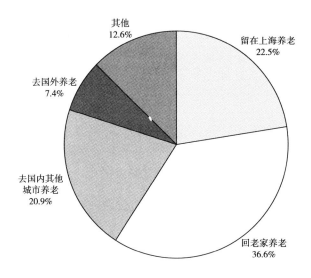

图 10 - 21　新白领是否选择在上海养老

首先我们分析户口类型对是否留在上海养老的影响。从图 10 - 22 中可以看出，选择留在上海养老的新白领当中具有本市户口的人所占的比例最高，达到 42.4%；选择回老家养老的新白领当中具有户口的其他类型的人所占的比例最高，达到 48.8%；选择去国内其他城市养老的新白领当中具有居住证的人所占的比例最高，达到 22.4%；选择去国外养老的新白领当中具有户口的其他类型的人所占的比例最高，达到 9.2%。由此可以看出，是否拥有上海户口对于是否留在上海养老具有重要影响，拥有上海户口的新白领明显更愿意留在上海养老。

其次我们分析来沪年龄对是否留在上海养老的影响。从图 10 - 23 中可以看出，选择留在上海养老的新白领当中来沪年龄在 30 岁以上的人所占的比例最高，达到 36.2%；选择回老家养老的新白领当中来沪年龄在 20 ~ 30 岁以及 30 岁以上的人所占的比例最高，达到 38.3%；选择去国内其他城市

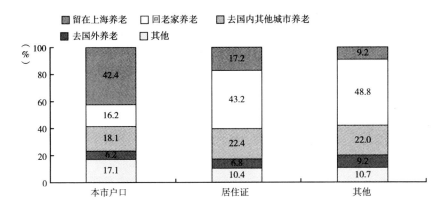

图 10 − 22 户口类型与是否在留在上海养老之间的关系

养老的新白领当中来沪年龄在 20 岁以下的人所占的比例最高，达到 22.3%；选择去国外养老的新白领当中来沪年龄在 20~30 岁的人所占的比例最高，达到 7.9%。由此可以看出，30 岁以上来沪的新白领更倾向于在上海养老，而 30 岁以下来沪的新白领更倾向于在上海以外的城市养老。古人云，三十而立。30 岁来沪的新白领大多数倾向于未来在上海发展，或者在上海有比较满意的工作；而 30 岁以下的新白领正处于人生的奋斗期，事业刚刚起步，未来还不明朗，因此对于未来在上海养老的可能性自然估计不足。

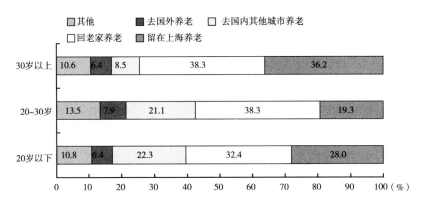

图 10 − 23 来沪年龄与是否留在上海养老之间的关系

最后我们分析受教育程度对是否留在上海养老的影响。从图 10 − 24 中可以看出，选择留在上海养老的新白领当中受教育程度为研究生及以上的人所占的比例最高，达到 27.7%；选择回老家养老的新白领当中受教育程度为大专/高职的人所占的比例最高，达到50.2%；选择去国内其他城市养老的新白领当中受教育程度为大学本科的人所占的比例最高，达到23.8%；选择去国外养老的新白领当中受教育程度为研究生及以上的人所占的比例最高，达到8.5%。由此可以看出，受教育程度直接影响定居意愿，学历越高，越倾向于留在上海养老；学历越低，越倾向于回老家养老。

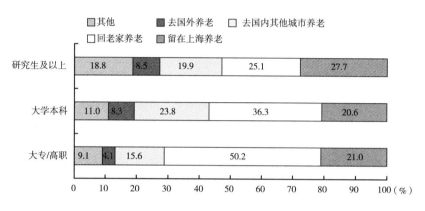

图 10-24　受教育程度与是否留在上海养老之间的关系

（二）留沪意愿

"逃回北上广"浪潮的兴起证实了上海作为特大城市先天具有的优势，留下还是离开成为新白领生活在上海不得不认真考虑的问题。上海较多的工作机会以及较高的工作收入成为吸引外来人才的关键因素，但是高额的房价以及难以承担的生活成本使新白领的留沪意愿受到阻挠。从图10-25中可以看出，有高达47%的新白领也有抱怨，但不太会离开上海；有32.3%的新白领正在犹豫观望，有机会就会离开上海；有16.1%的人绝对不会离开上海；仅有4.6%的人已有计划，正在准备离开上海。由此可以看出，大部分新白领会选择暂时留沪发展，但是他们对自身状况面临诸多不满和无奈。一方面，新白领没有十足的勇气离开，难以割舍上海这座城市带给他们内心的满足和虚荣；另一方面，人生未来诸多不得不面对的现实让他们对未来留在上海的生活望而却步，这种观望的心态正好说明了新白领在上海的尴尬地位，是留还是走成为一种无法做出的艰难决定。

首先我们分析户口类型对新白领留沪意愿的影响。从图10-26中可以看出，选择绝对不会离开上海的新白领中具有本市户口的人所占的比例最

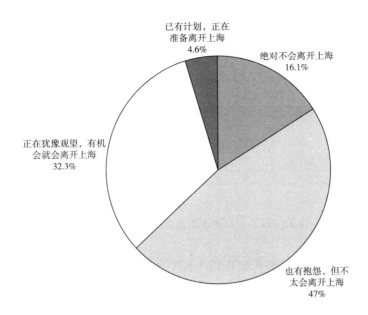

已有计划，正在
准备离开上海
4.6%

绝对不会离开上海
16.1%

正在犹豫观望，有机
会就会离开上海
32.3%

也有抱怨，但不
太会离开上海
47%

图 10 - 25　新白领留沪意愿

高，达到 23.7%；选择也有抱怨，但不太会离开上海的新白领中具有本市户口的人所占的比例最高，达到 53.6%；选择正在犹豫观望，有机会就会离开上海的新白领中持有户口的其他类型的人所占的比例最高，达到42.6%；选择已有计划，正在准备离开上海的新白领中持有户口的其他类型的人所占的比例最高，达到 7.1%。由此可以看出，拥有本市户口的人更倾向于留在上海发展，而持有户口其他类型的人更倾向于离开上海。拥有本市户口成为定居上海的一个重要影响因素。

　　其次我们分析来沪年龄对新白领留沪意愿的影响。从图 10 - 27 中可以看出，在各年龄段中选择绝对不会离开上海的新白领中来沪年龄在 30 岁以上的人所占的比例最高，达到 44.7%；选择也有抱怨，但不太会离开上海的新白领中来沪年龄在 20 ~ 30 岁以及 20 岁以下的人所占的比例相同，达到48%；选择正在犹豫观望，有机会就会离开上海的新白领中来沪年龄在 20 ~ 30 岁的人占到 33.9%，在各年龄段中为最高；选择已有计划，正在准备离开上海的新白领中来沪年龄在 20 ~ 30 岁的人所占的比例最高，达到 4.7%，但是与来沪年龄为 20 岁以下的人相差不大。由此可以看出，来沪年龄直接影响留沪意愿。30 岁以上来沪的新白领更倾向于留在上海，而 30 岁以下的人留沪意愿模糊，大多持观望态度。究其原因，主要是 30 岁以下正处于人

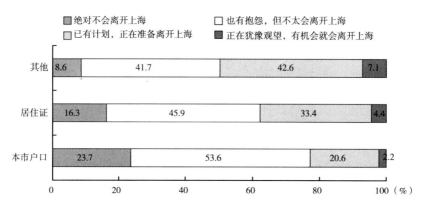

图 10 - 26　户口类型与新白领留沪意愿的关系

生的奋斗期，有些人可能在沪找到工作不久，或者有些人刚刚从学校毕业，
对于这一年龄段的新白领来说，未来的蓝图刚刚展开，尚处于探索阶段。未
来对于他们来说有太多的不确定和变故，一切皆有可能的状态也是一切皆有
变化的状态。

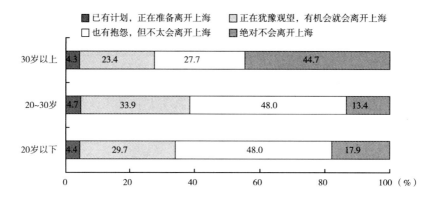

图 10 - 27　来沪年龄与新白领留沪意愿的关系

　　最后我们分析受教育程度对是否留在上海养老的影响。从图 10 - 28 中
可以看出，选择绝对不会离开上海的新白领中受教育程度为大专/高职的人
所占的比例最高，达到 16.8%；选择也有抱怨，但不太会离开上海的新白
领中受教育程度为研究生及以上的人所占的比例最高，达到 56.1%；选择
正在犹豫观望，有机会就会离开上海的新白领中受教育程度为大专/高职的
人所占的比例最高，达到 38.9%；选择已有计划，正在准备离开上海的新

白领中受教育程度为大专/高职和大学本科的人所占的比例最高，达到5.7%。由此可以看出，学历在留沪意愿中同样起着重要作用。不同的是研究生毕业的新白领更倾向于留沪发展，而大专/高职毕业的人更倾向于犹豫观望，对未来留沪发展缺乏充分信心。此外我们发现，在上海，相对于大专/高职学历，大学本科学历并不具有足够的优势来影响人们未来留沪意愿的信心。

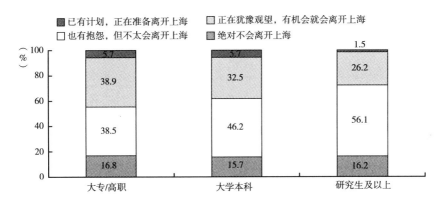

图 10-28　受教育程度与新白领留沪意愿的关系

四　社会网络认同

网络分析者认为个人生活在很大程度上依赖于自我是如何与广泛的社会关系网络相联系的。进一步而言，网络分析者相信，个人、群体或组织的成败在很大程度上取决于其内部或外部网络结构的模式。社会网络是社会保障体系之外的社会援助体系，培养广泛的社会关系网络是自我发展与自我保护的有效手段，也是增强个人社会认同的有效方式。牛喜霞认为，建立在血缘和地缘关系基础之上的原初社会关系会阻碍农民工与城市人的交往和接触，阻碍农民工对城市社会的认同和归属[①]。同理，新白领在上海本地的社交网络越广泛，其接触和了解迁入地文化的途径和过程将越容易，广泛的社交网络成为他们掌握当地的语言、风俗习惯、乡土人情以及穿着打扮、饮食习惯的桥梁。因此本文通过以下两个变量来测量新白领的社会网络：一是

[①]　牛喜霞：《社会资本在农民工流动中的负面作用探析》，《求实》2007年第8期。

新白领朋友的网络构成。在问卷中主要操作化为，您经常接触的朋友大部分是哪些人？选项为本地人、本地人与外地人各占一半、大部分是外地人。二是新白领娱乐时的网络构成。在问卷中主要操作化为，跟您一起玩的人，主要是哪些人？选项为家人、亲戚、老乡、外地人、本地人和其他人。

（一）新白领朋友的网络构成

从数据分析结果看，新白领经常接触的朋友中仅有11.4%的人选择大部分是本地人，有43.1%的人选择本地人与外地人各占一半，有45.6%的人选择大部分是外地人。由此可以看出，新白领朋友的网络构成中还是以外地人为主，仅有很少比例的新白领与本地人形成了比较亲密的关系。这意味着比接触上海本地文化更难的是与上海本地人形成亲密的网络关系。以下我们将依次分析户口类型、在沪居住时间、受教育程度对新白领朋友的网络构成的影响。

首先我们分析户口类型对新白领朋友的网络构成的影响。从图10-29中可以看出，选择朋友构成大部分是本地人的新白领中拥有本市户口的人所占的比例最高，达到18.4%；选择朋友构成本地人与外地人各占一半的新白领中拥有本市户口的人所占的比例最高，达到45.5%，与拥有居住证的人所占的比例差别不大；选择朋友构成大部分是外地人的新白领中拥有户口其他类型的人所占的比例最高，达到55.2%。由此可以看出，户口类型直接影响新白领朋友的网络构成。取得上海户籍的人能够更好地与当地人形成亲密的网络关系，融入上海本地人的生活圈子，进而更好地适应和认同上海的文化；相反，拥有户口其他类型的人不太容易建立起与当地人的网络关系，因此极易徘徊在本地人交际圈子的边缘。

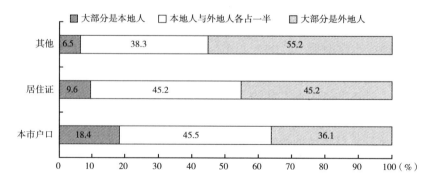

图10-29　户口类型与新白领朋友的网络构成之间的关系

其次我们分析来沪年龄对新白领朋友的网络构成影响。从图 10 - 30 中可以看出，朋友构成大部分是本地人的新白领中来沪年龄在 20 岁以下的人所占的比例最高，达到 28.7%；朋友构成本地人与外地人各占一半的新白领中来沪年龄在 20~30 岁的人所占的比例最高，达到 50.4%；朋友构成大部分是外地人的新白领中来沪年龄在 30 岁以上的人所占的比例最高，达到 34%。由此可以看出，来沪年龄对新白领朋友的网络构成有显著影响，来沪年龄越小，在当地的社交网络就越广泛，来沪年龄越大在当地的社交网络越固化。

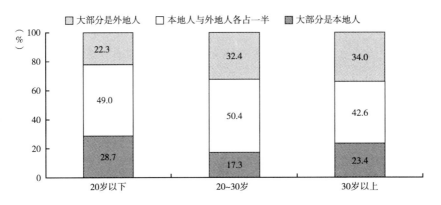

图 10 - 30　来沪年龄与新白领朋友的网络构成之间的关系

最后我们分析受教育程度对新白领朋友的网络构成的影响。从图 10 - 31 中可以看出，选择朋友构成大部分是本地人的新白领中受教育程度为大专/高职的人所占的比例最高，达到 16%；选择朋友构成本地人与外地人各占一半的新白领中受教育程度为大学本科的人所占的比例最高，达到 45.6%；选择朋友构成大部分是外地人的新白领中受教育程度为研究生及以上的人所占的比例最高，达到 54.4%。由此可以看出学历高低并不直接影响新白领的朋友网络构成，受教育程度不高的人有可能在当地具有广泛的网络构成。

（二）新白领的娱乐网络构成

业余时间经常和谁在一起玩反映了一种相对亲密的私人关系，因此可以作为测量社会网络认同的变量之一。从数据分析结果看，在业余时间里有高达 42.3% 的人选择和外地人玩，有 23.2% 的人选择和家人玩，有 13.2% 的

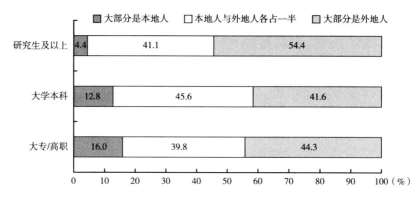

图 10 - 31　受教育程度与新白领朋友的网络构成之间的关系

人选择和老乡玩，有 12.5% 的人选择和本地人玩，仅有 3.2% 的人选择和亲戚玩。由此可以看出，大部分新白领倾向于和外地人玩，仅有少数人选择和本地人玩。这说明大多数新白领没有与本地人建立起比较亲近的网络关系，没有融入到当地人的生活圈子中。和以往熟识的老乡或者外地人建立的亲密关系很大程度上阻碍了他们进一步结识当地人的热情和渴望。以下我们将依次分析户口类型、在沪居住时间、受教育程度对新白领娱乐时的网络构成的影响。

首先我们分析户口类型对新白领娱乐时的网络构成的影响。从图 10 - 32 中可以看出，在业余时间中选择和老乡一起玩的新白领中拥有户口的其他类型的人所占的比例最高，达到 19.1%；选择和外地人一起玩的新白领中拥有户口的其他类型的人所占的比例最高，达到 45.2%；选择和本地人一起玩的新白领中拥有本市户口的人所占的比例最高，达到 17.8%；选择和家人一起玩的新白领中拥有本市户口的人所占的比例最高，达到 31.2%。由此可以看出，在业余时间拥有本市户口的人更倾向于和本地人一起玩，而拥有户口的其他类型的人更倾向于和老乡以及外地人玩。这充分说明户口类型影响新白领的网络认同。

其次我们分析来沪年龄对新白领娱乐时的网络构成的影响。从图 10 - 33 中可以看出，在业余时间中选择和老乡一起玩的新白领来沪年龄在 20 ~ 30 岁的人所占的比例最高，达到 15.3%；选择和外地人一起玩的新白领来沪年龄在 20 ~ 30 岁的人所占的比例最高，达到 45%；选择和本地人一起玩的新白领来沪年龄在 20 岁以下的人所占的比例最高，达到 22.1%，且远远高于 20 岁以上来沪的新白领；选择和家人一起玩的新白领来沪年龄在 30 岁

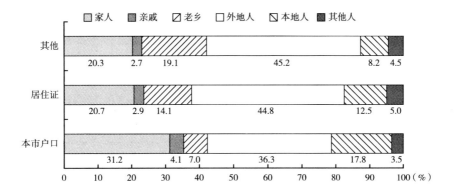

图 10 − 32　户口类型与新白领业余时间选择和谁在一起玩的关系

以上的人所占的比例最高，达到 32.6%。由此可以看出，来沪年龄对于新白领娱乐时的网络构成有明显影响。来沪年龄在 20 岁以下的人有更多的玩伴是本地人，而来沪年龄在 20～30 岁的人有更多的玩伴是外地人或者老乡，而来沪年龄在 30 岁以上的人的玩伴更多的是家人。

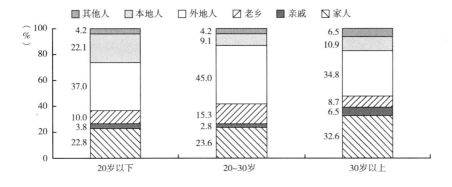

图 10 − 33　来沪年龄与新白领业余时间选择和谁在一起玩的关系

最后我们分析受教育程度对新白领娱乐时的网络构成的影响。从图10 − 34 中可以看出，在业余时间中选择和老乡一起玩的新白领受教育程度为大专/高职的人所占的比例最高，达到 16.7%；选择和外地人一起玩的新白领受教育程度为研究生及以上的人所占的比例最高，达到 50.4%；选择和本地人一起玩的新白领受教育程度为大学本科的人所占的比例最高，达到 16.2%；选择和家人一起玩的新白领受教育程度为研究生及以上的人所占的比例最高，达到27.7%。由此可以看出，受教育程度对于新白领娱乐时的网络构成不具有显著影响。

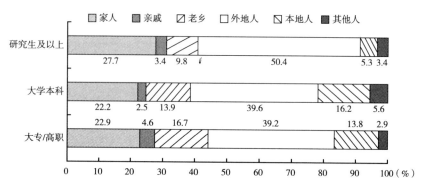

图 10-34　受教育程度与新白领业余时间选择和谁在一起玩的关系

五　小结

我们通过分析新白领的群体认同、文化认同、地域认同及社会网络认同间接测量了新白领的社会认同。通过上述分析我们可以得出如下结论：第一，户口类型、受教育程度及来沪年龄对于新白领的群体认同具有重要影响，也即户口类型是本市户口、受教育程度越高、来沪年龄越大越有可能认同自己是上海人；第二，我们通过学习语言、熟悉风俗、接受价值三个维度间接测量了新白领的文化认同，结果发现户口类型、来沪年龄对上述三个维度均有影响，而受教育程度对上述三个维度没有显著影响，也即户口类型是本市户口、来沪年龄越小越有可能认同上海的文化；第三，我们通过定居打算、留沪意愿两个维度间接测量了新白领的地域认同，结果发现户口类型、受教育程度、来沪年龄均对上述两个维度有影响，也即户口类型是上海户口、受教育程度越高、来沪年龄越大地域认同感越强；第四，我们通过朋友网络构成以及娱乐时的网络构成间接测量了新白领的社会网络认同，结果发现户口类型、来沪年龄对上述两个维度有影响，而受教育程度对上述两个维度没有显著影响，也即户口类型是本市户口、来沪年龄越小越有可能有比较广泛的当地人社交网络。由此可以看出，户口类型成为影响新白领社会认同最为重要的因素之一。

随着上海国际化大都市建设进程的不断推进，能否吸引外来人才并且留住外来人才是上海未来发展的关键所在。新白领作为上海经济发展中不可缺少的一部分人群，其社会认同是他们能否真正融入上海生活、认同上海文化、接受上海价值观的重要标志。不可否认的是，户籍壁垒的存在始终是外来人才留沪的最大障碍，也间接影响了新白领对上海这座城市的认同。适当改革户籍制度，与上海本地人建立广泛的社会网络是提高新白领的社会认同不可缺少的途径，也是上海未来留住外来精英必须面对的问题。

第十一章　社会信任与社会信心

一　对公共安全状况的社会信任

根据社会质量理论，社会信任是一个衡量社会质量的重要维度。近年来，食品安全、医疗安全、公共交通安全以及个人隐私安全等诸多社会公共安全事件的曝光，使得人们的社会信任受到了严重影响。以上海为例，2010 年 12 月 15 日下午 2 时 15 分许，上海静安区胶州路 728 号的一幢 28 层民宅发生严重火灾，造成 42 人死亡，引起社会巨大震动；2011 年 4 月 11 日上海盛禄食品有限公司分公司涉嫌将白面染色制成的馒头在上海华联等多家超市销售曝光，引起舆论哗然；2011 年 9 月 27 日上海地铁十号线豫园往老西门方向的区间隧道内 5 号车追尾 16 号车，造成数百人受伤，再一次引起公众的广泛关注。除此之外，在全国的不同地方，公共安全事件的频发以及人情冷漠、诚信危机、信用贬值、人际冷漠、信任恐慌等现象使得信任危机问题成为舆论关注的焦点。新白领作为一个特定的人群，他们对社会安全的信任程度是怎样的，他们对于政府工作的信任态度是否因为这些公共安全事故的频发而间接受到了影响？总的来说，社会信任是国家统治合法性的根基，也是维持社会秩序、加强社会团结、凝聚社会力量的重要因素。处于转型期的中国，社会信任面临怎样的困境是本文关注的重点。

（一）社会信任的困境

信任是一个社会存在的基础，也是维持一个社会积极健康运行必不可少的因素。当你打开水龙头，要相信里面流出来的水没有毒；过马路，要相信所有汽车都会在亮红灯的时候停下来；坐高铁、地铁，要相信它不会突然追尾；就是你睡觉，也要相信这房屋不是"楼脆脆"。如德国社会学家卢曼所说："当一个人对世界完全失去信心时，早上甚至会没办法从床上爬起来。"近年来，中国社会公共安全事故频发，这是否会影响上海新白领的社会信任程度？上海新白领对于不同领域的信任水平哪一个更高？下文将对食品安全、人身财产安全、医疗安全、个人隐私安全等不同领域的社会信任展开分析。

通过图 11 - 1 我们可以看出，超过 90％ 的新白领对食品安全不太信任，认为非常安全的仅占被调查总体的 0.3％，这充分说明，新白领对于食品安全十分缺乏信任。对于人身财产安全来说，有 60.8％ 的新白领认为人身财产比较安全，仅有 5.3％ 的新白领认为人身财产极不安全，由此可以看出尽管当前人们普遍的社会信任程度不高，但是新白领对于上海目前的社会治安信任程度仍然比较高，个体的人身财产安全基本能够有保障，社会整体的治安秩序比较稳定。对于医疗安全来说，有 56％ 的新白领认为不安全，仅有 2.5％ 的新白领认为非常安全，这说明人们整体上对于医疗服务是持怀疑态度的，医疗服务的水平以及医院的公信力还有待加强。对于个人隐私安全来说，高达 62.3％ 的人认为不安全，仅有 3.3％ 的人认为非常安全。随着手机以及电脑的广泛使用，曾经不为人们所关注的个人隐私安全越来越受到公众的关注，尤其是个人手机号码的频繁泄露以及个人基本信息的泄露所造成的诈骗案件的增多，使得公众开始呼吁保护个人隐私安全。总之，新白领对于食品安全、医疗安全以及个人隐私安全大多持不信任的态度，对于食品安全尤其不信任，新白领仅对人身财产安全持比较信任的态度。

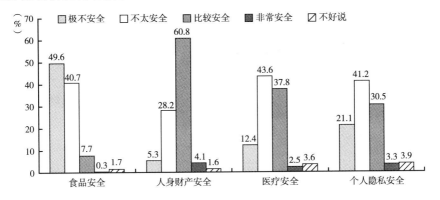

图 11 - 1 新白领对不同领域公共安全的信任度比较

（二）对不同领域公共安全信任度的影响因素分析

1. 受教育程度对公共安全信任度的影响

食品安全与人们的生活息息相关，近年来频发的食品安全公共事件（包括绝育黄瓜、爆炸西瓜、染色馒头、牛肉膏、瘦肉精、地沟油等）使得人们对食品安全的信任程度大打折扣。就食品安全来说，如图 11－2 所示：学历为研究生及以上的新白领认为极不安全所占的比例最高，达到 58.5%；学历为大学本科的新白领认为不太安全所占的比例最高，达到 40.5%；学历为大专/高职的新白领认为比较安全所占的比例最高，达到 13.5%。整体来说，学历高低对食品安全有很大影响。学历越高，人们认为食品越不安全；学历越低，人们认为食品相对来说越安全。受教育程度越高的人可能对于食品安全关注的比较多，对报纸、杂志、电视以及网络的信息接触面比较广，这使得他们对于食品安全的信任程度越低。相反受教育程度相对较低的人由于阅读新闻、关注社会公共事件的可能性较少，因此对媒体曝光的食品安全事件了解得越少，对食品安全的现状越可能持乐观态度。

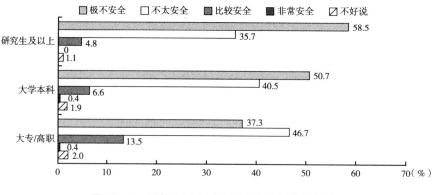

图 11－2　受教育程度对食品安全信任度的影响

人身财产安全是公民最基本的安全需要，也是社会秩序维持稳定的指示器。就人身财产安全来说，从图 11－3 可以看出：学历为研究生及以上的新白领认为极不安全所占的比例最高，达到 7%；学历为研究生及以上的新白领认为不太安全所占的比例最高，达到 30.5%；学历为大专/高职的新白领认为比较安全所占的比例最高，达到 62.6%。总之，学历越高的人认为人身财产越不安全，学历越低的人认为人身财产相对来说越安全，但是不同受教育水平之间的看法差别基本不大。整体来说，新白领对人身财产安全的信任程度比较高。新白领阶层的人身财产安全信任程度高说明目前上海的社会秩序比较稳定。

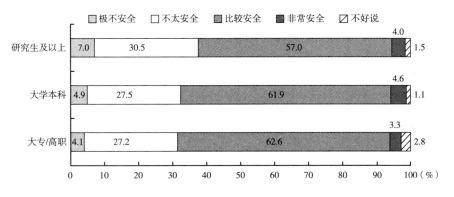

图 11 - 3 受教育程度对人身财产安全信任度的影响

就医疗安全来说，从图 11 - 4 可以看出：大学本科生认为极不安全所占的比例最高，达到 14.3%；研究生及以上学历的新白领认为不太安全所占的比例最高，达到 46.7%；大专/高职生认为比较安全所占的比例最高，达到 44.3%。由此可以看出，大学本科及以上学历的新白领更倾向于认为医疗不安全，大专/高职生更倾向于认为医疗比较安全。

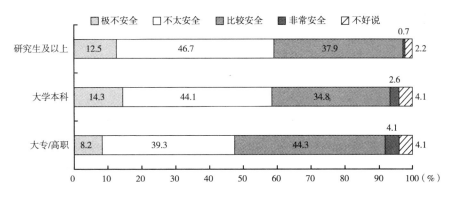

图 11 - 4 受教育程度对医疗安全信任度的影响

就个人隐私安全而言，从图 11 - 5 可以看出：学历为研究生及以上的新白领认为极不安全所占的比例最高，达到 27.2%；学历为研究生及以上的新白领认为不太安全所占的比例最高，达到 49.3%；学历为大专/高职生的新白领认为比较安全所占的比例最高，达到36.9%．总之，学历越高认为个人隐私越不安全，学历越低认为个人隐私越安全，且不同学历之间的差别非常明显。这说明受教育程度影响人们对个人隐私安全的看法。笔者认为随着信息多样化以及手机、电脑等电子设备的普及，个人信息泄露的渠道也更加多元化，但是普通大众并没有意识到个人信息被无意识的泄露，受教育程度越高的人自我信息安全保护心理越敏感，因此越有可能意识到个人的信息是否被泄露。

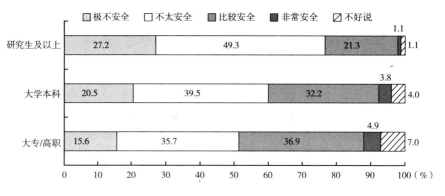

图 11 - 5　受教育程度对个人隐私安全信任度的影响

2. 年龄对公共安全信任度的影响

就食品安全而言，从图 11 - 6 可以看出，26～35 岁的新白领认为食品极不安全所占的比例最高，达到54.2%；25 岁以下的新白领认为食品不太安全以及比较安全所占的比例最高，分别达到45.3%、12%；36 岁以上的新白领认为食品非常安全的比例为0。总的来说，26 岁以上的新白领对食品安全的信任程度更低。究其原因，主要是不同年龄段的人对食品的关注点不一样。年轻人体质一般比年长的人更加强壮和健康，对于食品他们更加关注的是口感，对有无营养以及是否健康关注的相对较少；对于年长的人来说，随着年龄的增长他们对于饮食的要求不仅在于口感，而且关注食品的健康及卫生，因此对于食品安全与否将更加关注。

就人身财产安全而言，从图 11 - 7 可以看出，26～35 岁的新白领认为人身财产极不安全所占的比例最高，达到6.8%；25 岁以下的新白领认为人身财产不太安全所占的比例最高，达到28.8%；36 岁以上的新白领认为人身财产比较安全和非常安全所占的比例最高，分别达到66.3%、5.6%。由

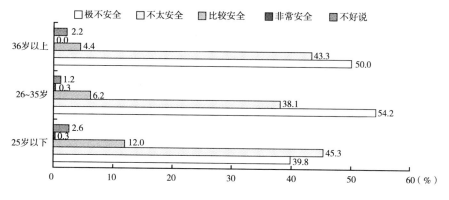

图 11 - 6　年龄对食品安全信任度的影响

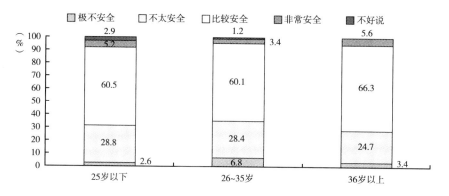

图 11 - 7　年龄对人身财产安全信任度的影响

此可以看出，36 岁以下的新白领相对来说对于人身财产安全的信任程度更低一些。

就医疗安全而言，从图 11 - 8 可以看出，26 ~ 35 岁的新白领认为医疗极不安全和不太安全所占的比例最高，分别达到 14%、45.5%，25 岁以下的新白领认为医疗比较安全所占的比例最高，达到 42.7%。总体来说，年轻人比年长的人对医疗安全的信任程度更高。

就个人隐私安全而言，从图 11 - 9 我们可以看出，年龄越大对个人隐私安全越不信任。36 岁以上的新白领认为个人隐私极不安全和不太安全所占的比例最高，分别达到 24.4%、44.4%；25 岁以下的新白领认为个人隐私比较安全的比例最高，达到 37.5%。由此可以看出，年龄对于个人隐私安全的信任程度有重要影响。个人隐私安全相对于食品安全、医疗安全以及人身财产安全受到侵害时的危险性更小一些，因此一般不容易引起人们的关

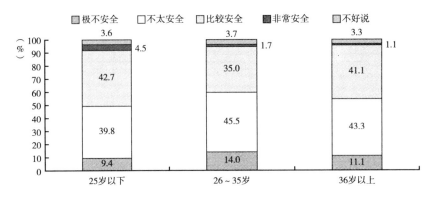

图 11 - 8　年龄对医疗安全信任度的影响

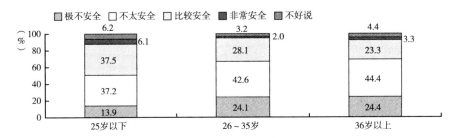

图 11 - 9　年龄对个人隐私安全信任度的影响

注。一般来说年轻人更容易相信别人，对于个人隐私安全关注的较少，随着年龄的增长，人们的自我保护意识也逐渐增强，越注意保护个人隐私安全。

3..性别对公共安全信任度的影响

就食品安全来说，从表 11 - 1 可以看出，女性认为食品不安全的比例高于男性，男性认为食品安全的比例高于女性，但二者之间几乎没有大的差别。也就是说，无论男性还是女性，二者对食品安全与否的判断基本上趋于一致，性别差异不大。

表 11 - 1　男性和女性选择食品安全与否的情况

单位：%

性别	食品安全					
	极不安全	不太安全	比较安全	非常安全	不好说	总计（人数）
男	49.20	39.60	8.40	0.40	2.40	100.00(510)
女	49.80	41.80	7.10	0.20	1.10	100.00(536)
总计	49.50	40.70	7.70	0.30	1.70	100.00(104)

就人身财产安全来说，从表 11-2 可以看出，有 31.6% 的男性认为人身财产不安全，有 35.1% 的女性认为人身财产不安全；有 67% 的男性认为人身财产安全，有 63% 的女性认为人身财产安全。由此可以看出，女性对人身财产安全的信任程度更低。这一结论与我们日常的经验完全一致，一般来说，女性、幼儿和老年人属于弱者，其防御能力和抵抗反击能力比男性低，更容易成为犯罪分子的侵害目标，因此对于外界环境的安全程度感受自然要比男性低。

表 11-2　男性和女性选择人身财产安全与否的情况

单位：%

性别	人身/财产安全					
	极不安全	不太安全	比较安全	非常安全	不好说	合计（人数）
男	6.3	25.3	61.3	5.7	1.4	100.0(509)
女	4.3	30.8	60.4	2.6	1.9	100.0(535)
总计	5.3	28.2	60.8	4.1	1.6	100.0(1044)

就医疗安全来说，从表 11-3 可以看出，有 54.7% 的男性认为医疗不安全，有 57.3% 的女性认为医疗不安全；有 41.9% 的男性认为医疗安全，有 38.9% 的女性认为医疗安全。由此可以看出，女性的医疗安全信任程度低于男性，但是二者之间的差别不大，性别并不是影响对医疗安全看法的关键因素。

表 11-3　男性和女性选择医疗安全与否的情况

单位：%

性别	医疗安全					
	极不安全	不太安全	比较安全	非常安全	不好说	合计（人数）
男	14.7	40.0	39.0	2.9	3.3	100.0(510)
女	10.3	47.0	36.8	2.1	3.9	100.0(536)
总计	12.4	43.6	37.9	2.5	3.6	100.0(1046)

就个人隐私安全来说，从表 11-4 可以看出，63.9% 的男性认为个人隐私不安全，有 60.6% 的女性认为个人隐私不安全；有 32.5% 的男性认为个人隐私安全，有 35% 的女性认为个人隐私安全。由此可以看出，男性的个人隐私安全的信任程度更低，女性更容易忽视对个人隐私安全的关注。一般来说，男女两性心理特征不同，男性较侧重于隐性安全的保护，女性更侧重于人身财产安全的保护。

表 11－4 男性和女性选择个人隐私安全与否的情况

单位：%

合计	个人隐私安全					
	极不安全	不太安全	比较安全	非常安全	不好说	合计（人数）
男	22.7	41.2	29.4	3.1	3.5	100.0（510）
女	19.4	41.2	31.5	3.5	4.3	100.0（536）
合计	21.0	41.2	30.5	3.3	3.9	100.0（1046）

综上所述，就新白领对上海公共安全的社会信任来说，新白领对于食品安全、医疗安全以及个人隐私安全大多持不信任的态度，对于食品安全尤其不信任，新白领仅对人身财产安全持比较信任的态度。衣、食、住、行是人们赖以生存的基础，保障食品安全、交通安全、医疗安全及个人隐私安全是社会大众的基本需要，提高新白领对上述领域的信任程度是他们在上海发展的基础，也是实现上海"better city，better life"目标的根基。

二 对个人、群体、国家的社会信任

个体作为社会人生活在不同的群体、组织内，要与不同的组织及国家机构打交道。无论是在何种层面上的社会交往，社会信任都是交往得以顺利展开、持续进行的重要保证。个体与个体之间的良好信任是维持个人日常生活的基本需要；个体与组织之间的良好信任是组织健康发展的必备条件；个体与国家机构的良好信任是国家维持合法性统治、创造良好的社会秩序、营造团结友爱社会风气的稳定基石。但是近来的一些事件却表明，社会信任危机重重。例如 2011 年国家人口普查，国家统计局利用行政手段通过广泛宣传，联合街道居委会，普查才得以顺利进行，尽管如此，在高档住宅小区依旧遇到大量拒访家庭；根据笔者在上海社会调研的亲身经历，入户访谈障碍重重，大多数家庭拒绝接受任何名义、任何形式的问卷或访谈，即使勉强接受问卷调查，在涉及收入、年龄、个人联系方式等较为隐私的问题上大多闭口不答或者隐瞒回答。除了对个体的信任遭受巨大危机之外，个体对国家机构的工作人员的信任程度也大打折扣，例如被媒体频繁曝光的城管在公众中的形象多为残忍、手段恶劣、粗暴执法、毫无同情怜悯之心；医院的医生医德低下，收受贿赂，与救死扶伤、挽救生命的光辉医生形象反差巨大。诸多的社会现实使我们不禁要问：对于大多数人来说是否真的遇到了信任危机？对于个体日常生活中接触的邻居、朋友、同事的信任程度是否同样也遇到了危机？此外对于中央政府与地方政府，人们的社会信任是否存在差别？本节将具体分析新白领对个体、群体以及国家的社会信任。具体来说，新白领对于个体的信任包括对邻居、朋友及同事的社会信任，新白领对群体的信任包括对政府工作人员、警察、医生、媒体、法官、外来务工人员的社会信任，新白领对国家的信任包括对于地方政府以及中央政府的社会信任。

（一）对个体的社会信任

邻居、朋友以及同事是个人日常生活中经常接触的个体。在城市中，朋友、同事属于非正式群体，邻居则属于正式群体。非正式群体的维系基于情感、义务或者责任，日常生活中的交往以及沟通联系较为频繁，信任是维持这种关系的纽带。而正式群体多为陌生人，日常的沟通交往较少，多为短期交往没有长远的共同利益。从图 11 - 10 可以看出，新白领对于朋友完全信任的比例最高，达到 22.6%；其次为同事，达到 8%；最后为邻居，达到 3.9%；新白领对于邻居不太信任的比例最高，达到 22.3%；其次为同事，达到 11.3%；最后为朋友，仅占 2.9%。由此可以看出，个体对于朋友的信任程度最高，其次为同事，最后为邻居，但总体来说大多数人对于邻居、朋友和同事的信任程度比较高，均超过了 60%，因此新白领对基于个体的、较亲密的、日常接触的、交往频繁的对象的信任程度比较高。

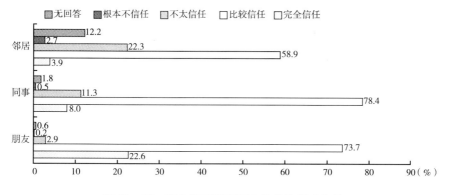

图 11 - 10　新白领对于不同个体的信任度比较

（二） 对群体的社会信任

政府工作人员、警察、医生、媒体从业人员、法官、外来务工人员分属不同的群体，代表着不同的行业领域，但是前五者属于国家机关的工作人员，相对来说具有较高的社会地位，占有更多的社会资源，握有更大的社会权力；而外来务工人员相对来说社会地位不高，所从事的行业多为服务业、建筑业，且多为流动人口，素质参差不齐，占有的社会资源较少。他们在社会中的形象、地位、分工的不同导致了大家对其不同的信任程度。从图11－11可以看出，对法官完全信任的比例最高，达到4.4%；警察、医生、政府工作人员次之，对媒体从业人员以及外来务工人员完全信任的比例仅为0.8%、1.4%。对医生比较信任的比例最高，达到51.2%，警察、法官、外来务工人员、政府工作人员次之，对媒体比较信任的比例最低，仅为25.6%；对媒体不太信任的比例最高，达到52.9%，政府工作人员次之，达到41.6%，然后依次为外来务工人员、医生、警察和法官；对政府工作人员根本不信任的比例最高，达到14.8%，其次为媒体、警察、法官、医生、外来务工人员。新白领对于政府工作人员以及媒体的信任程度最低成为我们需要关注的问题。随着网络的普及以及通信方式的多元化，人们的消息来源渠道也各有不同，相比于传统的报纸、杂志以及广播、电视，网络信息因其来源的多样化、传播信息者素质的参差不齐以及发布信息者的匿名性使得人们对于媒体的信任程度逐步降低。另外，政府工作人员作为国家意志的执行者和贯彻者，是沟通国家和群众的桥梁，因此政府工作人员的社会形象极其重要。新白领对政府工作人员的信任程度低一方面说明政府工作人员在履行职责以及肩负责任方面并没有达到社会的认可，另一方面由于网络等多种媒体对政府工作人员贪污腐败、失职渎职现象的频繁曝光使得政府工作人员的公众形象滑坡严重。

（三） 对国家的社会信任

民众对于国家的信任是国家维持其合法性统治的基础，也是维持社会秩序、增强社会凝聚力的重要途径。从图11－12可以看出，新白领对于中央政府的信任程度高于地方政府，对地方政府不太信任和根本不信任的比例均高于中央政府。相对于中央政府，人们为什么对地方政府缺乏信任，对这一问题已经有很多研究。杜赞奇在《文化、权力与国家》一书中对此问题有

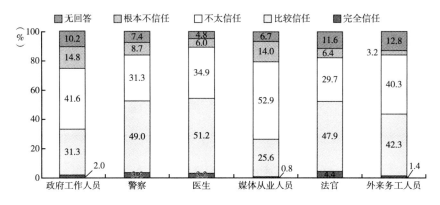

图 11－11　新白领对于不同群体的信任度比较

过深入的研究，他提出了国家政权内卷化的概念。国家政权通过乡村代理人即村干部或者地方宗教、宗族组织来贯彻中央政府的政策和意志，但是随着乡村代理人队伍的扩大，他们在为国家征收税收的同时不断为自己谋利，导致了国家的内卷化。中国有两句古话分别叫做"县官不如现管""上有政策下有对策"，或许恰好体现了这一对复杂的辩证关系。公众对于中央政府的信任，首先是对中央政府在增进公众福利、强化改革公平、整顿吏治腐败上树立了很高的权威的一种肯定，中央政府在民众中树立了良好的亲民、爱民的服务性政府的形象，地方政府政令不通以及对权力的滥用再加上其在执行中央政策中的"灵活变通"使得人们对地方政府的信任程度有减无增。但是笔者认为对于中央政府的这种信任未必是真正的信任，可能更想通过这种态度表达一种不够信任，即对"近在眼前"种种地方性权力的不够信任。这种权力一方面与许多利益集团结成同盟与民争利，另一方面为追求片面的政绩和形象损害民生，对中央一个个政令大打折扣。"最信任中央政府"可能是公众对"政令出不了中南海"现象的一种心理反应。因为每天得与身边的种种地方性权力打交道，公众能清晰地看到地方性权力的各种弊端，而在"政令出不了中南海"的现实中与中央权力打交道较少，所以对这种"远在天边"的权力保持了美好的道德想象。

（四）对于社会上大多数人的社会信任

前文我们探讨了新白领对于个体、群体以及国家的社会信任，在社会信任面临危机的今天，人口流动日益频繁活跃，城市已经成为陌生人社会，人们是否对于社会上的多数人已经失去了信任？从图 11－13 可以看出，有超

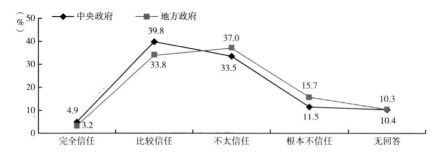

图 11 - 12　新白领对中央政府以及地方政府信任度的比较

过一半的新白领认为社会上的大多数人可以信任，仅有很少比例的新白领对社会上的大多数人完全信任或者根本不信任。由此可以看出，尽管社会信任面临巨大的危机，但是新白领对于社会上的大多数人仍持信任态度，这无疑对于维持社会秩序、增强社会凝聚力具有重要意义。

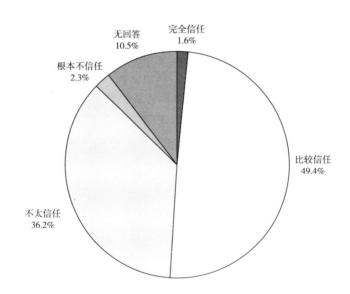

图 11 - 13　新白领对社会上大多数人的社会信任状况

此外，前文我们主要侧重于对个体之间、个体与群体之间以及个体与国家之间的社会信任的分析，而没有关注新白领对于所有对象的信任程度的差别的比较分析。在问卷中我们对于不同群体的信任程度从完全信任、比较信任、不太信任、根本不信任到无回答依次赋值为 2、1、0、 - 1、 - 2，也就是说，得分越高信任程度越高，得分越低信任程度越低。从表 11 - 5 可以看出，人们对不同群体的信任程度从高到低的顺序依次为朋友、同事、邻居、法官、医生、警察、中央政府、外来务工人员、地方政府、政府工作人员、媒体。也就是说，新白领对朋友的平均信任程度最高，对媒体的平均信任程度最低，对外来务工人员的信任程度居中。

表 11-5　新白领对不同群体信任度平均得分比较

群体	邻居	朋友	同事	中央政府	地方政府	政府工作人员	警察	医生	媒体	法官	外来务工人员
平均值	0.3916	1.1576	0.8223	-0.0688	-0.2818	-0.3591	0.0755	0.1060	-0.5368	0.1423	-0.0143
最小值	-2.00	-2.00	-2.00	-2.00	-2.00	-2.00	-2.00	-2.00	-2.00	-2.00	-2.00
最大值	2.00	2.00	2.00	2.00	2.00	2.00	2.00	2.00	2.00	2.00	2.00

根据上述分析，我们发现：首先，对基于个体的、较亲密的、日常接触的、交往频繁的对象的信任程度比较高；其次，新白领对政府工作人员以及媒体的信任程度较之其他群体来说更低，而对外来务工人员的信任程度居中；最后，新白领普遍对中央政府的社会信任高于对地方政府的社会信任。韦伯在关于中国宗教的研究中涉及信任问题时就明确指出，中国人彼此之间存在着普遍的不信任，中国人的信任不是建立在信仰共同体的基础之上，而是建立在血缘共同体的基础之上，即建立在家族亲戚关系或准亲戚关系之上，是一种难以普遍化的特殊信任。本文的分析证明，目前中国人对于亲缘群体的信任要远远高于其他陌生人群及组织。

三　公民政治参与意识

众所周知，公民政治参与是民主政治和善治的核心价值。一方面，公民政治参与的起点是公民权利，促进公民政治参与是对公民权利的基本保障；另一方面，健康有序的公民政治参与是构建政府和公民的良好互动关系及促进民主治理的关键途径。本文认为，所谓的政治参与意识主要是指公民试图影响公共政策和公共事务的意见、态度和看法，主要通过问卷中以下三个问题来测量：一是国家大事由政府来管，老百姓不必过多考虑；二是政府搞建设要拆迁居民住房，居民应该无条件配合；三是公民交了税，就应该享有对政府开支的监督权。

（一）政治权利意识

从图 11－14 可以看出，新白领中超过六成的人不同意国家大事由政府来管，老百姓不必过多考虑的观点，仅有不到两成的人同意上述观点。这充分说明新白领的政治参与意识较强，能够主动关心国家大事，而不是逆来顺受，只关心自己柴米油盐的生计问题。为了进一步分析新白领对上述看法的认识，我们引入受教育程度、性别、年龄等因素进行分析。

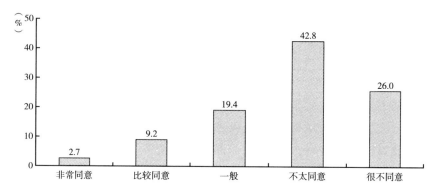

图 11－14　新白领对"国家大事由政府来管，老百姓不必过多考虑"的态度

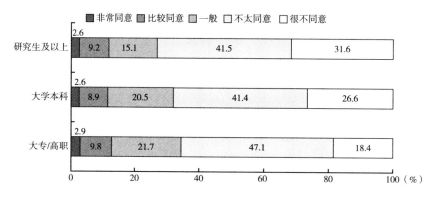

图 11－15　受教育程度对"国家大事由政府来管，
老百姓不必过多考虑"态度的影响

图 11－15 是受教育程度对上述态度的影响分析。从图中可以看出大专/高职生对于这一看法非常同意、比较同意所占的比例最多，研究生及以上学历的新白领对于这一看法很不同意所占的比例最多，大专/高职生对于这一看法不太同意所占的比例最多。总的来说，对于这一看法不同

意的人数比例从高到低依次为研究生及以上学历的新白领、大学本科新白领、大专/高职新白领。这说明在新白领群体当中，受教育程度越高，越关心国家大事，政治参与意识越强，对国家的依赖程度越弱，越反对政府不顾民意的政治决策和执政理念。

图 11-16 是性别对上述态度的影响分析。从图中可以看出尽管男女在这一看法上的差别不大，但是仍然可以看出男性比女性更不同意对国家大事由政府来管，老百姓不必过多考虑的看法。一般来说，男性参与政治的意识以及关注国家大事、军事新闻、大国关系问题的比例要多于女性，女性更多关注的是时尚美容、健康育儿等领域的信息，关注点的不同有可能会影响到政治参与意识的不同。

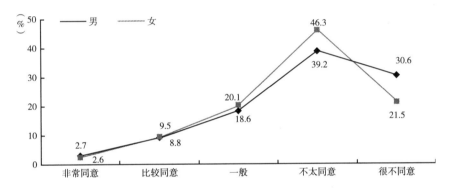

图 11-16　性别对"国家大事由政府来管，老百姓不必过多考虑"态度的影响

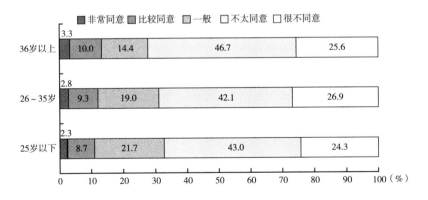

图 11-17　年龄对"国家大事由政府来管，老百姓不必过多"考虑态度的影响

图 11-17 是年龄对上述态度的影响分析。从图中可以看出，36 岁以上的新白领对于这一看法非常同意、不太同意所占的比例最高，分别占

3.3%、46.7%；25～35岁之间的新白领对于这一看法很不同意所占的比例最高，达到26.9%。并非年龄越大，政治参与意识越强，年龄显然对国家大事由政府来管，老百姓不必过多考虑的看法没有明显影响。

（二）民权意识

从图11-18可以看出，超过8成的新白领对政府搞建设要拆迁居民住房，居民应该无条件配合这一看法持反对意见，仅有很小一部分新白领对这一看法持赞成态度。近年来，拆迁成为媒体讨论的热门话题，由于中国居民只有房屋的使用权而没有房屋附着的地表的产权，因此政府经常以搞建设为理由利用行政权力强行拆迁民用住宅。正是由于中国房屋使用权与土地产权的不统一，近年来媒体曝光了一系列强拆案件。新白领中超过8成的人对于无条件配合政府拆迁居民住房的反对说明在涉及重大利益的问题上，人们的反对意见更强烈且空前的趋于一致，政府要求居民无条件配合房屋拆迁是一种自上而下的专制式的执法方式，往往让群众感到自己作为房屋业主的主体地位没有得到充分的尊重，因此如果政府违背民意要求居民无条件配合，必定会带来强烈的利益冲突，引发剧烈的社会矛盾。为了进一步分析新白领对上述看法的认识，我们引入受教育程度、性别、年龄等因素进行分析。

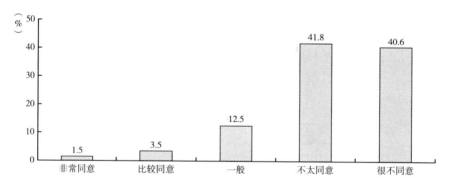

图11-18 新白领对"政府搞建设要拆迁居民住房，居民应该无条件配合"的态度

图11-19是受教育程度对上述态度的影响分析。从图中可以看出，不同学历的新白领对于这一观点非常同意、比较同意所占的比例相差不大；但是大专/高职生对于这一观点不太同意所占的比例最大，达到45.9%；研究生及以上新白领对于这一观点很不同意所占的比例最大，达到53.7%。由

此可以看出，新白领中的大部分人对于这一观点持否定态度，但是学历越高反对的程度越激烈。对于政府搞建设要拆迁居民住房，居民应该无条件配合的观点研究生及以上学历的新白领持否定的态度最强烈坚决，而大专/高职生相对来说更加温和一些。

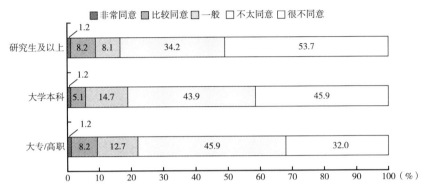

图 11-19　受教育程度"对政府搞建设要拆迁居民住房，
居民应该无条件配合"态度的影响

图 11-20 是性别对上述态度的影响分析。从图中可以看出，男性和女性新白领对于这一观点非常同意、比较同意所占的比例差别不大，女性新白领对于这一观点不太同意所占的比例最高，达到 45.3%，新白领男性对于这一观点很不同意的所占的比例最高，达到 45.1%。由此可以看出，仅有很少比例的新白领同意上述看法，但是男女对此问题的反对的激烈程度差别较大，相对女性的温和态度而言，男性的反对程度更加强烈。

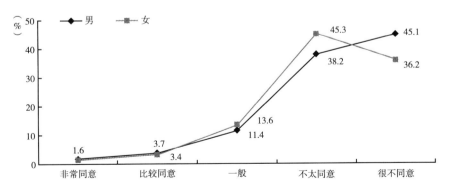

图 11-20　性别对"政府搞建设要拆迁居民住房，
居民应该无条件配合"态度的影响

图 11-21 是年龄对上述态度的影响分析。从图中可以看出，不同年龄段的新白领对于这一观点比较同意、非常同意的差别不大且仅占很小的比例。36 岁以上新白领对于这一观点不太同意所占的比例最高，达到 46.7%；26~35 岁新白领对于这一观点很不同意所占的比例最高，达到 42.7%。由此可以看出，年龄对于这一观点没有明显规律性的影响。

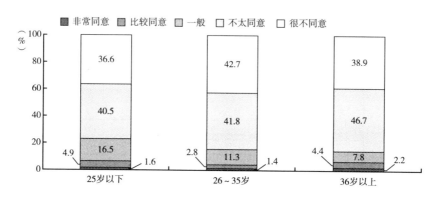

图 11-21　年龄对"政府搞建设要拆迁居民住房，
居民应该无条件配合"态度的影响

（三）监督权意识

从图 11-22 可以看出，有九成的新白领对公民交了税，就应该享有对政府开支的监督权这一看法持赞同态度，仅有极个别的新白领不同意这种看法。新白领作为纳税人群体的一部分具有按时缴纳或解缴税款的义务，同时也具有知悉权。新白领作为纳税人的主体具有很强的监督政府工作的愿望，也是我国推进民主化进程的重要力量。对政府开支的监督可以减少政府开支的"硬件"投资偏好，引导政府开支往民生倾斜，包括对基本医疗保障、社会安全网、基础教育等方面的国家投入。一旦政府在这些民生领域有实质性投入，就可以给老百姓提供底线经济安全感，同时也会促进政府公开透明、开展廉政执法。为了进一步分析新白领对上述看法的认识，我们引入受教育程度、性别、年龄等因素进行分析。

图 11-23 是受教育程度对上述态度的影响分析。从图中可以看出，不同学历的新白领对于这一观点不太同意、很不同意的差别不大且所占的比例很小；大专/高职生新白领对于这一观点持比较同意所占的比例最高，达到 31.6%；研究生及以上学历的新白领对于这一观点持非常同意所占的比例最

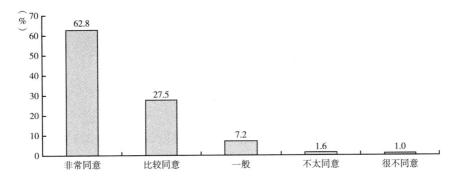

图 11 - 22 新白领对"公民交了税，就应该享有对政府开支的监督权"的态度

高，达到 66.9%。由此可以看出，受教育程度高的人更倾向于同意上述看法。税收的本质在于取之于民，用之于民。政府的税收开支取向理所应当受到公民的监督，这是作为普通公民的一项基本权利，作为接受过高等教育的人群，这种保障自我权利的意识显然更高更强烈。

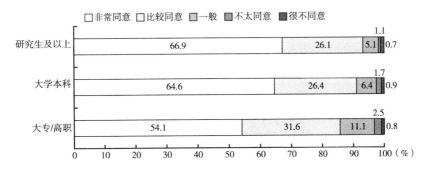

**图 11 - 23 受教育程度对"公民交了税，就应该享有对
政府开支的监督权"态度的影响**

图 11 - 24 是性别对上述态度的影响分析。从图中可以看出，男女新白领对于这一观点不太同意、很不同意所占的比例差别不大，女性新白领对于这一观点比较同意所占的比例最高，达到 32.6%；男性新白领对于这一观点非常同意所占的比例最高，达到 67.5%。由此可以看出，男性和女性新白领对于这一观点大部分持肯定的态度，男性相对女性来说态度更坚定，更勇于追求属于自己的权利。

图 11 - 25 是年龄对上述态度的影响分析。从图中可以看出，不同年龄段的新白领对于这一观点不太同意、很不同意所占的比例差别不大；25 岁

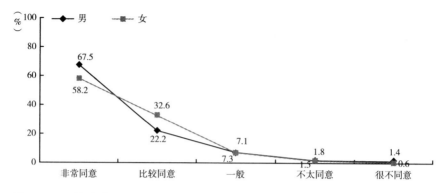

图 11-24 性别对"公民交了税，就应该享有对政府开支的监督权"态度的影响

以下新白领对于这一观点比较同意所占的比例最高，达到 30.1%；36 岁以上的新白领对于这一观点非常同意所占的比例最高，达到 68.9%，且远远高于 25 岁以下的新白领。由此可以看出，年龄越大越倾向于认为监督政府的税收开支是公民的一项权利，年轻人捍卫自我权利、监督政府工作的意识相对较弱。

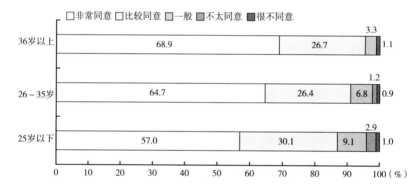

图 11-25 年龄对"公民交了税，就应该享有对政府开支的监督权"态度的影响

通过上述分析我们发现，新白领普遍具有较高的公民参与意识。其中受教育程度和性别对参与意识的影响较大，而年龄对参与意识的影响较小。新白领作为中产阶层的重要组成部分其参与意识一直被认为是构成市民社会的基石，是推动我国民主化进程的中坚力量。本文的分析表明，新白领对于公众事务有强烈的参与热情，反对一味地服从来自中央政府的政令和指挥，尤其是在涉及自身利益的问题方面，其参与政府决策的要求尤其明显。

四　对上海未来公共服务的信心

根据第六次人口普查的数据，上海常住人口已突破 2300 万，其中沪籍人口约 1400 万，外地来沪的常住人口约 900 万，同时每年约有 40 万的外省市人口导入。[①] 上海作为中国第一大城市，中国经济、金融、贸易、会展和航运中心，因其便利的交通运输体系、开放多元的人才发展环境、得天独厚的地理位置、浓郁深厚的文化历史气息吸纳了大量的外来人口。与此同时，由于城市人口的急剧增长，上海未来发展面临巨大的挑战。在全国买房难、就业难、看病难的现实背景下，上海同样面临上述问题。在本次问卷调查所收集的数据中，上海新白领压力来源最大的三项依次为房子、收入及生活成本，家庭日常生活开销压力最大的三项依次为住房费用、人情开销及基本日常开销。此外，子女教育、赡养老人、工作压力大也是上海新白领面临的主要问题。在如此重负之下，新白领出现了"逃离北上广"的浪潮。为了了解新白领对上海未来公共服务的信心，本文将对新白领在住房保障服务、社会保障服务、医疗卫生服务、教育服务、公共交通服务、人才服务、每个人的发展机会、生态环境、食品安全、财富与收入的分配、工作与就业机会十一个方面的未来信心做具体的分析。新白领对上海未来公共服务的信心关系着上海未来人才队伍的稳定，也是上海未来公共政策制定及实施的依据。温家宝总理在 2008 年国际金融危机蔓延，国家经济处在最困难的时期，曾提出过"信心比黄金和货币更重要"，因此，关注新白领对上海未来公共服务的信心至关重要。

（一）住房保障服务

根据上海市统计局统计数据显示，2010 年上海商品房销售面积 2055.53 万平方米，比 2009 年下降 39%。其中商品住宅销售面积 1685.35 万平方米，下降 42.4%。2010 年，上海新建商品住宅全市平均销售价格每平方米 14213 元。[②] 2010 年，国家陆续出台了多项宏观调控政策，以遏制房价过快上涨，促进房地产市场健康稳定发展。2010 年国庆期间，上海出台了《关

---

① http://news.sh.soufun.com/2011-12-23/6688490_all.html。

② http://housing.jinti.com/fangchanyaowen/636779.htm。

于进一步加强本市房地产市场调控 加快推进住房保障工作的若干意见》，以巩固房地产市场调控成果，保持房地产价格合理稳定。尽管上海市政府响应国家号召，出台了一系列保障房建设等惠民政策，但是大量流动人口的导入以及每年新增的 13 万到 14 万户新婚家庭，使得这一改善家庭住房的任务仍然十分艰巨。从图 11 - 26 可以看出，有 37.5% 的人对上海未来保障房服务持一般态度，有 39.5% 的人认为没有信心，有 23% 的人认为有信心，总体来说趋向于没有信心。房价过高以及新白领工资的局限性使得在沪买房成为新白领留沪的最大压力。

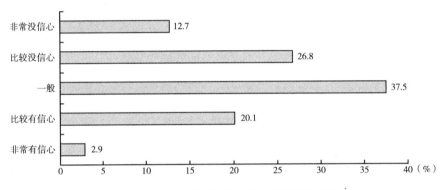

图 11 - 26　新白领对上海未来住房保障服务的信心

我们假设对上海未来住房保障的信心会影响新白领留沪意愿，从图11 - 27 中可以看出选择"绝对不会离开上海"的新白领当中对上海未来住房保

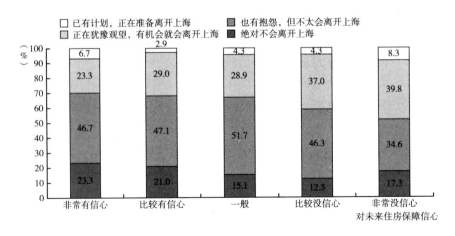

图 11 - 27　对未来住房保障信心与留沪意愿之间的关系

障非常有信心的人群所占的比例最高，达到23.3%；选择"也有抱怨，但不会离开上海"的新白领当中对上海未来住房保障信心一般的人群所占的比例最高，达到51.7%，然后依次为比较有信心、非常有信心、比较没信心以及非常没信心的人群；选择"正在犹豫观望，有机会就会离开上海"的新白领当中对上海未来住房保障非常没信心的人群所占的比例最高，达到39.8%，对上海未来住房保障非常有信心的人群所占的比例最低；选择"已有计划，正在准备离开上海"的新白领当中对上海未来住房保障非常没信心的人群所占的比例最高，达到8.3%。由此可以看出，住房保障成为留住人才的关键，解决新白领的住房问题应该成为上海未来住房保障制度发展乃至整个住房政策的主要思考方向。

（二）社会保障服务

2011年7月1日，《中华人民共和国社会保险法》实施。它的颁布实施，是中国人力资源和社会保障法制建设中的一个里程碑，对于建立覆盖城乡居民的社会保障体系，更好地维护公民参加社会保险和享受社会保险待遇的合法权益，使公民共享发展成果，促进社会主义和谐社会建设，具有十分重要的意义。为全面贯彻实施《社会保险法》，依法维护参保人员和用人员工的合法权益，根据《社会保险法》的有关规定，上海市政府密集下发了9个文件，相继调整了一系列社保政策，进一步加大保障力度。从2011年7月1日起，除了将在本市就业的外来从业人员和郊区用人单位从业人员纳入城镇职工社会保险范围外；还对养老、医疗、工伤、失业、生育保险的相关政策作出了调整。① 上海市政府在加强社会保障方面的努力改变了以往外来人口不能享受社会保险的待遇，使得企业不得不与员工签订社会保险合同，《社会保险法》的出台为企业员工享受社会福利待遇提供了政策支持。从图11-28可以看出新白领对上海未来社会保障服务的信心持一般态度所占的比例最高，另外有将近35%的新白领对于上海未来的社会保障服务持乐观心态。由此可以看出，相对于住房保障来说，新白领对上海未来的社会保障更有信心。

（三）医疗卫生服务

由于外来人口的大量导入，上海市医疗卫生服务面临巨大挑战，包括医

---

① http://www.shanghai.gov.cn/shanghai/node2314/node4128/node4129/u30ai18290.html。

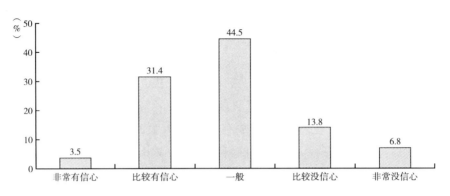

图 11 – 28　新白领对上海未来社会保障服务的信心

院诊所的缺乏，医护人员的不足，医疗资源分配不均衡以及重点医院排队难、挂号难、接受专家治疗难等诸多问题。2011 年 3 月 17 日上海医疗改革方案出炉，在完成了国家有关医改任务后，上海为自己设定了更高的目标。根据意见和方案，上海市基本公共卫生服务将覆盖常住人口，2012 年基本医疗保障制度将覆盖全市城乡居民。① 从图 11 – 29 可以看出，新白领对于上海未来医疗卫生服务持一般态度的人数最多，达到 44.3%；有信心的人群占到了 35.7%；仅有不到两成的人表示没有信心。总体来说，新白领对于上海未来医疗卫生服务持观望态度，相对来说比较乐观，上海的医疗卫生服务体系正在不断趋于完善。

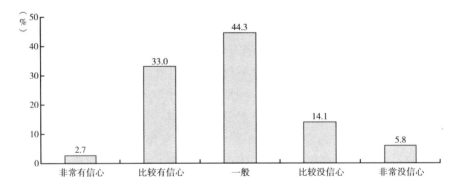

图 11 – 29　新白领对上海未来医疗卫生服务的信心

① http://www.sdwsnews.com.cn/zhengcexinxi/yigaidongtai/3402.html。

（四）教育服务

外来务工人员子女的教育问题一直是政府工作的重点，新白领作为上海市人才的重要组成部分，其子女的教育和社会融合同样成为他们在城市中面临的最严重、最紧迫的问题。随着外来人口的大量导入以及高考政策、户籍制度等诸多因素的制约，上海市外来人口的教育服务面临诸多困难，例如学费太贵，公办学校进不去，在上海不能参加中/高考，民办学校师资力量和教学质量与公立学校的差别巨大，这些问题不但影响新白领的留沪意愿，更影响上海未来社会的公平发展和人才储备。从图 11 - 30 可以看出，对于上海未来的教育服务有 42.6% 的新白领持一般态度，有 40.6% 的新白领有信心，有 16.8% 的新白领没有信心。总体来说，新白领对上海未来的教育服务比较有信心，由于大部分新白领拥有较高的文化水平，相对于农民工来说占有更多的社会资源，且他们的平均收入水平高于农民工，因此如何提高民办学校的教学质量及师资力量，出台相关的优惠政策使得新白领的子女与上海市户籍的子女接受平等的教育服务是未来教育工作的重点。

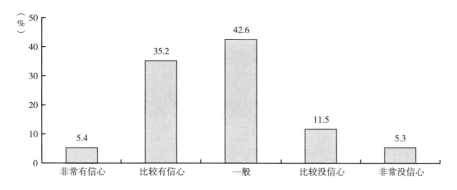

图 11 - 30　新白领对上海未来教育服务的信心

我们假定新白领对上海未来教育服务的信心会影响其留沪意愿，从图 11 - 31 可以看出，选择"绝对不会离开上海"的新白领中对上海未来教育服务非常有信心的人群所占的比例最高，非常没信心的人群所占的比例最低；选择"也有抱怨，但不太会离开上海"的新白领中对上海未来教育服务非常有信心的人群所占的比例最高，非常没信心的人群所占的比例最低；选择"正在犹豫观望，有机会就会离开上海"的新白领中对上海未来教育服务非常没信心的人群所占的比例最高，非常有信心的人群所占比例最低；选择"已有计划，正在准备离开上海"的新白领中对上海未来教育服务非常没信心的人群所占的比例最高，比较没信心的人群所占的比例最低。由此可以看出，对上海未来教育服务的信心直接影响新白领的留沪意愿，现阶段在沪的外来人口可以接受免费的义务教育，但是如何解决幼儿园入学难以及高中阶段外来人口无法进入公立学校的难题是留住外来人才在上海发展的关键问题之一。

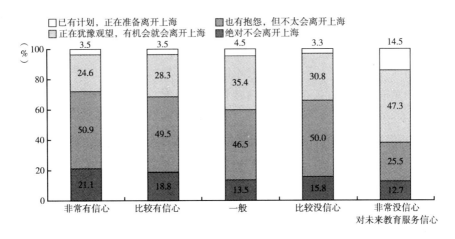

图 11 - 31 对未来教育服务信心与留沪意愿之间的关系

（五）公共交通服务

与其他城市相比，上海的公共交通服务相对来说比较完善。一方面交通通行方式种类多样，包括地铁、公交、出租车、动车、高铁、磁悬浮列车、飞机等多种方式；另一方面公共交通覆盖面广，出行速度快，可以满足不同人群的不同需求。上海用 10 多年打造的城市交通系统，完成了伦敦 50 年、香港 30 年的历史进程。但是与此同时，上海公共交通服务仍面临诸多问题，例如地铁运行安全问题，地铁出行费用高于国内其他城市的平均水平，上下班高峰时段地铁极度拥挤以及城市道路的交通堵塞，出租车司机份子钱过高等诸多问题。从图 11 - 32 可以看出，新白领对上海未来公共交通服务有信心的比例超过了一半，仅有不到 1 成的人认为没有信心，相对于住房保障服务、社会保障服务、医疗卫生以及教育服务，新白领对上海未来的公共交通服务发展最有信心。便捷的交通服务成为上海经济快速发展的重要推动力之一，提供高质量、人性化的服务是未来上海公共交通服务的主要目标。

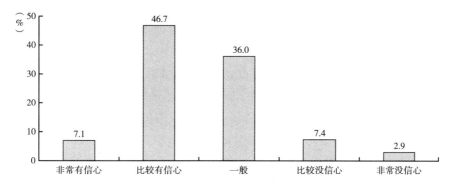

图 11 - 32　新白领对上海未来公共交通服务的信心

（六）人才服务

上海作为全国经济发展中心，长三角辐射地经济发展的龙头，具备相对完善的产业结构、投资结构、健全的用人政策、高于全国其他城市平均水平的用人工资以及开放的就业环境。这对于吸纳人才、提供广泛的就业机会、发展高新技术产业和文化创意产业提供了肥沃的土壤。因此，上海外来流动人口逐年增加，不但吸引了国内不同行业的精英加盟，更博得了大量海外人员的青睐。此外，上海市还对于符合一定条件的优秀人才给予留沪的优惠政策。从图 11 - 33 可以看出，新白领对于上海未来人才服务信心一般的占 46.8%，比较有信心的占 38.1%，非常有信心的占 4.6%，没信心的比例仅有 1 成左右。由此可以看出，新白领对于上海未来人才服务比较有信心。

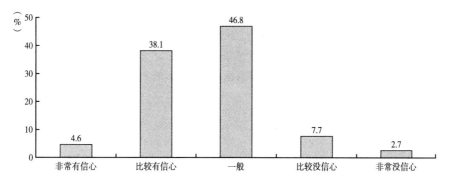

图 11 - 33　新白领对上海未来人才服务的信心

（七） 每一个人的发展机会

平等的发展机会可以促进社会流动，实现社会公正。曾几何时，因为"北上广"生存面临巨大的生活压力，"逃离北上广"成为很多白领不得不正视的现实。近年来，媒体上报道了一些白领"逃回北上广"，也即选择了"逃回"二、三线城市的人，发现二、三线城市的生活也并非想象中的那般惬意，于是，他们又打点行装回到"北上广"。"北上广拼钱，小地方拼爹。"一线城市相对来说给人一种公平的感觉，大家做事一般都能按规则办事，而在小地方往往办个小事都要托关系走后门还要送礼。相比之下，"北上广"处于中国现代化最前沿，基本上是陌生人社会，人情、关系的重要性相对降低了。这些城市经济发达，国际化程度高，中外企业提供的机会多，而企业相对重视应聘者的知识含量、专业能力，使很多没有社会关系的年轻人有了晋身之阶。公平的发展机会，对知识和人才的尊重成为白领选择"逃回北上广"的重要原因。从图 11－34 可以看出，新白领对于上海未来每一个人的发展机会信心一般的占 46%，比较有信心的占 35.3%，非常有信心的占 4.4%，没信心的占 14.1%，也就是说大多数人对于上海未来给每一个人提供平等的发展机会没有十足的把握，但是仍然比较有信心。

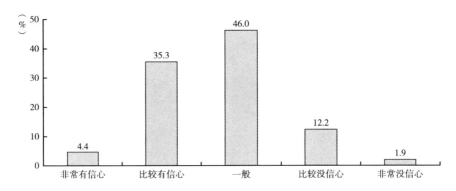

图 11－34　新白领对上海未来给每一个人的发展机会的信心

（八） 生态安全

所谓生态安全是指人类在生产、生活和健康等方面不受生态破坏与环境污染等影响的保障程度，包括饮用水与食物安全、空气质量与绿色环境等基本要素。近年来，空气质量污染以及环境污染受到人们的广泛关注，北上广等大城市由于汽车尾气排放、工厂的运营以及建筑工地的开工，空气质量污染严重。从图 11 - 35 可以看出，新白领对于上海未来生态安全的信心一般的占 39.7%，比较有信心的占 20.9%，非常有信心的占 2.3%，没信心的占 37.1%。随着城市化进程的不断推进，汽车普及率的提高以及"后世博"时代对工厂运营的宽松政策，新白领对于上海未来的生态安全显然信心不足。环境保护关乎人的身体健康，上海立足于国际大都市的发展更应该在未来加强环境保护，加大对污染环境的组织的处罚力度。

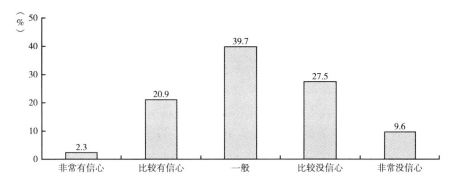

图 11 - 35　新白领对上海未来生态环境的信心

（九）食品安全

2011 年食品安全事件频发，引起社会的广泛关注。食品安全与每一个人的生活息息相关，影响每一个人的生命健康。2011 年上海染色馒头事件、山东地沟油事件的曝光无不令广大市民瞠目结舌。食品安全未来会好吗？从图 11 - 36 可以看出，新白领对于上海未来食品安全的信心一般的占 33.9%，比较有信心的占 14.8%，非常有信心的仅占 1.4%，没信心的占 49.7%。由此可以看出，接近一半的新白领对于上海未来的食品安全持悲观态度，新白领普遍认为食品安全事件频发不是一年两年的新奇事件，长久以来不断发生但并没有从根本上得到根治，反而每一次新的食品安全事件的发生都挑战着大众的承受力和忍耐力。因此，加强食品监管，保证食品安全成为未来上海食品安全工作的重中之重。

（十）财富与收入的分配

改革开放之初，邓小平曾经提出"允许一部分人先富起来，先富带动

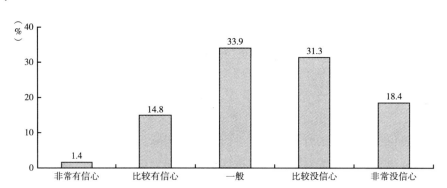

图 11－36　新白领对上海未来食品安全的信心

后富"的政策，30多年来中国人均收入水平得到大幅提高的同时，社会收入差距也不断扩大。基尼系数是衡量贫富差距的指标，联合国有关组织规定：若低于0.2表示收入绝对平均，0.2～0.3表示比较平均，0.3～0.4表示相对合理，0.4～0.5表示收入差距较大，0.6以上表示收入差距悬殊。目前中国的基尼系数为0.6，收入差距已经超过国际警戒线。上海作为特大城市，贫富差距高于一般城市。有钱人资产过亿，出入高档会所，豪宅数座，消费的都是国际奢侈品；而穷人居住条件恶劣，吃饭问题朝不保夕，子女教育，家庭就医均没有保障。从图11－37可以看出，新白领对于上海未来财富与收入分配的信心一般的占39.5%，比较有信心的占13.3%，非常有信心的仅占1.5%，没信心的占45.5%。由此可以看出，新白领对于上海未来贫富收入差距的缩小持怀疑态度。事实上，贫富差距本身不可避免，由于个人能力、性格、家庭背景、学识等诸多因素的不同，贫富差距必然存在，关键是如何使得贫富差距保持在一个合理的范围之内。当然缩小贫富差距并不

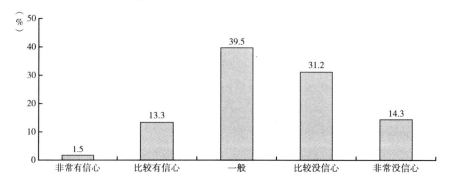

图 11－37　新白领对上海未来财富与收入分配的信心

是劫富济贫，重点是缩小个人收入差距，使低收入人群收入明显增加，中等收入人群持续扩大，形成一个合理的社会结构。

（十一）工作与就业机会

上海因其开放的外部环境、完善的产业结构、优惠的人才待遇吸纳了大批外来人口。此外作为长三角经济中心，其广阔的辐射能力对于带动周边地区的发展，引进周边地区的产业、行业具有明显的优势。从图 11 - 38 可以看出，新白领对于上海未来工作与就业机会的信心一般的占 46.6%，比较有信心的占 33.8%，非常有信心的占 4.5%，没信心的占 15%。由此可以看出，新白领对于上海未来工作与就业机会的提供非常有信心，上海作为人口导入的大市，正是因为其提供的多元的工作岗位和高于二线城市的就业机会才吸纳了大批流动人口。

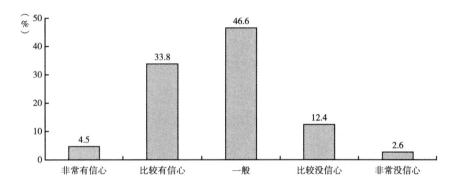

图 11 - 38 新白领对上海未来工作与就业机会的信心

通过上文的分析我们发现，新白领对于上海未来公共服务有信心的领域由高到低分别是公共交通服务、人才服务、教育服务、每一个人的发展机会及工作与就业机会；对于上海未来公共服务没有信心的领域由高到低分别是财富与收入的分配、食品安全、住房保障服务、生态环境、社会保障服务以及医疗卫生服务。其中缩小贫富差距、加强食品安全、稳定房价成为上海未来发展需要重点解决的问题。新白领作为上海社会发展的主要推动者，大多具有较高的文化水平和专业技能，是各个行业中的中坚骨干力量，因此提高他们的公共福利待遇是关系上海未来人才储备的关键因素。

五　对未来社会形势的信心

改革开放 30 多年来，中国的综合国力及人民的生活水平有了显著提高。2011 年中国 GDP 同比增长 9.2%，全国农村居民人均纯收入 6977 元，比上年增加 1058 元，城镇居民人均总收入 23979 元，比上年增加 2701 元。① 在经济水平不断提高的同时，社会矛盾也日益显现。例如通货膨胀、房价过高、贫富差距日益拉大、群体性事件频发等诸多社会问题为中国今后可持续发展带来了阻碍。改革开放的三十年是经济发展的三十年，也是利益格局调整变革的三十年。回顾过去三十年的变化并预期未来中国的社会形势是值得我们关注的重要问题。

（一）对利益格局的判断

自十一届三中全会召开至现在，中国社会的体制、机制发生了巨大变化。例如单位制解体，由计划经济走向市场经济，国有企业改革等。处于转型期的中国也是利益格局大调整、大变动的中国。问卷中我们提到"您认为下列哪些人在近三十年获得的利益最多?"从图 11-39 中可以看出，高达 46.6% 的新白领认为国家干部获得的利益最多，有 27.7% 的新白领认为国有、集体企业经营管理者获得的利益最多，有 17.3% 的新白领认为有资产的人获得的利益最多。由此可以看出，新白领普遍认为一个占有政治资本和经济资本的阶层合流共同占有和掠夺了其他弱势群体的利益。王春光认为自 20 世纪 90 年代中期开始，中国已从收入分化进入利益分化阶段，形成了以利益阶层和强势集团为主导的刚性利益配置结构。李强认为当前中国社会由四大利益群体构成：改革中特殊获益群体、普通获益群体、利益相对受损群体以及社会底层群体。当然，无论任何朝代利益群体都不可避免地存在，关键是占有资源的强势群体的合流形成的精英联盟会阻碍社会流动，进而导致贫富差距拉大、社会分配不公等社会问题的出现，极端的情况下可能引发社会冲突。从图 11-40 中我们可以看出，有 59.9% 的新白领认为同几年前相比，整个社会的收入差距扩大了很多。有 56.8% 的新白领认为未来三年我国社会群体之间的利益冲突可能会激化（见图 11-41）。因此，要想缩小贫富差距，减少群体冲突的

---

① 国家统计局网站，http://www.cinic.org.cn/site951/tjsj/2012-01-18/530184.shtml。

可能性就必须要打破目前的利益分配格局，形成合理的利益分层，通过制度和法律遏制利益群体的贪欲，压缩他们的利益空间，隔断他们的利益交换，形成有利于弱势群体的社会流动机制和利益表达机制。

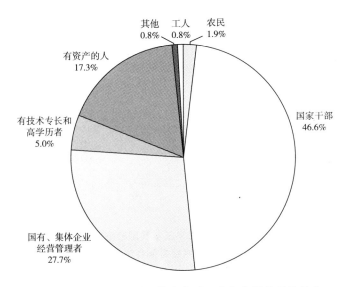

图 11-39　您认为下列哪些人在近三十年获得的利益最多？

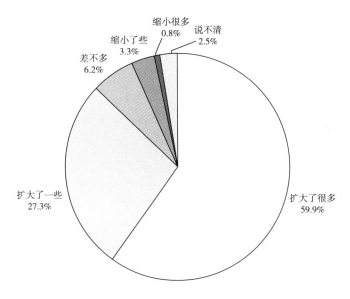

图 11-40　就目前人们收入状况而言，同前几年相比，
感觉整个社会的收入差距变化状况

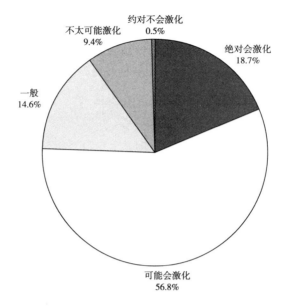

图 11－41　新白领对未来三年我国社会群体之间的
利益冲突是否会激化的预期

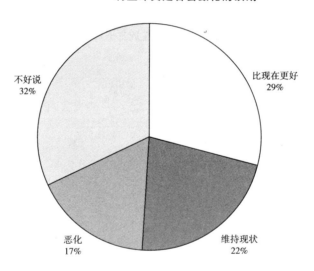

图 11－42　新白领对未来三年中国经济形势预期

（二）对未来经济形势的判断

2011 年以来，中国实施积极的财政政策和稳健的货币政策，不断加强和改善宏观调控，经济运行总体良好，继续朝着宏观调控的预期方向发展。

投资、消费、出口稳定增长，内需拉动和支撑作用继续增强，工业生产平稳增长，夏粮生产和农业农村形势向好，财政收支增长较快，货币信贷平稳回落，经济增长的主要拉动力逐步从政策刺激向自主增长有序转变。与此同时，中国经济仍然面临很多问题：一是国际环境的不确定性上升，二是影响通胀的不利因素仍然较多，三是一些地区中小企业经营压力较大，四是结构调整和节能减排任务依然很重。从图 11 - 42 中可以看出，新白领对中国未来经济形势的预期不明朗，各部分的预期比例差别不大，这充分说明新白领对未来中国经济形势的发展预期不乐观，处于观望状态。未来中国经济的发展受到世界宏观经济的影响以及国家宏观调控的影响，走势有待继续观望。

（三） 对未来楼市走势的预期

上海作为全国的特大城市，房价高一直是新白领阶层留沪的最大阻力。据搜房网数据监控中心统计，2011 年上海市商品住宅成交均价为 22012 元/平方米，环比 2010 年仅上涨 1.4%，涨幅环比 2010 年的 34% 有大幅缩水。[①] 尽管上海房价的增幅有所下降，但是根据百度做出的 2011 年度全国房价排行榜来看，温州房价居全国之首，其次就是上海的房价。高额的房价已经远远超过新白领的承受范围，"房奴""裸婚""蜗居"是高房价的现实写照。在被调查的新白领中有超过一半的人认为购房压力很大。有网友将凤凰传奇的《月亮之上》改编如下，"我在遥望，大盘之上，有多少房价在自由地上涨。昨天已忘，风干了好房，我要和你重逢在没房的路上，房价已被牵引，质落价涨，有房的日子，远在天堂。"[②] 上海居高不下的房价背后有多种原因：其一保障性住房建设与供给严重不足，其二地价在房价中所占的比例过高，其三房地产开发商哄抬价格，存在投机炒作行为，其四中国年轻人结婚必须买房的特殊国情，其五上海作为人口特大城市外来流动人口过多。尽管国家出台了一系列调控房价的措施，但是房价居高不下的现状使得很多新白领对房价未来的走势仍不乐观。从图 11 - 43 中可以看出超过 44.6% 的新白领认为未来上海的房价将继续上涨，仅有 11.2% 的新白领认为房价会下跌。如果房价持续过高，将带来诸多社会问题。第一，影响国民经济的健康发展；第二，积聚了巨大的银行信贷风险；第三，抑制了其他领域的消费，社

---

① http：//www. landlist. cn/2012 - 01 - 05/6788790_ 1. htm。

② http：//sjzbbs. soufun. com/1310178027 ~ - 1 ~577/30524595_ 30524595. htm。

会利润过多集中于房地产领域；第四，严重危及民生，并成为社会的不安定因素。因此上海未来社会的平稳发展必须要抑制房价过快增长的趋势，只有这样才能保证其他行业的健康发展，才能吸引并且留住外来精英人才，才能保证上海未来的发展有坚实的基础。

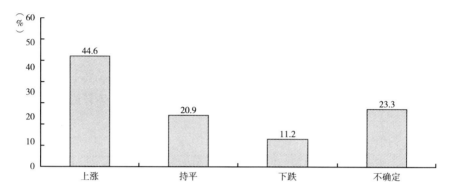

图 11 – 43 新白领对未来三年中国楼市走势预期

（四） 对未来家庭生活状况的预期

尽管目前的新白领遭遇了前所未有的危机，面临高房价、高物价、高竞争压力等诸多问题，被社会大众形象的称为"房奴""车奴"及"孩奴"，甚至被有的专家预言为必将破产的群体，但根据我们的调查发现，对于未来家庭生活状况的预期，大多数人保持乐观的心态。从图 11 – 44 中我们可以看出，超过八成的新白领认为未来家庭生活状况会提高，仅有不到4%的新白领认为会降低。新白领在上海的前途是光明的，但是在通往未来的征途中却充满曲折。从目前的中国经济发展状况来看，无论是城镇还是农村人民的生活水平均有所提高，尽管我们可以预期未来五年绝大多数上海新白领家庭生活状况会有所改善，但是这并不意味着改革发展的成果惠及到了普通大众。关键是如何解决财富的公平分配以及控制贫富差距日益拉大的发展趋势。正所谓"不患寡而患不均"，笔者认为在未来中国的发展中，比提高收入更重要的是如何实现财富的公平分配。

综上所述我们发现，新白领对于上海未来公共服务有信心的领域由高到低分别是公共交通服务、人才服务、教育服务、每一个人的发展机会及工作

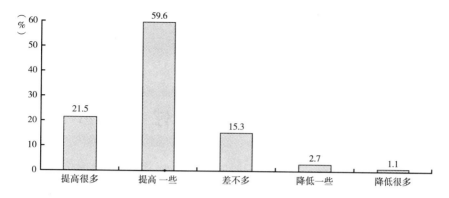

图 11 - 44　未来五年上海新白领家庭生活状况预期

与就业机会；对于上海未来公共服务没有信心的领域由高到低分别是财富与收入的分配、食品安全、住房保障服务、生态环境、社会保障服务以及医疗卫生服务。其中缩小贫富差距、加强食品安全、稳定房价成为上海未来发展需要重点解决的问题。

六　小结

社会信任作为社会资本的一种独特形式，在日常生活中发挥着巨大作用。良好的社会信任是加强社会团结、稳定社会秩序、实现社会控制、抑止机会主义的基石。本章首先论述了新白领对公共安全状况的社会信任，包括对食品安全、人身财产安全、医疗安全以及个人隐私安全的社会信任。其次论述了新白领对个体、组织及国家的社会信任。并分析了受教育程度、性别和年龄对上述方面的影响。众所周知，新白领对上海公共安全的社会信任无疑会影响他们对上海未来公共服务的预期及社会信心。在分析社会信任的基础上，本章进一步分析了新白领对于上海未来公共服务的社会信心。包括新白领对住房保障服务、社会保障服务、医疗卫生服务、教育服务、公共交通服务、人才服务、每个人的发展机会、生态环境、食品安全、财富与收入的分配、工作与就业机会十一个方面的未来信心。

总之，良好的社会信任是任何社会政策得以顺利开展的润滑剂。关注新白领的生存状况和发展状况，改善新白领的生活条件是完善上海人口结构的重要组成部分。只有这样，上海的未来才能可持续发展。

第十二章　子女状况与对子女的期望

费孝通先生认为，夫妻与需要抚育的孩子一起形成了社会结构里的三角形，孩子的出生是三角形的完成，因为孩子的出世才完成了正常的夫妇关系，稳定和充实了他们全面合作的生活。在父母的眼中，孩子常是自我的一部分，子女是他们的理想再来一次的机会①。所以，了解上海市新白领的子女状况及其对子女的期望，对我们了解上海市新白领的家庭生活是十分重要的。

在本次调查的 1047 位上海市新白领中，已婚者 401 名，但是仅有 207 位已经有子女，占已婚者的 54.1%。本章主要是对这 207 位已有子女的上海市新白领的子女状况做一简单的介绍，然后对所有调查对象对其子女的期望做一简要的分析。

一　上海市新白领的子女状况

（一）　上海市新白领生育情况

1. 生育年龄

晚婚晚育是中国的一项基本国策，在上海市新白领这样一个生活在国际化大都市且受教育程度比较高的人群中，这一政策的贯彻情况究竟如何？根据《上海市人口与计划生育条例》，已婚妇女生育第一个子女时，年满二十四周岁的为晚育。因为我们的调查并没有问及配偶的年龄，所以我们无法得知男性调查对象在生育第一个子女时其配偶的年龄。所以在本章中，只要父

---

① 费孝通：《生育制度》，天津人民出版社，1981。

亲或母亲的年龄超过 25 岁（不包括 25 岁）我们就算其为晚育。

根据我们的调查结果，在 207 位已有子女的上海市新白领中，她们生育第一个子女的最低年龄为 20 岁，最大年龄为 42 岁，平均年龄为 28.44 岁。根据图 12－1 我们可以看出，有 82.4% 的人都在 25 岁以后才生育第一个子女，很好地贯彻了国家的晚婚晚育政策。这一结论从那些已婚但暂未生育子女的上海市新白领自身的年龄中也得到了体现。从图 12－2 中我们可以看出，在 199 名已婚暂无子女的被调查对象中，超过 90% 的人的年龄都在 25 岁以上，其中有近 1/3 的人已经超过 31 岁，但还没有生育子女。当然，在这部分人群中，不排除有"丁克"家庭。但这两方面的数据还是可以说明一个问题，即现在高龄产妇越来越多。其实这并不是一个很好的现象，因为高龄生产对妇女和孩子来说都会有很大的生理上的危险，并且，父母年龄太大对子女的养育和教育也会产生很大的影响，很有可能会增加工作与家庭的冲突，破坏家庭关系的和谐，不利于孩子的健康成长。

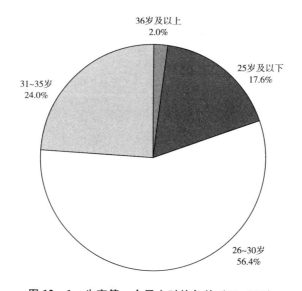

图 12－1 生育第一个子女时的年龄 （N = 207）

根据卡方检验的结果，被调查者的生育年龄与其受教育程度有很大的相关性，总体而言，受教育程度越高，生育第一个子女时的年龄也就越大。从表 12－1 中我们可以看出，在 25 岁及以下生育第一个孩子的上海市新白领中，受教育程度为大专/高职的比重比受教育程度为研究生及以上的比重高出 21.5%，而在 31 岁以上生育第一个孩子的上海市新白领中，受教育程度

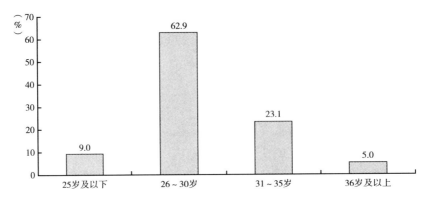

图 12 - 2　已婚暂无子女的父母自身年龄（N = 199）

为大专/高职的比重则比研究生及以上低 12.4%。造成这一现象的原因主要是由于受教育程度越高，相应的受教育的年限就越长，这就会导致他们结婚比较晚，相应的生育子女时的年龄就比较大。

表 12 - 1　生育第一个子女时的年龄与受教育程度交互表

单位：%

生育年龄	受教育程度		
	大专/高职	大学本科	研究生及以上
25 岁及以下	30. 0	16. 4	8. 5
26 ~ 30 岁	50. 0	58. 9	59. 2
31 ~ 35 岁	20. 0	20. 5	31. 0
36 岁及以上	0. 0	4. 1	1. 4
总　　计	100(60 人)	100(73 人)	100(71 人)

2. 生育子女数

自新中国成立以来，中国人口数量急剧增长，自 1963 年开始，中国政府就出台了"计划生育"政策；1965 年提出"一个不多，两个正好，三个多了"的生育口号；1979 年以后，又出台了"鼓励一对夫妇只生一个孩子"的计划生育政策。如今，中国的计划生育政策得到了很好的贯彻执行，尤其是在白领这一高学历人群中，更是得以很好的执行。在我们调查的 207 名已有子女的上海市新白领中，仅有 4 名新白领有两个子女，其中还包括一名生育双胞胎的新白领，可以说中国的计划生育政策取得了显著的成效。不过，需要注意的是中国的独生子女政策也有可能会带来一系列不良的后果。

首先，中国独生子女政策城市紧农村松，而中国大多数拔尖人才和精英都在城市，他们所具有的各种养育子女的条件都比农村好，这就有可能会造成越来越多的人出生在条件不好的农村，长久下去可能不利于人口素质的提高。其次，实行独生子女政策加速了中国的人口老龄化速度，使得中国"未富先老"，在中国社会养老体系不健全的当下，老年人的养老可能就会成为一个很大的家庭和社会问题。再次，独生子女政策也不利于后代的健康成长，从小的娇生惯养和缺少兄弟姐妹很有可能会使得这些孩子养成孤僻高傲的性格，长大之后不易与人处理好关系，也不易融入社会。又次，在各种风险并存的今天，如果家里的独生子女出现意外伤亡事故，而父母又过了生育年龄，其父母在精神上和日后的生活上所受到的伤害会比那些非独生子女父母大得多。最后，独生子女政策会造成男女比例失调。我们的调查结果就很明显地证实了这一问题。

3. 子女的性别

在我们调查的 207 名育有子女的上海市新白领中，第一个孩子为女性的比例仅为 41.9%，男性的比例为 58.1%，男女性别比例高达 139∶100。造成这一现象的原因是多方面的，是社会经济和文化及其他因素共同作用的结果。从文化和观念层次看，在源远流长的中国传统生育文化中，以男性为主的传宗接代观念构成其最为核心的内涵，并由之培育、强化了人们以重男轻女、男尊女卑为性别取向的生育观念。不过之前这种传统文化对人们的影响比现在更为深远，为什么之前并未出现如此高的性别比，反而在受传统文化影响减弱的当今出现了呢？笔者认为当前国家实行独生子女政策和性别选择技术的进步对男女性别比例的增加起到了很大的推动作用。当人们由于政策的限制或其他各因素的制约而不能拥有期望的孩子数量时，他们会转而谋求一种"以质量代替数量"的生育战略。即在不能拥有更多孩子的情况下，谋求他们最想要的孩子。而在我们的社会中，传统生育文化的影响使得人们对男孩抱有强烈的性别偏好，人们往往视男孩的"质量"优于女孩。这就使得当生育政策把允许人们生育子女的数量限制在尽可能低的水平时，极大地刺激了这种偏好，并促使人们想方设法得到男孩。但是，从"想男孩"到"生男孩"还必须经过一个"选择"环节，B 超等性别选择技术的成熟就为这种"选择"提供了条件。需要说明的一点是，计划生育和性别选择技术的成熟并不是性别比偏高的根本原因，但是二者无疑增加了这种趋势。

男女性别比偏高会带来一个十分严重的问题，那就是使中国进入一种高度婚姻拥挤状态。而这种婚姻拥挤不仅会引起较为严重的人口学后果，包括夫妇年龄差、初婚年龄和终身结婚水平的变化等，而且会引发许多社会问题，如单身未婚者的生理与心理健康问题、婚姻稳定性和社会风气问题、童养媳和拐卖妇女问题、非婚生育和私生子问题、独身者的养老问题、社会稳定问题，等等。

（二）子女的基本状况

在我们调查的上海市新白领中有两个子女以上的只有 4 名调查对象，并且包含一名双胞胎，所以这一部分对子女情况的分析就只是对第一个子女状况的分析，对这 4 名上海市新白领的第二个子女的情况不再做具体的分析。

1. 人口学特征

前面已经提到过，上海市新白领子女的性别比严重偏高，男女性别比例高达 139∶100。其年龄分布在 1 到 40 岁不等，平均年龄为 6.52 岁，并且 90% 以上的子女都在 18 岁以下，还未成年，其中有一半左右的孩子还在学龄前。这主要是由我们的调查对象的年龄集中在 25～35 岁造成的。

2. 户籍状况

从图 12－3 中我们可以看出，上海市新白领的子女的户籍主要是本市户口，其比重超过了 2/3，不过也有近 1/4 的孩子的户口是非本市户口且未取得上海市的居住证。子女的户籍类型受三个因素影响，一是父母的户籍类型，二是住房类型，三是子女的出生地。

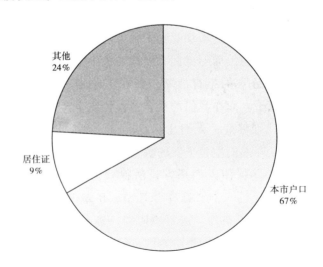

图 12－3　第一个子女的户籍类型（N = 207）

首先，子女的户籍类型与父母的户籍类型有非常显著的相关性，从表12－2中我们可以看出，父母为本市户籍的，其子女也绝大多数都具有本市户籍，比重高达97.3％。而如果父母并不具有本市户籍也未取得居住证的话，其子女拥有本市户籍或居住证的比重是非常低的，二者共占18.9％。笔者认为那些自己没有本市户籍，而子女却有本市户籍的应该是这些新白领的配偶有本市户籍。不过如果其父母拥有的是居住证的话，其子女的户籍类型是十分不确定的，每个类型所占的比重都差不多，其中以本市户口和其他类型所占的比重稍多，这主要是受上海市的户籍政策的影响。

表 12－2　第一个子女的户籍类型与父母的户籍类型交互表

单位：%

子女户籍类型＼父母户籍类型	本市户口	居住证	其他
本市户口	97.3	42.4	13.5
居 住 证	0.9	27.1	5.4
其　　他	1.8	30.5	81.1
总计（人数）	100（111）	100（59）	100（37）

其次，住房类型也与子女的户籍类型有显著的相关性，因为在有子女的上海市新白领中，居住在单位公房和其他类型的住房的调查对象比较少，所以我们对这两栏不作分析，只比较居住在已购商品房和租住商品房的调查对象的子女户籍的差异。从表12－3我们可以看出，在居住在已购商品房的上海市新白领中，其子女的户口类型为本市户口的比重在80％以上，而在那些租住在商品房的上海市新白领中，有一半以上的人的子女的户口类型为其他，即既不是上海户口，又未取得居住证。

表 12－3　第一个子女的户籍类型与住房类型交互表

单位：%

子女户籍类型＼新白领住房类型	已购商品房	租住商品房	租住单位公房
本市户口	81.5	20.8	57.1
居 住 证	6.6	18.8	0.0
其　　他	11.9	60.4	42.9
总计（人数）	100（151）	100（48）	100（7）

再次，子女的出生地与子女的户籍类型也有显著的相关性，尽管问卷中没有直接提问被调查者子女的出生地，但是根据被调查者来上海的年份和子女的年龄，我们可以计算出他们的子女是在他们来上海市之前出生的还是来上海市之后出生的。我们用来上海的年份减去子女的年龄，如果结果为负或零，我们就认为他们的子女是在外地出生的，如果结果为正，我们就认为他们的子女是在上海出生的。根据卡方检验的结果，子女的出生地对其户籍类型有显著的相关性，从表12-4中我们可以看出，在上海市出生的孩子比不在上海市出生的孩子拥有本市户口的可能性要高出近20%，拥有其他户籍类型的可能性比不在上海市出生的孩子低了近10%。

表12-4　第一个子女的户籍类型与子女出生地交互表

单位：%

子女户籍类型 ＼ 子女出生地	非上海市	上海市
本市户口	51.1	70.7
居住证	17.8	6.4
其他	31.1	22.9
总计（人数）	100(45)	100(157)

3. 是否会讲上海话

是否会讲上海话是我们测量这些上海市新白领是否已经融入上海的一个很重要的指标。其子女是否会讲上海话同样也可以很好地反映出这些上海市新白领整个家庭的融入情况。根据我们的调查结果，新白领的子女会讲上海话的比重比较低，仅占23.3%，大多数新白领的子女都不会讲上海话，如果单从这一结果来看，这些上海市新白领整个家庭的融入情况并不是很好。子女的年龄，父母是否会讲上海话以及父母在家常用的语言都会对子女是否会讲上海话产生一定的影响。

首先，不同年龄段的孩子是否会讲上海话的比重是不同的，从图12-4我们可以看出，随着孩子年龄的增长，会讲上海话的比重越来越高，不会讲上海话的比重越来越低。造成这一现象的原因主要是父母在教孩子学说话时，一般都使用普通话，在这些孩子比较小时，他们所接触到的人多是不讲上海话的人，所以他们学说上海话的机会是比较小的，随着他们年龄的增长，接触对象也更为复杂，而孩子学习语言的能力都比较强，只要他们经常接触一些讲上海话的人群，他们很快就可以学会上海话。

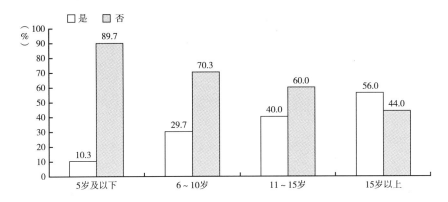

图 12 – 4　不同年龄的孩子是否会讲上海话的差异（$N = 203$）

其次，父母是否会讲上海话和父母在家常用的语言都会对其子女是否会讲上海话产生一定的影响，从表 12 – 5 我们可以看出，如果父母完全能讲上海话，其子女会讲上海话的可能性就比那些父母能讲一点上海话的可能性高很多，那些完全不能讲上海话的新白领的子女 90% 以上的都不会讲上海话。造成这一现象的原因主要是如果父母能讲上海话，那么其子女接触上海话的几率就会大很多，从而他们学会说上海话的可能性就会更高。同样的道理，如果父母在家就常用上海话讲话，其子女接触到上海话的机会就更大，从而其会讲上海话的几率就更大，这一结论我们可以从图 12 – 5 中看出来。不过需要注意的一点是，这些上海市新白领平时在家常用上海话的人数不是很多，只有 28 人，我们可能无法将这一结论推论到总体。

表 12 – 5　父母能否讲上海话与子女是否会讲上海话交互表

单位：%

子女是否会讲上海话 ＼ 父母能否讲上海话	完全能讲	能讲一点	完全不能讲
是	64.3	17.2	8.0
否	35.7	82.8	92.0
总计（人数）	100（42）	100（93）	100（75）

4. 就读状况

因为我们所调查的上海市新白领的年龄都比较小，所以其子女的年龄在学龄前的比重比较高，其比重在 40% 以上。除去这部分还没有开始读书的孩子，以及一小部分已经毕业的孩子，在那些现在在读书的孩子中，有超过 2/3 的孩子

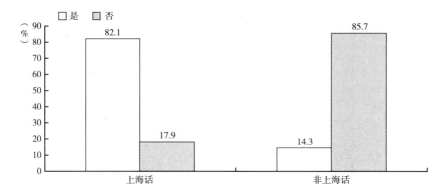

图 12 - 5　父母平时在家常用语言对子女是否会讲上海话的影响（N = 210）

就读于上海公立学校，18% 的孩子就读于上海私立学校，还有 11% 的孩子在外地就读（见图 12 - 6），这占比 11% 的孩子其实就是那些应该引起我们关注的留守儿童。这些孩子就读的学校类型与其自身的年龄是有一定关系的，16 岁及以上的孩子就读于外地的比例是明显高于其他年龄组的。造成这一现象的原因主要有两个：一是孩子年龄大，自理能力强，父母比较放心孩子在外地就读；二是那些年龄比较大的孩子可能已经在读高中或者大学。那些没有取得上海市户口和居住证的孩子为了参加高考必须回户籍所在地读高中，而那些读大学的孩子可以在全国各地选择学校，他们就有可能选择离开上海去外地读大学。不过需要注意的一点是，这部分样本比较小，所以我们无法将这一结果推论至总体。

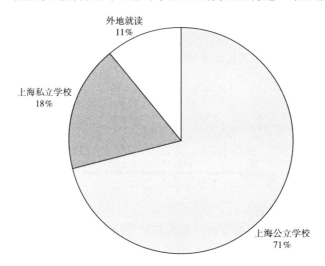

图 12 - 6　学龄期子女就读学校（N = 118）

这些孩子的就读学校与他们的户籍类型有着显著的相关性，从表12-6中我们可以看出，拥有本市户口和居住证的孩子在上海公立学校读书的比重都在70%左右，而那些没有取得本市户口和居住证的孩子的比重仅有41.2%。所以那些拥有本市户口和上海市居住证的孩子就读于上海市公立学校的比重远远高于那些没有上海户口和居住证的孩子。而那些没有取得本市户口和居住证的孩子在外地就读的比重是非常高的。不过同样的由于我们的样本量比较少，对这一调查结果我们无法推而广之，只能用来描述我们所调查的这部分上海市新白领的子女的就读学校状况和差异。

表 12-6　　不同户籍类型的学龄期子女就读学校差异

单位：%

子女就读学校＼子女户籍类型	本市户口	居住证	其他
上海公立学校	77.4	68.8	41.2
上海私立学校	17.9	25.0	11.8
外地就读	4.8	6.3	47.1
总计（人数）	100（84）	100（16）	100（17）

（三）子女花费

由于计划生育政策的贯彻执行，一对夫妇只要一个孩子，所以这个孩子就成了家里的"小皇帝""小公主"，父母甚至祖父母都会非常舍得在孩子身上投入。根据我们的调查资料，在已经育有子女的207个上海市新白领家庭中，有19.1%的家庭觉得子女花费是负担最重的一项家庭支出；38.1%的家庭觉得子女花费是负担第二重的一项家庭支出；23.8%的家庭觉得子女花费是负担第三重的一项家庭支出。所以我们可以毫不夸张地说，子女花费（包括教育费用和照顾费用等）是那些有未成年子女的家庭的一笔很大的开支。这一部分对子女花费做一详细的分析。

1. 子女花费的基本情况

根据我们的调查资料，子女花费从每月200元到10000元不等，其平均值为1641.1元，确实是比较高的一笔支出，方差为1155.7元，所以不同家庭之间的差异是比较大的。从图12-7我们可以看出，每月的子女花费主要集中在501到1501元和1600到2000元这两个分组中，每月在子女身上的花费在1001元以上的比重超过了一半，每月子女花费在2001元以上的比重也达到了

16%。为了更清楚地了解子女花费情况，笔者计算了其在整个家庭支出的比重。从图 12-8 我们可以看出，子女花费占总支出的比重是非常高的，只有不到 1/4 的家庭子女花费占总支出的 10% 及以下，有 12% 的家庭花费在子女身上的支出占总支出的 31% 及以上，超过了家庭基本日常支出和住房费用这两大最主要的家庭支出，所以养一个孩子的花费是十分巨大的。

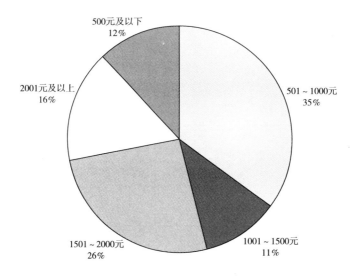

图 12-7　每月子女花费（$N = 207$）

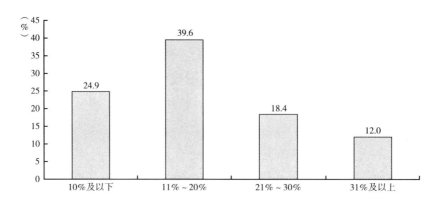

图 12-8　子女花费占家庭总支出的比重（$N = 207$）

2. 子女花费的差异分析

从以上的分析中，我们也可以看出，不同家庭在子女身上的花费是不同的，并且差异是非常大的，到底哪些因素会对子女花费产生影响呢？根据卡方检验的结果，家庭收入、子女的年龄和就读学校类型对子女的花费都产生了不同程度的影响。

首先，看家庭年收入对子女花费的影响，根据我们的调查结果，家庭收入并不会影响子女花费占总支出的比重，它只会影响子女花费的具体金额。这主要是由于子女花费在一定程度上是一个弹性消费，是可以根据家庭收入进行调控的。根据表12-7，我们发现家庭年收入在8万元以下的家庭中，子女每月花费在500元及以下的比重是非常高的，其比重已经接近一半；而家庭年收入在22万元以上的家庭子女每月花费在500元及以下的比重仅有3.8%。子女每月花费在2001元及以上的家庭中，32.1%的家庭年收入在22万元以上，而只有9.1%的家庭年收入在8万元以下。由此我们可以看出一个总体的趋势，家庭收入越高，子女花费相应的金额也就越高，其实这一结论我们也可以从家庭收入对子女花费比重没有较为明显的影响这一结论中间接的推论出来。

表12-7　子女每月花费与家庭年收入交互表

单位：%

家庭年收入 子女每月花费	8万元以下	8万~15万元	15万~22万元	22万元以上
500元及以下	45.5	14.0	10.9	3.8
501~1000元	27.3	46.5	32.7	22.6
1001~1500元	0.0	11.6	9.1	13.2
1501~2000元	18.2	22.1	32.7	28.3
2001元及以上	9.1	5.8	14.5	32.1
总计（人数）	100(11)	100(86)	100(55)	100(53)

其次，子女的年龄不同，子女花费占总支出的比重及具体金额都会有所不同，但是这种不同并不会像家庭年收入那样有一个非常明显的趋势，并且子女的年龄对子女花费占总支出的比重和子女花费具体金额的影响也是不相同的。在此，笔者主要分析一下不同年龄段的子女花费的具体金额的差异。从表12-8中我们可以看出，如果子女的年龄在11~15岁，那么其每月花费在子女身上的钱在501~1000元和2001元及以上的比重是最高的，高达40%，而如果子女的年龄在16岁及以上，其每月花费在子女身上的钱在500元及以下和1501~2000元的比重是最低的。这主要是由于不同年龄段的孩子，花费的类型是不同的，尤其是教育费用有很大的差别。不过，由于

这部分样本量比较小，所以我们的结论是不能够推广的，只能用来描述我们所调查的这 207 个家庭的情况。

表 12 - 8　子女每月花费与子女年龄交互表

单位：%

子女每月花费 ＼ 子女年龄	5 岁及以下	6 ~ 10 岁	11 ~ 15 岁	16 岁及以上
500 元及以下	14.3	14.3	0.0	8.7
501 ~ 1000 元	33.3	28.6	40.0	47.8
1001 ~ 1500 元	13.5	0.0	0.0	13.0
1501 ~ 2000 元	27.0	37.1	20.0	8.7
2001 元及以上	11.9	20.0	40.0	21.7
总计（人数）	100(126)	100(35)	100(15)	100(23)

最后，再来看一下就读学校类型对子女每月花费的影响，从表 12 - 9 我们可以看出，子女就读于私立学校的家庭在子女身上的花费是最高的，一半的家庭每月的子女花费都在 2001 元及以上，而在那些子女处于学龄前或已毕业的家庭中，只有 7% 的家庭每月在子女身上的花费在 2001 元及以上。子女在外地就读的家庭花费在子女身上的钱是最少的，1/4 的家庭每月的子女花费在 500 元及以下，但是这部分家庭所占的比重是非常小的，所以这一结论无法推而广之。不过需要注意的一点是，二者的因果关系是相反的，也就是说正是由于家庭收入比较高，在子女身上的支出才可以达到一个比较高的水平，所以他们才有足够的财力把子女送到私立学校去读书。而那些收入比较低的家庭，因为无力支付在上海私立学校或者上海其他学校的费用而只好让子女在外地读书。另外，将子女在学龄前或已毕业的家长每月的子女花费与其他家庭相比较，我们可以发现，用在子女身上的教育费用其实是一笔很大的开支，比用在照顾上的费用要高得多。

表 12 - 9　子女每月花费与就读状况交互表

单位：%

子女每月花费 ＼ 子女就读学校	上海公立学校	上海私立学校	外地就读	学龄前或已毕业
500 元及以下	7.1	5.0	25.0	15.1
501 ~ 1000 元	39.3	5.0	25.0	39.5
1001 ~ 1500 元	8.3	10.0	16.7	12.8
1501 ~ 2000 元	28.6	30.0	8.3	25.6
2001 元及以上	16.7	50.0	25.0	7.0
总计（人数）	100(84)	100(20)	100(12)	100(20)

二　上海市新白领对子女的期望

新白领作为一个受教育程度较高、有较高收入的阶层，他们对子女有着什么样的期望？这确实是一个值得我们去研究的问题。在本章的这一部分，笔者就对上海市新白领对其子女的期望做一简单的分析，主要包括是否希望子女未来在上海发展，对子女的教育程度的希望和对子女性格、品质的希望三个方面。

（一）对子女未来在上海发展的期望

1. 基本情况

上海，作为中国第一大城市，四大直辖市之一，中国的经济、科技、工业、金融、贸易、会展和航运中心，如今已经发展为一个闪耀全球的国际化大都市。所以，上海成为很多中国人梦寐以求的一个有利于自我发展的地区。但是这些在上海工作的新白领是否都希望自己的子女继续在上海发展呢？根据我们的调查资料，结果好像与我们所猜想的并不十分一致。从图12－9我们可以看出，只有14.5%的上海市新白领非常希望自己的子女未来在上海发展，接近一半的人对子女是否在上海发展没有什么要求，觉得无所谓，另外还有15%左右的上海市新白领并不希望自己的子女未来在上海发展。为什么这些终于有机会来到梦寐以求的发展地——上海的第一代移民新白领，并没有像我们最初想象的那样都非常希望子女也继续留在上海发展呢？笔者认为要回答这个问题，我们应该弄清楚究竟是哪些人希望子女留在上海发展，哪些人不希望子女留在上海发展。

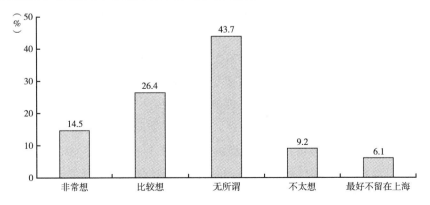

图12－9　对子女在上海发展的希望 （$N=1035$）

2. 差异分析

根据卡方检验的结果，是否希望子女未来留在上海发展受到很多因素的影响。第一，在上海生活的年限会影响父母是否希望子女在上海发展的选择。从表 12 - 10 我们可以看出，总体而言，在上海生活的年限越长，非常希望子女未来留在上海的比重就越高，在上海生活 8 年以上的新白领比在上海生活 3 年以内的新白领非常希望子女留在上海发展的比重高出 13% 。同样的，在上海生活的年限越短，不太希望或希望子女最好不留在上海发展的比重就越高，在上海生活 3 年以内的新白领比在上海生活 8 年以上的新白领的比重高出 15.7% 。笔者认为造成这一现象的原因主要是由对上海的融入程度决定的，来上海的时间越久，对上海的融入度可能就越高，对上海就有了感情，所以也希望自己的子女继续在上海发展。

表 12 - 10   在上海生活的年限与对子女在上海发展的希望交互表

单位：%

对子女在上海发展的希望 ＼ 新白领在上海生活的年限	3 年以内	3 ~ 5 年	6 ~ 8 年	8 年以上
非常想	12.5	10.1	14.5	25.5
比较想	23.4	30.4	25.8	23.6
无所谓	40.7	43.9	46.6	43.3
不太想	15.7	9.0	8.6	2.4
最好不留在上海	7.7	6.5	4.5	5.3
总计（人数）	100(248)	100(355)	100(221)	100(208)

第二，现在的户籍类型也会影响父母是否希望子女未来在上海发展的选择。从图 12 - 10 我们可以看出，相比较而言，那些拥有本市户籍的上海市新白领希望子女未来留在上海发展的比重高于那些既不拥有上海市户籍也不拥有居住证的新白领，相应的，他们不太希望子女留在上海发展或者希望子女最好不要在上海发展的比重就低于那些既不拥有上海市户籍也不拥有居住证的新白领。其实这一结论是很容易理解的，那些已经取得上海市户籍的新白领以后留在上海的可能性是非常大的，所以为了能同子女一起生活，他们都是比较希望子女以后能够留在上海发展的，毕竟在上海各种机会都是比较多的。而与那些已经取得上海户籍的新白领相比，那些没有取得上海市户籍的新白领的未来还面临很多未知，他们也更能体会到在上海发展的不易，所以就会有一部分没有取得上海户口和居住证的新白领不太希望自己的子女在上海发展。

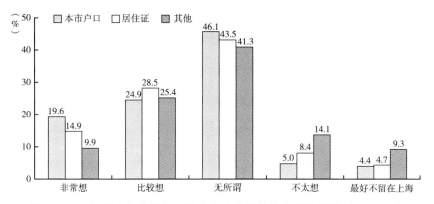

图 12 - 10　不同户籍类型与对子女在上海发展的希望的差异 （*N* = 1033）

第三，不同受教育程度的上海市新白领对他们子女未来在上海发展的希望程度也是不同的。从表 12 - 11 我们可以看出，具有研究生及以上学历的新白领对其子女未来是否在上海发展觉得无所谓的比例远远高于学历为大专/高职的新白领。由此我们可以看出，学历越高的人民主的倾向越是明显，他们都比较倾向于民主决策，不太干涉子女未来生活的选择。另外，学历为大专/高职的新白领不太希望子女在上海发展或最好不留在上海的比重是远远高于学历为研究生及以上的新白领的。笔者认为造成这一现象的原因可能是与户籍对其产生作用有一定相关性的，因为那些只有大专/高职学历的人拥有上海户口和居住证的比重远远低于那些研究生及以上学历的新白领。

表 12 - 11　受教育程度与对子女在上海发展的希望交互表

单位：%

新白领受教育程度 对子女在上海发展的希望	大专/高职	大学本科	研究生及以上
非常想	15.3	14.5	14.5
比较想	28.9	24.8	27.1
无所谓	33.9	45.4	49.1
不太想	15.7	7.8	5.9
最好不留在上海	6.2	7.4	3.3
总计（人数）	100(242)	100(524)	100(269)

第四，对上海人大多看不起外地人这一观点是否认同也会影响他们对子女未来在上海发展的希望程度。从表 12 - 12 我们可以看出，认同这一观点的上海市新白领不太希望子女在上海发展或希望子女最好不留在上海发展的

比重高于那些不认同这一观点或说不清的那部分新白领。笔者认为，这主要是由于那些认同上海人大多看不起外地人的新白领可能不同程度地受到过本地人的一些歧视或其他不公正待遇，这可能就影响了他们对上海的印象，所以其中就会有一部分新白领会因此而不希望他们的子女在上海发展。

表 12－12　对上海人看不起外地人的认同度与对子女在上海发展的希望交互表

单位：%

对子女在上海发展的希望 ＼ 对上海人看不起外地人的认同度	认同	不认同	说不清
非常想	15.6	16.6	12.5
比较想	23.4	24.6	29.9
无所谓	38.6	45.7	45.6
不太想	14.6	7.1	7.0
最好不留在上海	7.8	5.9	5.0
总计（人数）	100(295)	100(337)	100(401)

　　第五，对自己是哪里人的身份认同也会影响他们对子女未来在上海发展的希望程度。从表 12－13 中我们可以看出，那些认为自己是上海人的新白领非常希望子女以后留在上海发展的比重是远远高于其他几种身份认同的。另外，认为自己是新上海人的新白领非常希望子女留在上海发展的比重也比那些认为自己不是上海人或新上海人的比重高出很多。而那些认为自己是外地人的新白领，不太希望子女在上海发展或最好不留在上海发展的比重是远远高于其他几种身份认同的新白领的。由此可见，对自己是否为上海人的身份认同对他们对子女未来在上海发展的希望程度的影响是非常大的，越是认同自己是上海人，越是希望子女以后能在上海发展。

表 12－13　对自己是哪里人的身份认同与对子女在上海发展的希望交互表

单位：%

对子女在上海发展的希望 ＼ 对自己是哪里人的身份认同	上海人	新上海人	既是上海人又是外地人	既非上海人也非外地人	外地人	说不清楚
非常想	43.6	22.3	14.7	10.3	8.4	7.4
比较想	27.3	25.7	30.3	32.0	23.3	22.2
无所谓	20.0	41.7	46.2	48.5	43.3	51.9
不太想	1.8	6.3	5.6	7.2	16.0	6.2
最好不留在上海	7.3	3.9	3.2	2.1	9.0	12.3
总计（人数）	100(55)	100(206)	100(251)	100(97)	100(344)	100(81)

第六，退休后是否会在上海养老对子女未来在上海发展的希望程度的影响也是非常明显的。从图 12 - 11 我们可以看出，退休后会在上海养老的新白领非常希望子女以后在上海发展的比重比不在上海养老的新白领高出22.7%，在比较希望子女在上海发展的这一项上的比重也高出 10% 左右。而那些不会在上海养老的新白领不太希望子女留在上海发展或最好不要留在上海发展的比重都比那些要留在上海养老的新白领的比例更高一些。其实父母都是比较希望子女能够留在自己身边的，尤其是在自己年老的时候，所以如果父母希望在上海养老，肯定会希望子女也留在上海发展，这样自己就可以经常看到子女，万一自己身体不舒服，子女也可以比较方便的赶过来照顾。

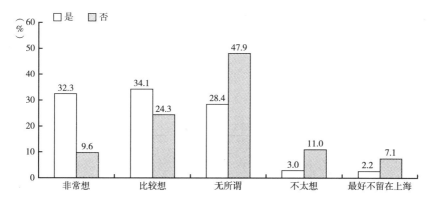

图 12 - 11　是否在上海养老对子女在上海发展的希望的影响（N = 1031）

第七，是否会因生存压力而选择离开上海对是否希望子女以后留在上海发展的希望程度的影响也是十分显著的。从表 12 - 14 我们可以看出，那些绝对不会离开上海的新白领，非常希望自己的子女以后在上海发展的比重是最高的，比那些迫于生存压力有机会就会离开或正准备离开上海的新白领希望子女留在上海发展的比重高出28.4%。在 47 名已经有计划，正在准备离开上海的新白领中，没有一个人非常希望他们的子女留在上海，并且只有 3 人比较希望子女留在上海发展。相对应的那些绝对不会离开上海或虽有抱怨，但不太会离开的新白领不希望子女留在上海发展或最好不要留在上海的比重是非常低的，比那些正准备离开上海的新白领低了近50%。虽然上海的各种机会比较多，但是上海的消费水平也是非常高的，根据现在网上流行的工资安全感调查，上海市安全工资为 9250 元①，全国排名第一。所以如果想在上海发展，没有能力获得较高的工资收入是不行的，因此那些迫于生存压力而准备离开上海的人就不希望子女再走自己走过的老路，而希望他们到其他的更适合自己的城市去发展。不过，需要说明的一点是，个人收入和对个人收入的满意度对子女未来留在上海发展的希望程度虽然有一定程度的相关性，但是这种影响并不如前面几个因素的影响那么显著，所以也并非所有低收入或对收入不满意的新白领都会遇到生存的压力。

表 12 – 14 　是否会因压力离开上海对子女在上海发展的希望的影响

单位：%

对子女在上海发展的希望 ＼ 是否会因压力离开上海	绝对不会离开上海	也有抱怨,但不太会离开上海	正在犹豫观望,有机会就会离开上海	已有计划,正在准备离开上海
非常想	34.1	15.6	5.7	0.0
比较想	27.5	31.7	21.0	6.4
无所谓	31.7	45.1	48.0	38.3
不太想	4.8	4.7	15.6	25.5
最好不留在上海	1.8	2.9	9.6	29.8
总计(人数)	100(167)	100(486)	100(333)	100(47)

（二）对子女受教育程度的期望

1. 基本情况

这些上海市新白领作为一个学历较高的人群，他们对其子女的学历期望也是比较高的，从图 12 – 12 我们可以看出，大家希望子女的受教育程度达到硕士的比重与希望达到本科的比重是一样的，都占到 43%，并且希望子女的受教育程度达到博士的比重也有 14%。也就是说父母希望子女的受教育程度在硕士及以上的比重达到了 57%，而我们的调查对象的受教育程度在研究生及以上的比重只有 26%，所以上海市新白领对其子女的受教育程度的期望是比较高的。

2. 差异分析

影响上海市新白领对子女受教育程度期望的因素不是很多，只有被调查

---

① 资料来源：http://money.eastmoney.com/news/1612，20120301194107682.html。

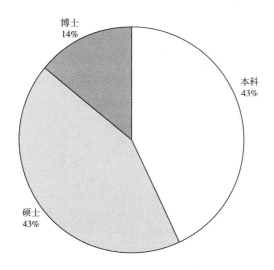

图 12 - 12 对子女受教育程度期望 (N = 1015)

对象自身的受教育程度和受教育水平对一个人的成功的重要性的态度这两个因素与他们对其子女受教育程度的期望程度有较为显著的影响。

首先，看上海市新白领自身的受教育程度与其对子女受教育程度期望的影响。从表 12 - 15 我们可以看出，如果新白领自己的受教育程度是大专/高职，他们对子女受教育程度的期望比重最大的是本科；自己的受教育程度是大学本科和研究生及以上的新白领对子女受教育程度的期望比重最大的都是硕士，但是就其所占的比重来看，受教育程度是研究生及以上的新白领要比受教育程度是大学本科的新白领高出 7 个百分点。不过，自身具有研究生及以上学历的新白领们对子女受教育程度期望在硕士和博士的比重与其他受教育程度的新白领相比都是最高的。所以说上海市新白领自身的受教育程度越高，他们对其子女的受教育程度的期望也就越高。

表 12 - 15 自身受教育程度与对子受女教育程度期望交互表

单位：%

对子女受教育程度的期望＼自身受教育程度	大专/高职	大学本科	研究生及以上
本　　科	55.8	42.1	33.3
硕　　士	31.7	44.7	51.7
博　　士	12.5	13.2	15.0
总计（人数）	100（240）	100（508）	100（267）

其次，再看一下上海市新白领对受教育水平对一个人的成功的重要性的态度对其对子女受教育程度期望的影响。认为受教育水平对一个人的成功非常不重要的上海市新白领是非常少的，所以我们对这一部分并不做分析。从表12－16中我们可以明显地看出，认为受教育水平对一个人成功的重要性越高，其对子女受教育水平的期望就越高。认为受教育水平对成功非常重要的上海市新白领中，希望子女的受教育程度达到硕士和博士的比重比其他态度的新白领都要高，希望子女的受教育程度达到本科的比重是远远低于其他态度的新白领的，与那些认为受教育水平对成功不太重要的上海市新白领相比低了34.2%。"可怜天下父母心""望子成龙，望女成凤"深刻地写出了天下父母的心思，他们都非常希望子女能够成功，能够出人头地。所以如果他们认为一个人的受教育程度对一个人的成功非常重要，那么他们就会非常希望子女的受教育程度比较高，并且他们会创造各种条件来帮助子女实现这一期望。

表12－16　受教育水平对成功的重要性的态度与对子女受教育程度期望交互表

单位：%

对子女受教育程度的期望＼受教育水平对成功的重要性的态度	非常重要	比较重要	一般	不太重要
本　　科	31.4	44.7	53.2	65.6
硕　　士	53.3	42.0	35.8	21.9
博　　士	15.3	13.3	11.0	12.5
总计（人数）	100（287）	100（517）	100（173）	100（32）

最后，虽然对近三十年获利人群的态度与对子女受教育程度的影响的卡方检验的结果显示两者并没有显著的相关性，但是，从表12－17中我们也可以看出一定的差别。认为有技术专长和高学历者在近三十年获利最多的上海市新白领希望子女的受教育程度达到博士的比重要比认为其他人群获利最多的新白领高出很多，并且希望子女的受教育程度达到本科的比重是远远低于其他新白领的。所以说在我们的1047名被调查对象中，对近三十年获利人群的不同态度，尤其是对有技术专长和高学历者是否获利最多的不同态度与其对子女受教育程度的期望是有一定程度的相关的。笔者认为统计结果不显著的原因可能是由于，认为有技术专长和高学历者近三十年获利最多的上海市新白领的比重太少，无法构成统计上的显著性。所以对于这一结论，也仅能适用于被调查的1047名上海市新白领，无法将其推广至全上海的新白领。

表 12 - 17 对获利最多的人群的不同态度与对子女受教育程度的期望交互表

单位：%

对子女教育程度的期望 ＼ 对获利最多的人群的不同态度	工人、农民	国家干部和国有、集体企业经营者	有技术专长和高学历者	有资产的人
本　　科	51.9	42.9	35.3	44.2
硕　　士	37.0	43.5	45.1	43.0
博　　士	11.1	13.6	19.6	12.8
总计（人数）	100（27）	100（741）	100（51）	100（172）

（三）对子女的性格品质期望

人们的性格和品质在很大程度上决定着他们的成败，所以父母对子女性格品质的期望是父母对子女期望的一个很重要的方面。接下来我们就通过对上海市新白领希望子女具有的五个最重要的品质和五个最不重要的品质的分析，来了解一下上海市新白领对子女性格和品质的期望。

1. 上海市新白领最希望子女具有的五个重要的性格和品质

从表 12 - 18 中我们可以看出，上海市新白领最希望子女具有的一个品质是孝顺，有 63.4% 的上海市新白领选择了此项，在列出的 15 项品质中占到 12.7%，比其他项高出很多。"百善孝为先"，孝是中华文化一直提倡的一个十分重要的品质。时至今日，孝仍然是中国人最看重的一项品质，推崇孝不仅可以使父母真正安度晚年，更重要的是，孝可以培养一个人的爱心和责任感。孝绝不是为了培养孩子对家庭的自私，而是鼓励他们从能够做到的身边事开始，从自己做起，由近及远，由易及难，使我们的爱心和责任感不断扩大，真正做到"老吾老以及人之老"。

上海市新白领最希望子女具有的第二个品质是开明/包容，有 54% 的上海市新白领选择了此项，在所列出的 15 项品质中占到 10.8%。林则徐有一句名言，"海纳百川，有容乃大"。开明和包容是获得朋友，取得财富所必需的一项品质。开明和包容并不是让我们不负责任的一味迁就、鼓励他人犯错误，而是要我们勇于接受他人的不同观点和看法，并取长补短，实现和而不同。

上海市新白领最希望子女具有的第三个品质是独立/有主见，有 46.7% 的上海市新白领选择了此项。是否独立和有主见是一个人成熟的标志，独立和有主见是一种不依赖他人，自己主动负责的个性特征。有独立、自主精神的人，遇事有主见，有独立见解，有创造精神，且工作主动积极、责任心强，并且有较强的应对困难和挫折的能力，所以独立和有主见对一个人的成功有很大的帮助。

表 12 – 18　希望子女具有的最重要的性格和品质

性格和品质	人数	百分比 *	调查对象选择频率 % **
开明/包容	559	10.8	54.0
踏实本分	301	5.8	29.1
灵活机敏/处事周全	431	8.3	41.6
像个绅士/淑女	93	1.8	9.0
精明能干	245	4.7	23.6
勇于挑战/敢于尝试	480	9.3	46.3
孝顺	657	12.7	63.4
努力追求理想/坚持	464	9.0	44.8
能顺应环境/抓住机会	344	6.6	33.2
有个性/与众不同	85	1.6	8.2
忠诚/始终如一	135	2.6	13.0
人缘好/与人和睦相处	395	7.6	38.1
独立/有主见	484	9.3	46.7
是非分明/讲原则	242	4.7	23.4
自控/有节制	263	5.1	25.4
总　　计	5178	100.0	499.8

* 此处利用 SPSS 技术对这道定项多选题做了处理，此处的频率同单选题的频率的分析是一样的，频率的大小可以反映出父母期望的先后顺序。

** 此处的频率是指在 1047 名被调查对象中，选择了该项的被调查对象占总调查对象的比重。

上海市新白领最希望子女具有的第四个品质是勇于挑战/敢于尝试，有 46.3% 的上海市新白领选择了此项。一个人甚至一个民族和国家，要生存、要发展、要壮大，就要敢于面对并接受各种各样的竞争与挑战，敢于尝试新的东西，只有这样才能在竞争中抓住机遇，在挑战中获得成功。上海是一个机会很多的城市，但是机会是留给有准备和有胆识的人的，只有敢于挑战和尝试，才能够抓住这些机会。

上海市新白领最希望子女具有的第五个品质是努力追求理想/坚持，有 44.8% 的上海市新白领都希望子女有这样一种品质。荀子说过"锲而舍之，朽木不折；锲而不舍，金石可镂"。只要我们坚持不懈，努力去追求自己的理想，我们就一定能成功，"世上无难事，只怕有心人"。如果没有坚持不懈的品质，我们再崇高的理想也无法实现，只要我们坚持到底，所有的困难都能够克服，我们的理想也一定能够实现，这是我们成功所必须的条件。所以努力追求理想/坚持也成为众多上海市新白领期望子女具有的一项重要的品质。

2. 上海市新白领希望子女所具有的五个最不重要的性格和品质

从表 12 - 19 我们可以看出，希望子女具有的最不重要的第一个性格和品质就是有个性/与众不同。77.7% 的被调查者都选择了此项，在所列出的 15 项品质中占到 16.2%，比其他项高出很多。中国不同于西方国家，并不推崇个性的张扬，一个太有个性的人是不太容易在社会上发展的。尽管现在很多人认为中国人太缺乏个性，并倡导大家要展示个性，并且有很多"80后""90后"也都尝试着去张扬个性。这种个性的张扬和与众不同虽然开始被接受，但是其在中国的生存空间还是比较小的，在日常生活中这类人一般都会受到排斥并被边缘化，所以绝大多数上海市新白领仍然认为有个性和与众不同是最不重要的一个品质。

表 12 - 19　希望子女具有的最不重要的性格和品质

性格和品质	人数	百分比	调查对象选择频率（%）
开明/包容	182	3.7	17.8
踏实本分	417	8.5	40.9
灵活机敏/处事周全	261	5.3	25.6
像个绅士/淑女	778	15.9	76.3
精明能干	458	9.4	44.9
勇于挑战/敢于尝试	222	4.5	21.8
孝顺	62	1.3	6.1
努力追求理想/坚持	161	3.3	15.8
能顺应环境/抓住机会	230	4.7	22.5
有个性/与众不同	793	16.2	77.7
忠诚/始终如一	409	8.4	40.1
人缘好/与人和睦相处	142	2.9	13.9
独立/有主见	146	3.0	14.3
是非分明/讲原则	280	5.7	27.5
自控/有节制	346	7.1	33.9
总　　计	4887	100.0	479.1

希望子女具有的最不重要的第二个性格和品质是像个绅士/淑女。能否表现的像个绅士/淑女本是一个人文明程度的体现，是一项很重要的品质，但是在上海市新白领看来，与其他项相比，这一品质却是一项较为不重要的

品质，有76.3%的被调查者都选择了此项，同有个性/与众不同有差不多的比重，选择二者的比重是远远高于其他项的。笔者认为这主要是由于中国人不拘小节的个性所造成的。

希望子女具有的最不重要的第三个性格和品质是精明能干，有44.9%的被调查者选择了此项。在中国，精明有时候给人的感觉并不是很好，因为如果一个人被说成是很精明的，他可能给人的感觉就是凡事斤斤计较，这在中国是不被鼓励的，所以他们的人际关系一般都比较差，并且社会关系网也会比较小。还有另外一个原因就是上海人一般都被外地人评价为是精明的，而在上海外地人和本地人之间又有一种微妙的关系，所以这些外地移民来的新白领并不希望自己的子女如本地人一样的精明。

希望子女具有的最不重要的第四个性格和品质是踏实本分，有40.9%的被调查者选择了此项。踏实本分本是人们认为最重要的品质，但是现在却变得不那么重要了，这主要是受西方文化的影响，人们开始重视表达的重要性，只埋头苦干，而不尝试把自己的所作所为表现出来并展示给大家已经开始不被鼓励。相反，灵活机敏的处理各种关系成为人们推崇的一种品质。

希望子女具有的最不重要的第五个性格和品质是忠诚/始终如一，有40.1%的被调查者选择了此项。其实要真正做到忠诚和始终如一是非常困难的，并且完全做到忠诚和始终如一的人也是非常少的，所以与其他品质相比，上海市新白领并不把忠诚和始终如一作为需要子女具有的一项很重要的品质。

3. 差异分析

不同的人群对子女性格和品质的期望是不同的，接下来本文就对上海市新白领对子女性格和品质的期望情况做一简单的差异分析。

第一，不同性别的上海市新白领对其子女性格和品质的期望是不同的。从图12-13中我们可以看出，在父母希望子女所具有的最重要的五项品质中，不同性别的新白领对子女独立、有主见这一品质的期望程度的差异是最大的，相对于男性而言，女性更希望自己的子女能够独立、有主见。同样的，更多的女性也把坚持和努力追求理想作为子女应该具有的一项最重要的品质。其实原因是很容易理解的，与男性相比，独立、有主见和坚持、努力追求自己的理想是大多数女性所缺少的，所以她们更希望自己的子女有这方面的性格和品质。而对勇于挑战和敢于尝试这一品质而言，男性要比女性有更高的期望。从图12-14中我们可以看出，在父母期望子女所具有的最不

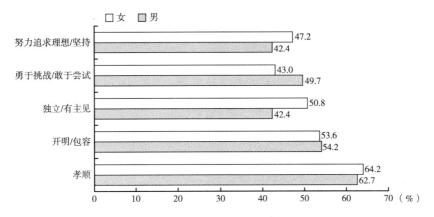

图 12 – 13　期望子女具有的最重要的五项品质的性别差异

重要的五项品质中，只有在精明能干和有个性两个方面存在性别差异，并且都是女性较多的认为精明能干和有个性是两个较为不重要的品质，男性如此认为的比重要比女性低很多。

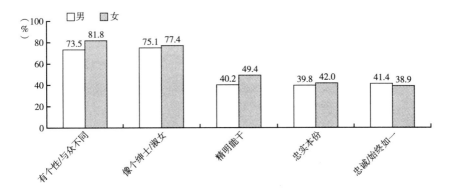

图 12 – 14　期望子女具有的最不重要的五项品质的性别差异

第二，受教育程度对上海市新白领对其子女性格和品质的期望也有一定的影响。从图 12 – 15 中我们可以看出，在父母希望子女所具有的最重要的五项品质中，不同受教育程度的人除了对勇于挑战/敢于尝试这一品质的期望没有明显的差别，在其他四项上都有较为明显的差别。并且受教育程度对开明/包容、独立/有主见、努力追求理想/坚持这三项性格和品质的影响是一致的，都是受教育程度越高，认为子女具有这三个方面的品质越重要。而受教育程度对孝顺这一品质的影响与前面三个相反，受教育程度越高的新白领，把孝顺作为子女最重要的品质的比重越低。受教育程度的影响同样表现在对最不重要品质的看法上，主要表现在对"精明能干"和"忠诚"两个品质的看法上。图 12 - 16 表明，对于"精明能干"，受教育程度高的新白领倾向于认为这是较不重要的品质；对于"忠诚"则相反，受教育程度低的人倾向于将其看作是较不重要的品质。

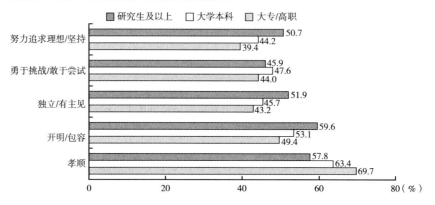

图 12 - 15　不同受教育程度与期望子女具有的最重要的五项品质的差异

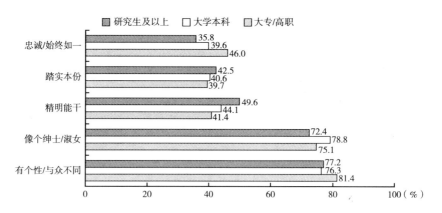

图 12 - 16　不同受教育程度与期望子女具有的最不重要的五项品质的差异

　　第三，上海市新白领的个人年收入对其子女性格和品质的期望也有一定的影响。其影响主要表现在希望子女所具有的最重要的五个品质中的开明/包容，独立/有主见两个品质上，以及希望子女所具有的最不重要的五个品质中的像个绅士/淑女这一品质上。从表 12 - 20 中我们可以看出，个人年收入越高，把开明/包容作为子女所具有的最重要的品质的比重越高，把独立/

有主见作为最重要的品质的比重越低，把像个绅士/淑女作为子女所具有的最不重要的品质的比重越低。

表 12 - 20　个人年收入对子女所具有的品质期望的差异

单位：%

性格和品质 ＼ 个人年收入		3 万元及以下	3 万~5 万元	5 万~8 万元	8 万~10 万元	10 万元以上
重　要	开明/包容	48.8	48.5	55.9	55.4	61.4
	独立/有主见	54.4	50.6	49.2	43.4	34.3
不重要	像个绅士/淑女	82.1	76.5	81.0	73.5	65.8

三　小结

本章对上海市新白领的子女状况和他们对子女的期望进行了较为详细的分析，通过以上分析我们可以得出以下几个结论。

第一，上海市新白领严格贯彻落实了我国的晚婚晚育政策，在 207 名已经育有子女的上海市新白领中，80% 以上的新白领都在 25 岁以后才生育第一个子女，他（她）们生育第一个子女的平均年龄为 28.44 岁。这主要是由于他们受教育程度比较高，受教育年限长，从而结婚比较晚所造成的。

第二，上海市新白领所生育的子女性别比例严重失衡，男女之比高达 139∶100。造成这一现象的原因是多方面的，是社会经济和文化及其他因素共同作用的结果。传统生育观念的影响是其根本原因，而当前国家独生子女政策的推行和性别选择技术的进步对男女性别比例的增加则起到了很大的推动作用。需要注意的是这种男女性别比偏高会导致十分严重的婚姻拥挤现象，这不仅会引起较为严重的人口学后果，包括夫妇年龄差、初婚年龄和终身结婚水平的变化，而且会引起许多社会问题，如单身未婚者的生理与心理健康问题、婚姻稳定性和社会风气问题、童养媳和拐卖妇女问题、非婚生育和私生子问题、独身者的养老问题、社会稳定问题，等等。所以，政府应该想尽一切办法平衡男女性别比。

第三，上海市新白领有超过 2/3 的子女的户籍为本市户口，这与他们父母的户籍类型有着显著的相关性。这些上海市新白领的子女会讲上海话的比重是非常低的，仅占 23.3%，不过随着年龄的增长，会讲上海话的比重越来越高。因为我们所调查的上海市新白领的年龄都比较小，所以有 40% 左右的新白领的子女还在学龄前。在那些正在学龄期的孩子中，有超过 2/3 的孩子就读于上海公立学校，18% 的孩子就读于上海私立学校，还有 11% 的孩子在外地就读。

第四，上海市新白领每月用在子女照顾和教育上的花费是一笔非常大的支出，其平均值为 1641.1 元。有 12% 的家庭用在子女身上的花费占家庭总支出的 30% 以上，超出了家庭基本支出和住房费用这两大主要家庭支出。

第五，上海市新白领作为一个受教育程度较高、有较高收入的阶层，他们对子女的期望还是比较高的。不过，非常希望子女未来留在上海发展的比重并不是很高，只占 14.5%，大多数都是持中立的态度，对子女是否在上海发展无所谓。他们对子女受教育程度的期望是比较高的，这与他们自身的受教育程度有着显著的相关性，自身的受教育程度越高，对子女受教育程度的期望也就越高，并且大多数新白领都希望"青出于蓝而胜于蓝"，希望子女的受教育程度高于自己。他们大都希望子女成为一个孝顺的人，一个开明和包容的人，一个独立、有主见的人，一个勇于挑战和敢于尝试的人，一个努力追求理想的人。而认为子女是否有个性或与众不同，是否像个绅士或淑女，是否精明能干，是否踏实本分，是否忠诚和始终如一并不十分重要。

后　记

　　新白领这一改革开放后新生的社会阶层，在社会现代化的进程中扮演着越来越重要的角色，成为中产阶级的重要组成部分，然而，他们所承受的工作压力和生活压力也越来越大。数年前编者便开始关注这一社会群体。2011年上半年，在上海大学社会学、上海社会科学调查中心的全力支持下，《新白领调查》课题组成立，并于7月实施调查。在课题组全体成员的努力下，到2012年6月本报告终于完稿，历时整整一年。

　　感谢调查样本所在区（县）、村（居）的各级政府机构和组织，为问卷调查活动顺利开展所提供的大力支持与帮助；感谢所有被访者，所有访问员和督导员，正是他们认真、辛勤的付出和积极配合，调查才得以顺利完成。还要感谢社会学院的栾博博士、顾跃英老师为本调查所提供的后勤保障和服务。

　　本书的出版得到了社会科学文献出版社的大力支持。在此感谢童根兴主任，责任编辑史雪莲、秦静花和责任校对李惠为本书的顺利出版所付出的辛勤工作。

2012 年 12 月 17 日

编者

图书在版编目（CIP）数据

上海调查：新白领生存状况与社会信心/李友梅主编.
—北京：社会科学文献出版社，2013.3
ISBN 978 - 7 - 5097 - 3953 - 2

Ⅰ.①上… Ⅱ.①李… Ⅲ.①社会调查 - 调查报告 -
上海市 Ⅳ.①D668

中国版本图书馆 CIP 数据核字（2012）第 260417 号

上海调查：新白领生存状况与社会信心

主　　编 / 李友梅
副 主 编 / 翁定军　张文宏　张海东

出 版 人 / 谢寿光
出 版 者 / 社会科学文献出版社
地　　址 / 北京市西城区北三环中路甲 29 号院 3 号楼华龙大厦
邮政编码 / 100029

责任部门 / 社会政法分社　（010）59367156　　　责任编辑 / 史雪莲　秦静花
电子信箱 / shekebu@ ssap. cn　　　　　　　　责任校对 / 李　惠
项目统筹 / 童根兴　　　　　　　　　　　　　责任印制 / 岳　阳
经　　销 / 社会科学文献出版社市场营销中心　（010）59367081　59367089
读者服务 / 读者服务中心（010）59367028

印　　装 / 北京鹏润伟业印刷有限公司
开　　本 / 787mm×1092mm　1/16　　　　印　　张 / 22
版　　次 / 2013 年 3 月第 1 版　　　　　　字　　数 / 384 千字
印　　次 / 2013 年 3 月第 1 次印刷
书　　号 / ISBN 978 - 7 - 5097 - 3953 - 2
定　　价 / 69.00 元